U0504164

中国社会科学院创新工程学术出版资助项目

自主创新 vs 技术引进

中国汽车产业技术进步评价

INDEPENDENT INNOVATION VS. TECHNOLOGY INTRODUCTION
—THE STUDY OF CHINA'S AUTO INDUSTRY TECHNICAL PROGRESS

朱承亮 著

社会科学文献出版社
SOCIAL SCIENCES ACADEMIC PRESS (CHINA)

内容提要

中国在从汽车大国走向汽车强国的过程中，逐渐出现了不少引起产业内外广泛讨论的问题，主要表现在以下两个方面。一是"以市场换技术"的引资思路以及合资模式给中国内资汽车企业的技术进步带来了怎样的影响。二是当前只靠加强自主研发是否足以促进中国汽车企业技术进步，并促进汽车工业发展自主知识产权。在理论方面，从现有文献资料来看，与封闭经济系统中的经济增长研究相比，对开放经济系统中的内生经济增长有待进一步深入研究，而且现有理论大多着眼于宏观技术进步，对微观企业技术进步的研究较少，特别是在开放经济条件下，基于吸收能力视角，将FDI技术溢出内生于企业技术进步的研究文献更少见。目前，对国际技术溢出的研究大多是基于宏观层面的研究。可能是基于数据可得性的限制，关于微观层面的研究比较鲜见。本研究正是基于"技术溢出接受方"的吸收能力视角，从微观层面上探讨中国内资汽车企业自身的吸收能力与技术引进的传导机制，从而研究国际技术溢出是如何影响中国内资汽车企业技术进步的。

本研究以中国汽车企业为研究对象，以内资汽车企业的吸收能力为研究视角，对中国汽车企业的技术进步路径进行了理论和实证分析。在开放经济条件下，对中国汽车企业而言，其技术进步路径主要包括以下三大方面：自主创新、直接技术引进、国际技术扩散。本研究遵循"理论分析—实证检验—政策建议"的研究思路，探讨了自主创新、直接技术引进、FDI技术溢出三大路径对中国汽车产业技术进步的影响。首先，为了对中国汽车企业技术进步状况有一个比较全面的了解，本研究采用DEA – Malmquist生产率指数分别从分行业和所有制视角对中国汽车产业的全要素生产率（TFP）进行了测度分析，阐述了内外资汽车企业的技术差距。其次，本书研究了自主创新与中国汽车产业技术进步之间的关系，构建模型实证检验了中国汽车产业 R&D 产出弹性以及 R&D 和国外技术引进对汽车产业技术进步的影响。再次，本书基于内资汽车企业吸收能力的视角研究了 FDI 技术溢出与汽车产业技术进步之间的关系，从产业以及产业内部不同类型企业的两个层面研究了汽车产业 FDI 的技术溢出效应，一是从产业层面实证检验 FDI 对中国整体汽车产业的技术溢出效应，二是从产业内部不同类型企业的层面实证检验 FDI 对中国内资汽车企业的技术溢出效应，研究了 FDI 技术溢出的渠道，并基于内资汽车企业吸收能力的视角识别 FDI 技术溢出的影响因素。最后，本书结合中国汽车产业的现状，对如何促进中国汽车产业，特别是内资汽车企业的技术进步提出了相关对策建议。

本书的主要研究结论包括以下几个方面。①中国汽车工业技术进步明显，且存在明显的行业异质性和所有制异质性。从整体上来看，1994～2010 年中国汽车产业年均 TFP 增长率为 9.1%，TFP 增长主要得益于纯技术进步的增长，技术效率的贡献较低，而技术效率改进主要得益于规模效率的增长。从时间趋势来看，自从我国加入 WTO 之后，中国汽车产业的 TFP 增长率均为正，且每年都保持着较高的增长率。从分行业角度来看，汽车行业的 TFP 增长率最高，其次为摩托车和车用发动机行业，再次为改装汽车行业，最后为汽车摩托车配件行业。从技术效率来看，中国汽车产业处于技术非效率状态。从所有制性质来看，外商投资企业的 TFP 增长率最高，其次为国有企业。②自主创新对中国汽车产业技术进步具有显著的促进作用。在规模报酬不变的情形下的 R&D 产出弹性为 0.6354，在规模报酬可变的情形下的 R&D 产出弹性为 0.6460，且均在 1% 的水平下显著；R&D 产出弹性高出物质资本产出弹性十余个百分点。③技术引进对中国汽车产业技术进步具有显著的促进作用，R&D 吸收能力对直接技术引进的作用为负。由于 R&D 吸收能力较低，因而 R&D 与国外技术引进的交互项对中国汽车产业生产率的增长具有显著的负影响。④FDI 对中国整体汽车产业具有显著的技术溢出效应，R&D 投资对 FDI 技术溢出效应的作用不明显，而 R&D 人力资本对其具有显著正影响。⑤FDI 对内资汽车企业的挤出效应超过了其溢出效应。外资汽车企业主要通过人力资本效应对内资汽车企业产生技术溢出效应，但内外资汽车企业技术差距的扩大不利于 FDI 技术溢出。增加内资汽车企业的人力资本投入有助于 FDI 技术溢出,而增加内资汽车企业的研发投入对 FDI 技术溢出的作用不明显。⑥中国汽车产业技术进步的主要来源分别是:技术引进、FDI 溢出和自主研发。可见,目前技术引进和 FDI 溢出效应是中国汽车产业技术进步的主要来源,而自主创新才是提高中国汽车产业技术和国际分工地位的关键性内部动力,因而,中国汽车产业升级的关键是要挖掘和培育内部动力,而非依赖技术引进和 FDI 溢出。

本研究具有一定的理论和实践价值:在理论价值方面,丰富了在开放经济系统条件下的增长理论研究;在实践价值方面,将此理论研究充分运用到微观汽车企业层面,有助于中国内资汽车企业的技术进步,有助于中国自主知识产权汽车工业的培育和发展。但是本研究也存在一些不足之处,如忽略了进口贸易技术溢出等因素对中国汽车产业技术进步的影响,此外,由于汽车产业 FDI 数据的缺失,本研究关于 FDI 技术溢出与汽车产业技术进步关系的精确性尚有待进一步提高。

关键词:自主创新,FDI 技术溢出,技术进步,汽车产业技术进步

Abstract

The process, in which the Chinese car industry changes from big to strong, has caused many problems and aroused hot discussion. The discussion can mainly divide into following aspects: the first one is that how the investment idea of using the market charge for technology and the joint venture mode influences the technological progress of China's domestic technology; the second one is that if strengthening the independent research is the only way to promote the technological progress of enterprises in our country and the development of independent intellectual property rights of automobile industry. In the aspect of theory, compared with the study of economic progress in a closed economic system, the endogenous economic growth in open economy system needs further study, and most of the existing theories focus on the macroscopically technology progress, but there is little research on enterprise technological progress, especially the FDI spillover and the progress of enterprises' technology under the condition of open economy, in the aspect of absorptive capacity. At present, most study of the international technology spillover is based on the macro level, there is little based on the micro level, which may cause by availability of the data. From the "technology spillover recipient" absorptive capacity aspect, the paper explores the transmission mechanism of the absorptive capacity and the introduction of technology of Chinese domestic automobile enterprise based on the micro level, then study how the international technology spillover influence the progress of domestic automobile enterprises in china.

The paper selects the China's automobile enterprises as the research object. From the aspect of the absorption capacity of the domestic automobile enterprises, the paper theoretically and empirically analyzes the path of automobile enterprise technology progress in China. Under the condition of open economy, the technology progress path of China's automobile enterprises mainly include the following three aspects:

independent innovation, technology introduction and international technology diffusion. Based on the idea of " theoretical analysis, empirical analysis, policy suggestion", the paper discusses the influence of independent innovation, technology introduction, FDI technology spillover on the progress of China's automobile industry. Firstly, in order to have a more comprehensive understanding of the Chinese automobile enterprise technology progress, the paper adopts DEA-Malmquist productivity index to analyze the total factor productivity of China's auto industry (TFP) and elaborate the gap between the domestic and foreign auto enterprise from the aspect of the industry and ownership. Secondly, the paper studies the relationship between the independent innovation and technological progress in China's automobile industry, and through building the model testing how the China's automobile industry R&D output elasticity and the introduction of foreign R&D technology influences the automobile industry technological progress. Thirdly, the paper also studies the relationship between FDI technology spillovers and technology progress from the aspect of absorptive capability of domestic auto industry, and the FDI technology spillovers is studied from the perspective of different types of industry and inner industry. The paper empirically tests the China's automobile industry's technology spillovers effects of FDI mainly on the level of different types of enterprises in the inner industry, and studies the FDI technology spillover channels. Based on the aspects of domestic automobile enterprises absorb capacity, the paper also studies the recognition of the influence factors of FDI technology spillover. At last, the paper presents the main conclusion, and combing with the current situation of industry of automobile of our country, the paper proposes countermeasures about how to promote China's auto industry's progress especially the domestic ones on the bases of empirical research.

The conclusions are as follows: (1) the technical progress is obvious of China automobile industry, so does the industry heterogeneity and the ownership of enterprise heterogeneity. On the whole, the average annual growth rate of TFP is 9. 1% during the year of 1994 – 2010. The growth of TFP is mainly due to the pure growth of technological progress and the low technical efficiency contribution, but the improvement of technical efficiency is mainly due to the scale efficient; From the aspect of time trend, the growth rate of China's auto industry TFP is positiveafter China's entry into the WTO, and maintains a high growth rate each year. From the view of industry, the growth rate of automobile industry TFP is the highest, followed by motorcycle, engine industry and the automobile, the last one is the motorcycle parts industry; From the view of technical efficiency, China's auto industryis on the state of technical inefficiency; From the view of ownership, growth rate of foreign investment enterprises TFP is the highest, followed by state-owned enterprises; (2) Independent innovation has a significant effect on the automobile industry technological progress. R&D output elasticity case is 0.6354 on the condition of Constant returns to scale; R&D output elasticity case is 0.6460, and the value is significantthe at the level of 1%. R&D output elasticity is higher 10% than material capital output elasticity; (3) The introduction of technology has a significant role in promoting the technological of the automobile industry. The R&D absorption capacity has a negative effect on the introduction of direct technical. The reason why interaction terms of R&D and the introduction of foreign technology has a significant negative effect on productivity growth of China's automobile industry is that the absorption capacity of R&D is low; (4) FDI has a significant technology spillover effect on the whole automobile industry in China, However, R&D investment does not have an obvious effect on FDI Technology Spillover, but the R&D human capital does; (5) Thecrowding-out effect of FDI to inward-owned auto companies is over the spillover the spillover effect. Through the effect of human capital, the foreign auto company has spillover effect on domestic automobile industry in China. The expand of the gap between foreign and domestic auto companies is not conducive to FDI technology spillover, and increasing the investment of human capita in domestic auto company can contribute to the FDI technology spillover, while, the contribution of increasing the R&Dinvestment is not obvious; (6) The main sources of technological progress of China's automobile industry respectively are: the introduction technology, FDI overflow and independent research and development. Though the introduction of technology and FDI spillovers are the main source of technological progress of China's automobile industry, it is independent innovation that can improve the technological progress of China's automobile industry the international division of labor status, therefore, the key to the upgrading of China's automobile industry is to mining and foster internal motivation, rather than relying on the introduction technology and FDI spillovers.

The paper has certain theoretical and practical value. On the theoretical aspect, the paper riches the research of growth theory on the condition of open economic system; on the practical aspect, making the full use of this theory to the micro car company can contributes to the technological progress of domestic-owned automobile enterprise and the nurturing and development of the auto industry of China's own intellectual property rights on the condition of open economic system. But the paper also has some shortcomings, such as ignoring the import trade overflow's effect on technological progress of China's automobile industry. Lacking of data based on the auto industry FDI, the accuracy of the study about the relationship between FDI technology spillover and technological progress of the automobile industry needs further study.

Keywords: Independent Innovation, FDI Technology Spillover, Technological Advances, Auto Industry Upgrading

目　录

第一章　绪论

第一节　选题背景与研究意义

一　选题背景

选择"自主创新 vs 技术引进——中国汽车产业技术进步评价"作为本研究的题目，主要是基于对以下中国汽车产业发展的现实问题以及理论研究背景的综合考虑。

首先，从中国汽车产业发展现实的背景来看，关于中国汽车产业发展模式以及技术进步路径的讨论吸引了产业内外的广泛关注。以 1953 年开始建设的一汽为起点，中国汽车工业的发展已经有 60 年的历史。2010 年，中国汽车产销量实现了 30% 以上的增长，其中，国内汽车产量达到 1826.47 万辆，同比增长 32.44%，占全球汽车总产量比重的 23.53%（参见图 1-1）；汽车销量达到 1806.19 万辆，同比增长 32.40%，再次蝉联世界第一。2010 年，中国汽车工业增加值达到 6759.7 亿元，占全国 GDP 比重的 1.70%，职工人数达到 21 万人，可见，汽车工业在中国国民经济发展中起到了举足轻重的作用（参见表 1-1）。根据中国汽车工业协会发布的汽车销售报告数据显示，2012 年中国汽车产销量分别为 1927.18 万辆和 1930.64 万辆，同比分别增长 4.63% 和 4.33%，其中乘用车产销量分别为 1552.37 万辆和 1549.52 万辆，同比分别增长 7.17% 和 7.07%。中国成为名副其实的汽车大国，在全球汽车市场中的战略地位进一步凸显。在中国从汽车大国走向汽车强国的过程中，逐渐出现了不少引起产业内外广泛讨论的问题，主要表现在两个方面。

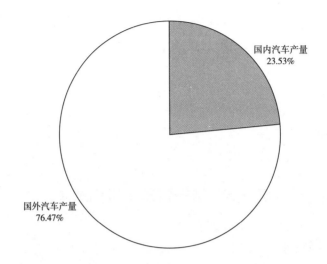

图 1 – 1　2010 年国内汽车产量占全球汽车总产量的比重

表 1 – 1　中国汽车工业发展现状（1994 ~ 2010 年）

年份	汽车工业增加值（亿元）	全国 GDP（亿元）	汽车工业增加值占全国 GDP 的比重（%）	职工人数（人）
1994	515.5	46759.4	1.10	1959124
1995	540.7	58478.1	0.92	1971947
1996	576.2	67884.6	0.85	1943029
1997	594.1	74462.4	0.80	1991581
1998	661.3	78345.2	0.84	1967329
1999	748.9	82067.5	0.91	1641480
2000	864.0	89468.1	0.97	1610883
2001	1055.6	97314.8	1.08	1523916
2002	1518.8	105172.3	1.44	1576465
2003	2153.4	117390.2	1.83	1603411
2004	2187.8	136875.9	1.60	1677066
2005	2209.9	183867.9	1.20	1654775
2006	3362.7	209406.8	1.61	1815175
2007	4141.4	249529.9	1.66	1977394
2008	4104.1	300670.0	1.36	1961281
2009	5378.7	340507.0	1.58	2101565
2010	6759.7	397983.0	1.70	2134256

（1）"以市场换技术"的引资思路以及合资模式给中国内资汽车企业的技术进步造成了怎样的影响？

1985年3月上海汽车工业总公司与德国大众汽车公司合资成立上海大众汽车有限公司，拉开了中国政府制订的"以市场换技术"的序幕。之后，美国的通用和福特、日本的本田和日产、德国的宝马和奔驰等国际汽车巨头纷纷在国内寻找合资伙伴，并落户中国。可以说，与国际汽车巨头的合资合作为中国汽车工业的快速发展奠定了重要基础，而且外资企业已经成为中国汽车工业的重要组成部分。不可否认，在合资合作过程中，引进外国技术对中国汽车产业发展的拉动作用是功不可没的，且这一状况仍将延续。"以市场换技术"的初衷是"引进技术—消化吸收—形成自主研发能力"，借此促进中国汽车产业技术的全面提高。但是，在将近30年的实践中，我们看到的结果似乎与我们的初衷离得太远。实践证明，通过合资合作方式引进国外先进汽车产品技术的"按图生产权"和"观摩权"，并不会自动提高中国汽车工业产品的开发能力，合资模式不会自动导致中国汽车企业技术能力的成长，这是由以下几个方面的原因造成的。首先，拥有国外先进汽车产品技术的"按图生产权"和"观摩权"并不意味着拥有对这些先进汽车产品技术的"修改权"。其次，合资企业不会容忍合资中方汽车企业开展独立的自主创新活动，且合资外方天生具有扼杀合资中方独立自主创新活动的本能，特别是绝对不能容忍合资中方存在有组织的自主创新活动。再次，合资中方在引进生产权的赢利模式下逐渐丧失了自主研发的动机、信心和能力（路风、封凯栋，2005）。中国汽车工业发展的合资合作方式是在"以市场换技术"的政策背景下产生的，经历了近30年的发展变迁，如今人们越来越认识到合资合作对中国汽车工业综合实力增强、国际地位提升、人才培养以及带动相关工业发展等方面做出的贡献。在《国民经济和社会发展第十二个五年规划纲要》中，"互利共赢、提高对外合作水平"被列为实现"十二五"规划目标和任务的重要手段之一。可见，在开放经济条件下，合资模式将是中国汽车工业发展的重要手段之一。但是合资模式又容易导致中国汽车工业的"技术空心化"，因此，合资模式需要进一步创新，我们需要探讨如何实现更加多样化的技术引进途径，需要实现自主研发与技术引进的更好融合。

综上分析，本研究试图分析以下问题："以市场换技术"的引资思路及合资模式给中国内资汽车企业技术进步带来了怎样的影响？FDI 是否对中国汽车企业技术进步产生了技术溢出效应？FDI 对中国汽车产业产生技术溢出的主要渠道有哪些？中国汽车产业吸收能力对 FDI 的技术溢出效应产生了怎样的影响？

（2）加强自主研发是促进中国汽车企业技术进步、发展自主知识产权汽车工业的唯一路径吗？

中国加入 WTO 以后，在贸易领域，关税下调使进口汽车具有明显的价格优势；在投资领域，国产化率等投资限制也被取消。为了应对这些挑战，中国作为汽车工业的后起国家到底需要怎样的汽车产业发展模式，这些都是产业内外普遍关注的问题。一般而言，在汽车工业的后起国家和地区，汽车工业存在两种典型的发展模式，一类是以韩国为代表的"自主发展模式"，另一类是以墨西哥、加拿大和西班牙等国家为代表的"完全开放模式"。基于历史条件和比较优势的差异，中国不应该也不可能模仿其中的某一种模式。自中国加入 WTO 以来，中国汽车工业发展可用"大国开放竞争模式"来加以概括。第一步，中国汽车工业要立足于开放，在 WTO 框架下逐步融入国际分工体系，顺应并充分利用汽车工业全球化的潮流。第二步，中国汽车工业要在对外开放过程中充分利用并积极培育自身的比较优势，通过对自身体制、战略和政策等方面的调整，使中国汽车工业潜在的比较优势转化为显见的竞争优势（刘世锦，2002）。

在经济全球化背景下，中国是否应该并能否发展自主知识产权的汽车工业？对发展中国自主知识产权汽车工业的必要性和可能性问题，一些学者早在2005 年就做出了肯定的回答（路风、封凯栋，2005）。在认识到"以市场换技术"的思路以及合资模式导致的国内汽车企业"技术空心化"问题的基础上，业内人士对加强自主研发以促进中国汽车企业技术进步，发展中国自主知识产权汽车工业的呼声越来越高。近年来，中国汽车企业在 R&D 投入方面有了一定的改善，中国汽车行业从事 R&D 的人员占工程技术人员总数的比例已经从2001 年的 29% 增长至 2009 年的 61%，R&D 经费占销售收入比例也从 2001 年的 1.4% 增长至 2009 年的 2%。但是，中国汽车产业的创新能力建设依然明显滞后于中国汽车产业的整体发展水平。相比各大跨国汽车企业，中国汽车企业在基础性研究、核心技术以及专利所有权等方面处于明显劣势，导致绝大多数核心部件依然缺少自主知识产权，受制于人的现象还比较突出。因此，在未来发展中进一步突出自主创新能力建设将是重中之重，也是中国从汽车大国转向汽车强国的必由之路。

因此，现在的关键问题是，如何促进中国汽车企业技术进步、发展中国自主知识产权的汽车工业？在践行发展中国自主知识产权汽车工业的道路中，有的强调后发优势的重要性，有的强调自主研发的重要性，近年来，基于国家经济安全的考虑，强调自主研发一方逐步占据上风。那么，加强自主研发是促进中国汽车企业技术进步、发展自主知识产权汽车工业的唯一路径吗？

一般而言，一国和地区的技术进步有两条路径，一是自主创新，二是对外界先进技术的引进、模仿与吸收，其中后者在各国（尤其是后发的发展中国家和地区）的技术进步中已经扮演了日益重要的角色（Keller，2002）。本研究认为，加强自主研发是促进中国汽车企业技术进步的关键，而非唯一路径。在开放经济条件下，促进中国汽车企业技术的进步，发展中国自主知识产权汽车工业，不仅要重视自主研发，加大研发人员和研发经费的投入力度，还应当积极引进国外技术。换言之，促进中国汽车企业技术进步要"靠两条腿走路"：在引进国外技术和合资的同时，必须加强自主研发，且在引进国外技术时，应当增强自身吸收能力，最大限度地扩大国外技术的技术溢出效应。我们不仅重视自主研发，而且充分认识到了利用后发优势的重要性。虽然单纯依靠技术引进无法获得最先进的技术和核心技术，但是，中国汽车企业技术能力的提升是一个循序渐进的过程，中国从汽车大国到汽车强国的转变是一个比较长期的过程，因此，我们不能抛弃后发优势战略。

在理论方面，从现有文献来看，与在封闭经济系统中的经济增长研究相比，对开放经济系统中的内生经济增长有待进一步深入研究，尤其是怎样将FDI等外部因素纳入经济增长模型中，特别是对基于吸收能力的视角考察FDI技术溢出效应影响方面的研究有待进一步深入。此外，现有理论大多着眼于宏观技术进步，对微观企业技术进步的研究较少，尤其是在开放经济条件下，基于吸收能力视角将 FDI 溢出内生于企业技术进步的研究文献更少见。

在开放经济条件下，通过合资模式直接或者间接地获得国外技术是东道国技术进步的有效途径之一，这主要是因为 FDI 能够通过多种渠道对东道国产生技术溢出效应，FDI 是国际技术溢出的重要传导渠道之一。有关 FDI 技术溢出效应的研究受到越来越多国内外学者的关注。Mcdougall（1960）在研究 FDI 对东道国经济福利的影响时首先考虑了 FDI 的技术外溢效应，在此之后，不少学者实证检验了 FDI 对东道国企业的技术外溢并且考察了 FDI 技术外溢的渠道。综合来看，FDI 主要通过以下四种途径影响当地企业技术进步，分别为传染效应（Findlay，1978；Colombo & Mosconi，1990）、竞争效应（Mansfield & Romeo，1980）、人员培训效应以及链接效应（Gorg & Strobl，2001；Castellani & Zanfei，2001；Smarzynska，2004）。FDI 存在技术溢出效应在理论上已经得到普遍认可，然而现有的关于 FDI 技术溢出效应的实证检验却仁者见仁，智者见智。一些学者研究发现流入发达国家的 FDI 普遍对东道国企业产生了技术溢出效应（Caves，1974；Globerman，1979；Imbriani & Reganati，1997；Branstetter，2001），然而，对发展中国家的 FDI 技术溢出效应的假设检验却难以得到一致结论（Blomstrom & Persson，1983；Blomstrom，1986；Haddad & Harrison，1993；Blomstrom et al.，1994；Kokko，1994；Kokko et al.，1996；Sjoholm，1999；Aitken & Harrison，1999；Vinish，2000）。在中国这个最大的发展中国家，FDI 技术溢出效应的假设在不同地区或同一地区的不同行业也没有得到一致结论（沈坤荣，2001；包群，2002；潘文卿，2003；严兵，2005）。多年来，国内外学者通过对 FDI 技术溢出效应的研究，认识到产生 FDI 技术溢出效应是有条件的，多种因素共同影响 FDI 的技术溢出效应，其中吸收能力是影响 FDI 技术溢出效应的重要因素（Cohen & Levinthal，1989；Verspagen，1992；何洁，2000；Caselli & Coleman，2001；沈坤荣、耿强，2001；赖明勇等，2002；Griffith et al.，2004；Verspagen & Schoenmakers，2004；Smarzynska，2004；陈涛涛、白晓晴，2004；Kneller & Stevens，2006；黄凌云、杨雯，2007；王剑武、李宗植，2007）。

综上可见，FDI 技术溢出效应在理论上已经得到普遍认可，然而，现有的关于 FDI 技术溢出效应的实证检验结果却不一致。究其原因，除了在研究样本、研究时间、研究指标、研究方法等方面的差异之外，另一个关键的因素在于"技术溢出接收方"的吸收能力（Absorptive Capacity）上存在的显著差异导致了不同的国际技术溢出效果。换言之，国际技术溢出效应是有条件的，其中"技术溢出接收方"的吸收能力是关键。因此，非常有必要从"技术溢出接收方"的吸收能力视角研究国际技术溢出效应。此外，从现有相关文献来看，对国际技术溢出的研究大多是基于宏观层面的研究，可能是基于数据可得性的限制，关于微观层面的研究比较鲜见。本研究正是基于"技术溢出接受方"的吸收能力视角，从微观层面上探讨中国内资汽车企业自身的吸收能力与技术引进的传导机制，从而研究国际技术溢出是如何影响中国内资汽车企业技术进步的。

二　研究意义

本研究基于以上中国汽车产业发展现实问题以及理论研究背景，以中国汽车企业为研究对象，以内资汽车企业的吸收能力为研究视角，对中国汽车企业的技术进步路径进行了理论和实证分析，并指出了内资汽车企业自身技术吸收能力在引进国外技术和合资中的关键性作用。本研究具有一定的理论价值和实践价值。在理论价值方面，本研究丰富了在开放经济系统条件下的增长理论研究；在实践价值方面，本研究将此理论研究充分运用到微观汽车企业层面，有助于中国内资汽车企业的技术进步，有助于中国自主知识产权汽车工业的培育和发展。

第二节　研究思路与研究框架

一　研究思路

在开放经济条件下，对中国汽车企业而言，其技术进步路径主要包括以下三个方面：自主创新、直接技术引进、国际技术扩散。其中国际技术扩散主要包括基于 FDI 的技术溢出和基于进口贸易的技术溢出。本研究遵循"理论分析、实证检验、政策建议"的研究思路，受汽车产业进口贸易数据的限制，本研究仅仅探讨自主创新、直接技术引进、FDI 技术溢出三大路径对中国汽车产业技术进步的影响。

首先，为了对中国汽车企业的技术进步状况有一个比较全面的了解，本研究采用 DEA-Malmquist 生产率指数分别从分行业和所有制的视角对中国汽车产业的全要素生产率（TFP）进行了测度分析，阐述了内外资汽车企业的技术差距。

其次，本书研究了自主创新与中国汽车产业技术进步之间的关系，并构建模型实证检验了中国汽车产业 R&D 产出弹性以及 R&D 和国外技术引进对汽车产业技术进步的影响。

再次，本书基于内资汽车企业吸收能力的视角研究了 FDI 技术溢出与中国汽车产业技术进步之间的关系。从产业以及产业内部不同类型的企业这两个层面研究了汽车产业 FDI 的技术溢出效应，先从产业层面实证检验 FDI 对中国整体汽车产业的技术溢出效应，然后着重从产业内部不同类型的企业的层面实证检验 FDI 对中国内资汽车企业的技术溢出效应，研究 FDI 技术溢出渠道，基于内资汽车企业吸收能力的视角识别 FDI 技术溢出的影响因素。

以上研究发现，自主研发、技术引进和 FDI 技术溢出都是中国汽车产业技术进步的来源，那么，中国汽车产业技术进步的主要来源是什么？对中国汽车产业技术进步主要来源的甄别，有助于政策决策者做出提升中国汽车产业技术进步、使中国从汽车大国向汽车强国转变的政策建议。为此，本研究从自主研发、技术引进和 FDI 技术溢出三个方面，对中国汽车产业技术进步的主要来源进行识别。

最后，本研究在实证研究基础上结合中国汽车产业现状，对如何促进中国汽车产业，特别是内资汽车企业的技术进步提出了相关的对策建议。

二　研究框架

本研究共包括九大章，各章的主要研究内容列举如下。

第一章：导论

本章主要介绍了本研究的选题背景、研究意义、研究思路、研究框架、研究方法以及可能的创新点。此部分还对本研究的理论基础进行了综述，包括技术进步理论、技术溢出理论、吸收能力理论、后发优势理论等。

第二章：相关文献综述

本章主要从两大方面对相关文献进行了综述，一是关于自主研发与技术进步的研究综述，二是关于国际技术扩散与技术进步的研究综述，且着重分析了FDI技术溢出的实证研究方法。

第三章：中国汽车产业技术进步路径的理论分析

首先，本章阐述了后发国家的产业技术进步路径，认为在开放经济系统中，后发国家产业技术进步的提高主要依赖以下两个来源：内源性技术和外源性技术。吸收能力在外源性技术溢出方面起到了关键性作用。其次，基于企业成长阶段视角，分别分析了后发国家汽车产业在初创阶段、早期成长阶段、高速成长阶段以及成熟阶段等四大成长阶段的技术能力成长路径。接下来，对中国汽车产业的发展阶段进行了定位，认为当前中国汽车产业发展处于高速成长阶段，进而在此基础上，总结了当前中国汽车企业技术进步路径，即逐步从模仿学习到自主创新转变。

第四章：中国汽车产业技术进步的测度研究

对中国汽车企业技术进步路径的研究，首先必须对中国汽车企业的技术进步状况有一个比较全面的了解，为此，本章对中国汽车企业技术进步进行测度研究。首先对技术进步测度方法进行述评，接下来选择DEA-Malmquist生产率指数分别从分行业和所有制视角对中国汽车产业的全要素生产率（TFP）进行了测度分析。本研究有以下几个方面的发现。1994~2010年，中国汽车产业技术进步明显，年均TFP增长率为9.1%，中国汽车产业TFP增长主要得益于纯技术进步增长。从分行业角度来看，1994~2010年汽车行业的TFP增长率最高，其次为摩托车和车用发动机行业，再次为改装汽车行业，最后为汽车摩托车配件行业。从所有制性质来看，外商投资企业的TFP增长率最高，其次为国有企业，其他依次为：港澳台商投资企业、联营企业、股份有限公司、中外合资企业、合资经营企业、有限责任公司、合作经营企业、股份合作企业、集体企业，私营企业排在倒数第二位，最后为中外合作企业。

第五章：自主创新与汽车产业技术进步

本章主要研究了自主创新与中国汽车产业技术进步之间的关系，首先从汽车技术和汽车产品自主创新现状、汽车产业自主品牌发展现状、汽车产业自主知识产权发展现状、汽车产业研发投入现状以及汽车产业科研现状等五大方面阐述了中国汽车产业的自主创新现状。接下来，本章实证检验了中国汽车产业 R&D 产出弹性以及 R&D 和国外技术引进与中国汽车产业生产率之间的关系。研究发现，R&D 产出弹性显著为正。R&D 以及国外技术引进对中国汽车产业生产率增长具有显著的促进作用，但是 R&D 的吸收能力较低，导致 R&D 与国外技术引进的交互项对中国汽车产业生产率增长具有显著的负影响。企业规模对汽车产业生产率有显著的正影响。

第六章：FDI 技术溢出与汽车产业技术进步：基于吸收能力视角

本章主要基于内资汽车企业吸收能力视角研究了 FDI 技术溢出与中国汽车产业技术进步之间的关系。首先，对中国汽车产业 FDI 现状进行了分析，阐述了中国汽车产业合资合作的现状及其存在的问题，分析了跨国汽车公司对华战略，并反思了"市场换技术"的战略。其次，本章从产业以及产业内部不同类型企业两个层面研究汽车产业 FDI 的技术溢出效应，先从产业层面实证检验了 FDI 对中国整体汽车产业的技术溢出效应，接下来着重从产业内部不同类型企业的层面实证检验了 FDI 对中国内资汽车企业的技术溢出效应，研究了 FDI 的技术溢出渠道，且基于内资汽车企业吸收能力视角识别了 FDI 技术溢出的影响因素。研究发现，汽车产业 FDI 投资对中国整体汽车产业具有显著的技术溢出效应，R&D 投资对中国汽车产业 FDI 技术溢出效应作用不明显，而 R&D 人力资本对中国汽车产业 FDI 技术溢出效应具有显著的正影响。FDI 进入对中国内资汽车企业发展的挤出效应超过了其溢出效应，外资汽车企业主要通过人力资本效应对内资汽车企业产生技术溢出效应。内外资汽车企业技术差距的扩大不利于 FDI 的技术溢出，而增加内资汽车企业人力资本投入有助于 FDI 的技术溢出，增加内资汽车企业研发投入对 FDI 的技术溢出作用不明显。

第七章：中国汽车产业技术进步主要来源的甄别

以上研究发现，自主研发、技术引进和 FDI 技术溢出都是中国汽车产业技术进步的来源，那么，中国汽车产业技术进步的主要来源是什么？对中国汽车产业技术进步主要来源的甄别，有助于政策决策者做出提升中国汽车产业技术进步，使中国从汽车大国向汽车强国转变的政策建议。本章从自主研发、技术引进和FDI技术溢出三个方面，对中国汽车产业技术进步的主要来源进行识别。首先，基于1994～2010年的时间序列数据实证研究发现，R&D吸收能力在外国技术引进过程中起到了关键性作用。其次，基于1998～2010年汽车五大行业的面板数据，构建一阶差分模型实证研究发现，FDI对中国汽车产业发展产生了显著的技术溢出效应，能够显著促进中国汽车产业生产率增长和技术进步。最后，基于VAR模型的实证研究和利用脉冲响应函数发现，人均资本、技术引进、FDI、R&D对技术引进吸收能力的某一冲击会给中国汽车产业技术进步带来同向的冲击，而自主研发、R&D对FDI技术溢出吸收能力的某一冲击会给中国汽车产业技术进步带来反向的冲击。通过方差分解方法分析人均资本等变量冲击对中国汽车产业技术进步变化的贡献率发现，中国汽车产业技术进步的主要来源分别是：技术引进、FDI和自主研发。

第八章：促进中国汽车产业技术进步的政策建议

本章在上述实证研究基础上，结合中国汽车产业现状，对如何促进中国汽车产业，特别是内资汽车企业技术进步提出了相关对策建议。

第九章：结论

本章给出了本研究的主要结论，且指出了本研究的不足之处。

本研究的研究框架如图1-2所示。

第三节　研究方法

本研究涉及的主要研究方法包括数据包络分析方法（DEA）、最小二乘法（OLS）、SWOT分析法、固定效应法、一阶差分法和VAR模型等。

（1）数据包络分析方法（DEA）。本研究采用基于DEA的Malmquist生产率指数法，分别从分行业和所有制视角对中国汽车产业的全要素生产率进行了测度分析。

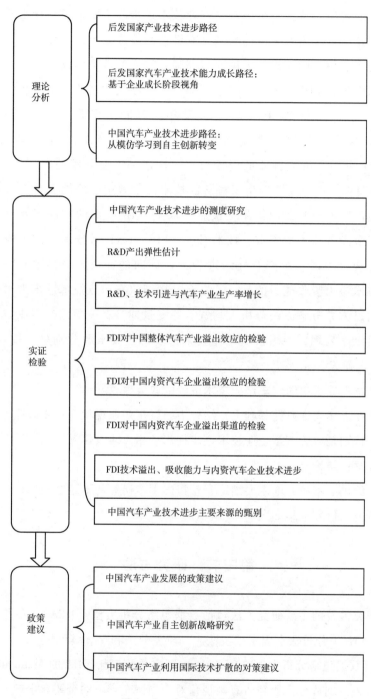

图 1-2 本书的研究框架

（2）最小二乘法（OLS）。本研究采用 OLS 研究了中国汽车产业 R&D 产出弹性、FDI 对中国整体汽车产业溢出效应的检验、FDI 对中国内资汽车企业溢出效应的检验、FDI 对中国内资汽车企业溢出渠道的实证检验、基于内资汽车企业吸收能力视角的 FDI 溢出与内资汽车企业技术进步关系的研究、中国汽车产业技术进步主要来源的甄别等。

（3）SWOT 分析法。本研究采用 SWOT 分析法，对中国汽车企业自主创新的优势和劣势以及面临的机会与威胁进行了分析，从而为中国汽车产业自主创新战略选择提供了充分的依据。

（4）固定效应法。本研究采用固定效应法，实证研究了 R&D、技术引进与汽车产业生产率增长之间的关系。

（5）一阶差分法。本研究采用一阶差分法，实证研究了 R&D、技术引进与汽车产业生产率增长之间的关系，且采用一阶差分法研究了中国汽车产业技术进步的主要来源。

（6）VAR 模型。本研究采用脉冲响应函数和方差分解研究了中国汽车产业技术进步的主要来源。

第四节 本研究的理论基础

本研究的理论基础主要包括技术进步理论、技术溢出理论、吸收能力理论以及后发优势理论。

一 技术进步理论

技术进步理论的演进与经济增长理论的发展是密不可分的，自新古典增长理论以来，技术进步就在经济增长理论中占据举足轻重的地位。但是，在新古典增长理论中技术进步被假定为外生的，经济学家对这一技术外生假设的不满促使了内生增长理论的产生与发展，在内生增长理论中技术进步被假定为内生的。

为了保证市场的完全竞争性，新古典增长理论假设生产要素具有边际报酬递减的特征。生产要素边际报酬递减的假设意味着，经济的可持续增长仅仅依赖生产要素的投入是远远不够的。为了保证经济能够实现可持续发展，新古典增长模型假设存在一种外生的技术变化，正是产生了这种外生的技术变化才导致经济增长的可持续性。该假设引发的一个问题是，经济的可持续增长是借助假定的外生技术实现的，这意味着经济增长实际上是人为假设的结果，不符合经济增长的逻辑与事实。

为此，我们必须实现技术进步的内生化，解决的方法之一是像新古典增长模型中假设的那样，继续假定知识不是一种经济产品，从而知识不参与生产要素的分配。在此假设下，知识不是由竞争性的市场主体生产出来的，而是由某种其他生产要素投入派生出来的，这种派生过程被 Arrow（1962）界定为"干中学"，也就是说，人们可以在产品生产过程中不断积累与生产相关的知识。在这种意义上，知识的来源及积累的原因可以看作被内生化地解释了。之后，不少经济学家都继承了这一研究思路，Romer（1986）在其增长模型中假设知识是由投资派生的，且假定知识具有外部性等特征。此外，Greiner & Semmler（2002）对 Romer（1986）进行了拓展性分析，但这种拓展性分析仍假定知识是由投资派生的。

值得注意的是，在 Romer（1986）模型中假定知识是由投资派生的，但是这种知识并不是有意识研发的产物。此后，Romer（1990）假定在产品生产过程中获得的知识具有排他性特征，也就是说，在产品生产过程中获取的新知识增量，一方面会增加社会总的知识存量，但另一方面，由于专利的存在，知识在其应用上又具有排他性的特征。

在模型中，研发领域的直接应用对应于研发部门，知识的直接应用对应于中间品生产部门。在研发领域中，知识增量的生产函数被假定为知识存量和劳动投入的增函数（Lucas，1993）。Solow（1997）在处理研发问题上引入了研发风险要素，在 Solow（1997）模型中，创新被假定为以泊松流的方式实现。在 Solow（1997）模型构建中，经济增长被假定为来源于两个方面，一是来源于突发的非连续性的创新，二是来源于基于"干中学"的持续的技术改进。而在 Arrow（1962）模型中假定"干中学"的效果是无限的，这一假设显然与现实不符，为此 Solow（1997）假定"干中学"的效果是有限的，这一假设意味着，仅仅依赖持续发生的"干中学"不能保证经济的无限增长。而突发的非连续性的创新可以保证经济增长的持续性，这是因为每次创新的出现必然导致要素边际生产率的提升，从而促进经济增长。Aghion & Howitt（1992）模型也假设创新出现的不确定性，且认为创新表现为中间品的增加，但是他们在模型中引入了"创造性毁灭"的概念，也就是说，新的创新会对现有知识产生替代，也即创新的作用是产生一项新的中间品，而这一中间品将替代原有的中间品。而在 Dinopoulos & Syropoulos（2003）模型中，知识的增长被描述为在位厂商和潜在竞争者的研发成果总和。

在开放经济系统中，技术进步路径主要包括：技术创新、技术引进和技术扩散。对后发国家而言，要实现工业化的赶超，实际上就是要实现技术的赶超。综合来看，后发工业国家要实现技术赶超应该分为三个阶段。①第一阶段应当以技术引进为主，通过引进国外发达国家和地区的先进技术，促进产业结构优化升级，加速自身技术进步。②第二阶段应当是技术引进与技术创新并重，通过加强技术创新能力建设打破发达国家和地区的技术垄断，进一步提升产业结构，同时仍需继续利用后发优势战略，通过技术引进和吸收实现赶超。③第三阶段必须以技术创新为主，通过注重研发创新，获得先发优势，从而实现跨越式赶超。

二 技术溢出理论

尽管新增长理论指出了知识产品、技术的外部效应对内生技术进步的重要性，即由于知识产品的非竞争性使整个经济系统呈现报酬递增现象，然而早期内生增长理论主要考察的是在封闭经济体系中的经济增长。事实上，随着各国经济活动往来的日益密切，在开放经济中一国通过与外国建立经济联系、开展经济活动已经成为技术进步的另一条重要源泉。广义而言，一国技术进步可以分为自主创新与对外界的技术引进、模仿与吸收，其中后者在各国技术进步中已经扮演了日益重要的角色（Keller，2002），这一点在发达国家也是如此（Coe & Helpman，1995；Eaton & Kortum，1996）。

类似国内研发的外部效应，一般将国外研发活动通过各类国际经济活动对本国产生的外部性现象称为国际技术外溢。这一定义强调两点：首先，开放经济中一国技术进步不仅取决于国内研发投入，而且取决于其他国家的研发活动；其次，与国内研发活动的外部性不同，国外研发成果的外部效应是通过一系列传递渠道产生的，因此研究者往往将考察的重心集中于分析各类技术外溢传递渠道的作用。国际技术溢出传导渠道主要有国际贸易、FDI、劳务输出、人口迁移以及信息交流等（Keller，2002），其中以商品贸易、FDI 为传递渠道的技术外溢通常称为物化型技术溢出，因为知识外溢已经体现在伴随这些经济活动而进行的机器、设备等具体商品的交换与转移中，通过商品的流动而发生了技术溢出。在应用研究领域，大量学者考察了 FDI、国际贸易的技术外溢效应。

三　吸收能力理论

在知识经济时代，企业创造价值的基础正在发生变化，企业竞争优势的来源不只局限在组织内部，而且超出了企业的组织边界，那些能够有效吸收并利用外部知识的企业在市场竞争中胜出的可能性大大提高。知识已成为当今企业赖以生存和发展的关键资源。因此，企业在持续创新和保持自身竞争优势的驱使下，不断努力提升自己在获取、吸收和创造新知识方面的能力。在知识经济时代，外部知识源在企业创新中起到了越来越重要的作用，因此，怎样将外部知识转化为创新就显得尤为重要。

针对企业在利用外部知识源方面存在的问题，Cohen & Levinthal（1990）提出了"吸收能力"（Absorptive Capacity）这一概念，将"吸收能力"界定为"企业在实践过程中识别、消化和利用外部新知识的能力"，这种能力的强弱在很大程度上取决于以下三个方面：一是组织原有的知识水平；二是组织成员个体的吸收能力；三是组织内部知识分享与沟通的能力。随后的许多相关研究都沿用了这一概念，但是这些研究，一是很少涉及对吸收能力概念的讨论，大多数文献是根据各自研究需要对吸收能力概念重新加以解释和利用；二是仅从吸收能力三个维度中的某一个维度进行分析。如一些文献将吸收能力界定为，企业在对外部知识利用和处理隐性知识转移过程中所需具备的广泛技能（Mowery & Oxley，1995），而一些文献则将吸收能力简单地界定为，包含组织原有知识基础和努力程度两个维度的组织学习和问题解决能力（Kim，1997，1998）。出现以上问题的主要原因在于 Cohen & Levinthal（1990）并没有对吸收能力概念的维度加以明确细化，而是仅仅给出了一个比较抽象的定义，这就使其追随者对吸收能力概念的操作遇到了较大的困难（Zahra & George，

2002）。

不少国内学者也对吸收能力这一概念进行了探索性研究。高展军和李垣（2005）认为吸收能力是企业在对外部知识进行评价、获取和消化的基础上，对企业原有知识有效整合和利用的一系列组织惯例和过程，是建立在企业知识和经验积累基础上的，具有领域限制和路径依赖的特点。吸收能力存在于企业个体和组织两个层次上，作为一系列基于知识的能力，吸收能力的强弱最终表现在企业竞争优势的实现程度上。一些研究将吸收能力看作企业的一种动态能力，认为吸收能力是组织通过对知识的获取、消化、整合和利用，从而发展组织动态能力的一系列组织惯例与过程，并且把吸收能力分成潜在吸收能力和实际吸收能力两种（Zahra & George，2002）。借鉴 Zahra & George（2002）的研究，陈劲等（2011）也将吸收能力划分为潜在吸收能力和实际吸收能力两种，其中，潜在吸收能力包括知识获取能力和知识消化能力，实际吸收能力包括知识转化整合能力和知识利用能力。获取能力是指企业接近外部知识源，并通过某种方式搜索、评估和获取新知识的能力。消化能力是指企业理解和解释其获得的外部新知识的能力，消化能力没有商业化成果，只是拓展有关人员的知识领域和增加企业知识基础积累。转化整合能力是指外部知识在企业内流动和扩散，与现有知识有效融合的能力。利用能力是指企业利用整合后的知识，创造新知识并产生商业化成果的能力。表 1-2 总结了关于吸收能力定义的主要文献。

表 1-2　国外关于吸收能力的定义

主要文献	吸收能力定义
Cohen & Levinthal(1990)	吸收能力是企业识别外部信息的价值,消化该信息,并将该信息应用于商业用途的能力
Mowery & Oxley(1995)	吸收能力是对外部转移来的隐性知识进行处理并对所吸纳的知识进行修正的一组广泛的技能
Kim(1998)	吸收能力是学习并解决问题的能力
Lane & Lubatkin(1998)	学生企业的吸收能力是其对从老师企业那里获得的新知识进行评价、消化及应用的能力
Zahra & George(2002)	吸收能力由潜在吸收能力和实际吸收能力构成,它是一系列组织惯例和流程,通过对这些惯例和流程,企业得以获取、消化、转换并应用知识以发展出一种动态的组织能力

主要文献	吸收能力定义
Liao, et al. (2003)	潜在的吸收能力是获取、传播外部信息和知识的一系列相互作用的组织能力
Matusik & Heeley (2005)	吸收能力由三个层面构成:一是企业与外部环境交互的程度或者边界开放性;二是企业内集体层面价值创造的结构、惯例以及知识储备;三是个体层面的吸收能力
Lane, et al. (2006) Lichtenthaler (2009)	基于过程对吸收能力进行定义,认为吸收能力是企业通过探索性学习、转换式学习、开放式学习这一系列过程来应用外部知识的能力。探索式学习是指获取外部知识,开放式学习是指应用所获知识,而转换式学习则将这两个学习过程联系起来
Todorova & Durisin (2007)	吸收能力是一系列组织惯例,是企业评价、获取、转换或者消化、应用知识的能力;吸收能力各维度都受"社会整合"权变因素的影响,评价和应用维度还受到"权利关系"权变因素的影响
Deng, et al. (2008)	吸收能力是获取、消化并应用新知识的能力

综上可见,虽然学者们根据自己的研究需要从不同角度提出了不同的吸收能力概念,但他们都将吸收能力看作一种管理知识的能力,即企业获取、消化、转化和利用知识的能力。目前,管理学界就吸收能力的定义已经达成了比较一致的看法,认为吸收能力是指企业在评估外界环境和审视自身技术能力的基础上获取外部知识并与内部知识进行整合,最终实现创新水平和经营绩效提升的一系列动态能力,企业的吸收能力与企业的知识管理水平和组织学习能力密切相关。

基于吸收能力的理论分析,吸收能力机制的整合模型(徐万里和钱锡红,2010)见图 1 - 3 所示。

(1) 先验知识对评价维度的影响

评价外部新知识的能力依赖存储在记忆中的先验知识和经验,这种先验知识和经验为认知过程提供重要支持,认知过程进而又支撑评价知识的能力。此外,先验知识和经验局限于特定领域,且会出现路径依赖,因此可以通过在学习上的密集投资(如 R&D 活动)逐步得以积累,从而强化评价知识的能力。另外,记忆是自我强化的,越多概念存储于记忆中,获得有关这些概念的新信息就越容易。因此,企业的先验知识对吸收能力第一个维度有重要影响作用。

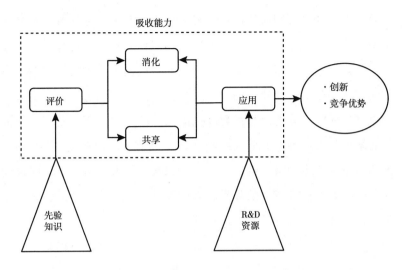

图 1 - 3　吸收能力机制的整合模型

（2）评价知识的能力对消化和共享维度的影响

评价知识的能力通过两种方式影响消化外部知识的能力：一种是注意力引导，这决定了个体在何处搜寻新知识，因为熟练于识别有用知识的人在消化外部知识方面将更加有效，他们的注意力很快就能定位于最有价值的信息上；另一种是为个体提供理解的认知图，引导个体在新领域中的研究。认知图越能广泛地对信息根据有用性进行分类，就越有利于新知识的处理和获取。因此，评价外部知识的能力强化了消化外部知识的能力。正如对知识消化能力的影响，评价知识的能力也会将个体注意力引向知识共享，以识别那些对组织来说有价值的信息。当信息是可信的但却因果模糊的，并且当组织成员间的知识转移发生在能够理解这些知识的成员间时，组织成员间的知识转移就会得到提升。因为，当转移知识的人拥有很强的评价和理解新知识的能力时，就能够解决因果模糊性并建立可靠的知识，当接受知识的人拥有很强的评价新知识的能力时，也会更容易理解这些知识。因此，评价外部知识的能力强化了共享外部知识的能力。

（3）消化和共享知识的能力对应用维度的影响

消化外部新知识的能力有助于应用知识能力的提升。消化外部新知识的能力在新产品开发中能够加快问题解决的速率，避免重复劳动，由此缩短产品实验和设计的过程，降低应用阶段产品开发的周期。此外，消化阶段存储下来的知识、实验、设计等可用作应用外部新知识的惯例和流程。组织成员间具有很强的共享外部知识的能力也有助于提升应用知识的能力，因为知识在组织内的有效扩散能够增加个体所能获得的知识总量，由此为应用过程提供更多创新的想法。知识共享还将个体的思想世界联系起来，使组织从不同角度对数据做出解释，从而增加数据的种类，而这些新的解释又有助于创造性洞察力的形成，这对知识应用也会产生积极影响。此外，知识共享能够在组织成员间建构一个共同的参考框架并且打破交往的障碍，以此提升组织应用知识的能力。

（4）R&D 资源是知识应用能力的前因

关于 R&D 支出或 R&D 人员与创新之间的正相关关系已经得到大量研究的支持，很多学者将 R&D 资源作为吸收能力测量的代理变量。R&D 资源作为应用知识维度的前因对创新产生影响，因为应用阶段涉及实验、产品原型开发、技术支撑等，这些活动是成本密集型的，因此，R&D 资源的供给为应用外部知识提供了必要条件。R&D 资源并不能直接产生创新结果，相反，有效应用外部知识才能发挥 R&D 资源对创新的作用。因此，R&D 资源是应用外部知识能力的前因，并且 R&D 资源通过应用能力对创新产生影响。

（5）应用知识的能力对创新的影响

通过消化知识（个体层面）和共享知识（组织层面），新知识经由个体转移到组织内部，并被整合到组织的知识储备当中。然而，一项创新的产生还需要诸如实验、设计或类似的行为导向的活动。并且，消化的知识是从别处获取的，因此就不能对其申请专利或对外特许，所以必须对知识加以转换并付诸实际应用，应用维度是产生创新的必经步骤。因此，知识应用能力对企业创新有重要影响。

四 后发优势理论

在研究发展中国家和地区怎样实现经济社会快速发展并赶超发达国家和地区的课题上，后发优势理论备受关注。但是，经济学家对后发优势概念的理解却仁者见仁，智者见智。有的认为后发国家只需要通过技术模仿和技术引进就可以实现技术进步，也就是说后发优势是后发国家和地区在选择技术进步路径上所拥有的优势（林毅夫，1999）；有的认为后发优势是指后发国家通过观察、学习和模仿，以较低的成本掌握发达国家通过花费较大成本所具备的知识和经验，从而在自身发展过程中少走弯路（樊纲，2002）；有的认为后发优势是指后发国家所具有的内在的、特殊的、客观的优势（郭熙保，2002；胡鞍钢，2003）。综上可见，林毅夫对后发优势的定义偏重于技术，樊纲则偏重于制度和技术，而胡鞍钢和郭熙保对后发优势概念的概括似乎具有更大的包容性。可见，后发优势主要表现为后发国家对发达国家的技术模仿或者制度模仿两大方面。

事实上，后发优势的表现体现在多个方面，有的研究将后发优势归纳为选择的优势、学习的优势、精神的优势、途径的优势四个方面（金明善、车维汉，2001）。有的研究认为后发优势主要体现在以下三个方面：一是引进先进国家的技术和装备；二是学习和借鉴先进国家的成功经验，吸收其失败的教训；三是具有摆脱落后和寻求工业化发展的强烈"赶超"意识（胡鞍钢，2003）。有的研究认为后发优势主要体现在技术引进、制度创新、结构变动、规模扩张、人力资源等方面（简新华等，2002；郭熙保，2004）。

后发优势具有相对性、潜在性、多维性、动态性、成本低、风险小等特征（胡汉昌、郭熙保，2002；郭熙保、胡汉昌，2004）。所谓相对性是指由于世界经济的不平衡发展导致的先发与后发、先发优势与后发优势的相对性。所谓潜在性是指后发国家需要具备一定的社会能力才能将后发优势变为现实优势。所谓多维性是指后发优势表现在多个方面，既可以是经济领域，又可以是文化领域、科技领域和管理领域等。所谓动态性是指后发优势往往表现为动态的变化过程，或者使潜在优势转化为现实优势，或者使后发优势转化为后发劣势。所谓成本低和风险小是指与先发国家相比，后发国家学习的成本低和风险小。

综合而言，尽管学术界对后发优势概念及其表现形式等未形成统一的认识，但是学术界对后发优势理论的研究达成了以下几个方面的共识。第一，由于历史条件、发展前提等不同，后发国家在选择自身发展道路时要充分考虑本国国情，不可照搬发达国家的发展模式。第二，后发国家不仅要重视模仿，更要重视创新，模仿只能缩小差距，而创新才能实现超越。第三，后发国家应当抓住全球化的历史机遇，借鉴发达国家的经验，充分利用后发优势加快自身发展。第四，后发国家在发挥后发优势过程中，政府发挥着重要作用，政府可以为后发优势的实现创造良好的国内国际环境。

第五节　本研究可能的创新之处

（1）研究视角的创新。本研究从吸收能力视角研究中国汽车企业技术进步问题。基于内资汽车企业吸收能力视角，从内外资汽车企业技术差距、内资汽车企业人力资本以及内资汽车企业 R&D 三个因素，研究了 FDI 技术溢出对中国内资汽车企业技术进步的影响。长期以来，中国汽车工业遵循"以市场换技术"的引资思路，近年来，关于中国汽车产业发展模式的讨论日益激烈，不少学者对"以市场换技术"的引资思路颇具微词。那么，中国汽车产业"以市场换技术"引入 FDI 模式对中国汽车产业技术溢出效应究竟如何？本研究基于吸收能力视角试图对此问题进行解释。同时，对后发汽车工业国而言，如何在自身吸收能力基础上制定本国引资政策、发展本国汽车工业，成为利用 FDI 的关键。

（2）指标体系的创新。基于中国汽车产业进一步发展面临能源问题的巨大挑战，本研究在研究中国汽车企业技术进步时考虑了能源约束问题，将能源消耗总量指标作为投入要素纳入测算框架。中国经济的高速发展导致了中国石油消费的迅速增长。从 1993 年开始中国成为石油净进口国，中国石油进口依存度从 1993 年的 6% 增长到 2010 年的 53.7%。汽车化进程的快速发展是中国石油消费迅速增长的重要因素。2009 年，中国汽车保有量为 6288 万辆，消耗了 13480 万吨成品油，占全国汽柴油总产量的 63.2%。未来的 5~10 年中国汽车市场仍将高速发展，与此同时，中国汽车化进程与石油消费的矛盾将会更加突出。因此，在研究中国汽车企业技术进步时考虑其面临的能源约束具有极强的现实意义。

第二章　国内外有关引进外资与自主创新的论述

第一节　自主研发与技术进步

现代经济增长理论认为技术进步是经济增长的核心源泉，而自主研发是技术进步的重要途径。在 20 世纪 60 年代早期，学者们就已经开始从计量角度对 R&D 在经济增长中的作用进行研究（Minasian，1962；Griliches，1964；Mansfield，1965），在这些研究中，关于 R&D 与生产率增长关系研究的基本方法是扩展经典的 C－D 生产函数，在传统的物质资本、劳动等要素投入基础上，再加一项研发资本投入，然后估计研发资本的产出弹性。估计上述函数首先要测算研发资本存量，但是研发资本测算涉及折旧率和平均滞后期的确定，因此在计算上有一定难度。到了 20 世纪 80 年代，随着新经济增长理论的兴起，R&D 与生产率之间关系的理论研究框架趋于成熟（Griliches，1979），继而在企业层面和产业层面上均涌现出大量经验性研究文献。

在企业层面上，Griliches（1980）、Griliches & Mairesse（1984）、Griliches（1986）、Adams & Jaffe（1996）通过对美国企业的研究发现，美国不同企业的 R&D 产出弹性约为 0.07、0.05、0.1 和 0.08。Cuneo & Mairesse（1984）、Hall & Mairesse（1995）、Mairesse & Hall（1996）通过对法国企业的研究发现，法国不同企业的 R&D 产出弹性为 0.20、0.17 ~ 0.25、0.09。Griliches & Mairesse（1990）通过对日本企业的研究发现，日本企业 R&D 产出弹性处于

0.20 ~ 0.57 之间。Harhoff（1998）通过对德国企业的研究发现，德国企业 R&D 产出弹性为 0.13。Dilling-Hansen et al.（2000）通过对丹麦企业的研究发现，丹麦企业 R&D 产出弹性处于 0.12 ~ 0.15 之间。

在产业层面上，Griliches（1980）利用美国 1959 ~ 1977 年 39 个制造业数据、Sveikauskas et al.（1982）利用美国 1959 ~ 1969 年 144 个制造业数据，分别认为美国制造业 R&D 产出弹性处于 0.03 ~ 0.07、0.22 ~ 0.25 之间。Mansfield（1988）通过对日本制造业数据的研究发现，日本制造业 R&D 产出弹性为 0.42。Bernstein（1988）通过对加拿大制造业数据的研究发现，加拿大制造业 R&D 产出弹性为 0.12，而 Hanel（2000）研究发现加拿大制造业 R&D 产出弹性为 0.34。Englanderet al.（1988）利用 6 个国家的产业数据、Verspagen（1995）利用 11 个 OECD 国家和地区的产业数据，分别发现其 R&D 产出弹性为 -0.16 ~ 0.50、-0.02 ~ 0.17。Van Meijl（1997）研究发现法国制造业的 R&D 产出弹性为 0.19。Vuori（1997）研究发现芬兰制造业的 R&D 产出弹性为 0.14。从以上分析中可以发现，大量研究基本都证明了 R&D 对各国和地区企业或产业生产率增长产生了显著的影响。

与国外研究相比，中国关于企业或产业 R&D 与生产率关系的研究开展的时间较晚。Wang & Szirmai（2003）利用中国 5 大高技术产业 21 个细分行业 1996 ~ 2001 年的面板数据，采用生产函数首次估计了中国高技术产业 R&D 产出弹性，其值约为 0.11。Hu et al.（2004）利用北京地区 1991 ~ 1997 年 88 家国有大中型企业的数据，估计出 R&D 产出弹性处于 0.12 ~ 0.14 之间。吴延兵（2006）运用 1993 ~ 2002 年中国大中型工业企业的面板数据测算出 R&D 产出弹性处于 0.1 ~ 0.3 之间。从已有研究结果看，中国 R&D 产出弹性与西方发达国家和地区 20 世纪 80 年代后期的 R&D 产出弹性相比仍存在较大的差距。

自主研发虽然是技术进步的重要途径，但是技术进步的另一个途径是充分吸收和利用世界各国的先进技术和经验。在技术引进中，一方面可以通过技术购买直接引进技术，另一方面也可以利用 FDI 的技术溢出间接引进技术。一些文献对中国的自主研发、技术引进对生产率的影响给予了关注。Hu（2001）运用北京市海淀区 1995 年 813 个高科技企业样本，Jefferson et al.（2004）运用中国 1997 ~ 1999 年 5451 个大中型制造企业样本，均发现自主研发对生产率有显著正影响。吴延兵（2006）运用中国 2002 年四位数制造产业数据发现自主研发与生产率之间存在显著正相关关系。Hu et al.（2005）运用中国 1995～1999 年每年约 1 万个大中型制造企业样本，研究了自主研发、国外技术引进和国内技术引进对生产率的影响，运用全部样本时的研究结果表明，自主研发和国外技术引进有利于生产率提高，而且自主研发与国内外技术引进相互补充共同促进了生产率的提高。朱平芳、李磊（2006）运用 1998～2003 年上海市189 家大中型工业企业样本，研究了直接技术引进和 FDI 两种技术引进方式对生产率的影响，研究发现，直接技术引进对国有企业的生产率有显著正影响，但对其他内资企业的生产率并没有显著影响。朱有为、徐康宁（2007）在采用永续盘存法测算中国高新技术产业的研发资本存量和物质资本存量基础上，利用 C－D 生产函数研究了高技术产业研发资本与生产率增长之间的关系，研究发现研发资本积累对中国高技术产业生产率增长具有显著贡献，其贡献水平有提高趋势。吴延兵（2008）运用中国地区层面的工业面板数据（1996～2003 年）研究了自主研发、国外技术引进和国内技术引进对生产率的影响，研究发现，自主研发和国外技术引进对地区工业生产率增长具有显著的促进作用，但是，这种显著的促进作用也显示出了明显的地区差异特征，也就是说，自主研发只是对东中部地区的工业生产率增长具有显著的促进作用，而国外技术引进只对西部地区的工业生产率增长具有显著的促进作用，研究还发现国内技术引进对生产率并没有显著影响。吴建新、刘德学（2010）利用 1985～2005 年中国 28 个省份的面板数据，采用动态面板数据一阶差分广义矩估计方法，研究了人力资本、国内研发和技术外溢与中国 TFP 之间的关系，研究发现进口和国内研发都显著地促进了中国 TFP 水平的提高，但没有发现 FDI 对 TFP 有显著的促进作用。沙文兵、李桂香（2011）基于知识生产函数，采用 1995～2008 年中国高技术产业 17 个细分行业的面板数据研究发现，内资企业自主 R&D 投入是其形成创新能力的最主要因素，外资企业 R&D 活动对内资企业产生了一定的溢出效应，在一定程度上推动了内资企业创新能力的提高，继而提出加大对内资企业研发扶持力度的政策建议。肖文、林高榜（2011）研究发现本国 R&D 资本积累对本国技术进步具有显著和较强的正面作用。周新苗和唐绍祥（2011）以上海 2001～2006 年工业企业为样本，研究了企业自主研发和技术引进对企业绩效的不同影响，发现自主研发对企业 TFP 的贡献大于技术引进对企业 TFP 的贡献。吴延兵、李莉（2011）基于 1987～2009 年的时间序列数据，运用协整理论研究了自主研发和技术引进对创新能力和经济增长的影响，发现自主研发和直接技术引进对中国创新能力的提升和经济增长均有长期的积极的推动作用。

但是，关于中国的自主研发、技术引进对生产率的影响的研究，一些学者得出了不同的结论。张海洋（2005）运用中国 1999～2002 年 34 个工业行业面板数据的研究表明，自主研发对生产率和技术效率的作用不显著或有负作用，只对技术进步有促进作用。李小平、朱钟棣（2006）运用中国 1998～2003 年 32 个工业行业面板数据研究发现，国内本行业 R&D 对工业行业的技术效率及全要素生产率起阻碍作用，而通过国际贸易渠道的 R&D 溢出促进了工业行业的技术进步、技术效率和生产率增长。可见，由于采用的时序区间、企业或者产业样本和估计方法的不同，其研究结果往往存在很大差异。许培源、钟惠波（2009）采用 1998～2007 年行业面板数据，研究了国际技术溢出、国内 R&D 和工业行业生产率增长之间的关系，发现国际技术溢出是中国工业行业生产率增长的主要推动力量，而国内 R&D 的生产率增长效应不显著，认为这可能与国内 R&D 过度集中在垄断程度较高的重工业部门有关。

综上可以发现，当前中国关于 R&D 与生产率的研究文献主要应用于所有行业层面或者地区层面，而关于某一具体行业的研究涉及较少，特别是针对中国汽车工业 R&D 与生产率的研究更不多见。提升汽车行业的创新能力是中国实现由汽车制造大国向汽车制造强国转变的关键，测度分析中国汽车行业创新能力发展态势、国际水平和创新发展环境对增强产业创新能力有重要意义。陈芳、穆荣平（2011）构建了中国汽车行业创新能力的测度指标体系，分析汽车行业创新实力、创新效力与创新发展环境，认为中国汽车行业创新实力与创新效力不断提升，但与世界主要汽车制造强国差距较大，汽车龙头企业创新规模问题突出，也认识到国内汽车行业创新能力建设环境基础薄弱。阳立高等（2010）采用 1991～2009 年数据对 R&D 投入与汽车产业自主创新能力之间的关系进行了分析，认为中国汽车产业自主创新要取得长足发展的关键在于 R&D 有效融资，并指出中国汽车产业在 R&D 投入方面存在以下问题：一是 R&D 经费投入严重不足，二是 R&D 经费投入增长缓慢，三是 R&D 经费来源结构不合理。导致中国汽车产业 R&D 投入存在上述问题的原因有三个：一是 R&D 融资市场失灵，二是政府与国有汽车企业缺乏 R&D 投入的动力，三是合资企业缺乏 R&D 投入的主动权。可见，关于中国汽车企业 R&D 产出弹性、R&D 与汽车产业生产率增长之间的关系等问题有待进一步研究。

第二节　国际技术扩散与技术进步

一　国际技术扩散理论的形成与发展

在开放经济系统中，一国或地区的技术进步同时受到国内和国际两大因素的影响。其中，国际因素对技术创新能力薄弱的发展中国家和地区的影响尤为突出。因而，国际技术扩散便成为发展中国家和地区加快技术进步的重要捷径。同时，充分有效的国外技术扩散可以使技术接受国在经济增长上收敛于技术扩散国，从而使发展中国家和地区有可能赶超发达国家。

国际技术扩散是指"一国的开放能力通过消费和生产使用的各种方式为另一国使用、吸收、复制和改进的过程"（李平，2005）。国际技术扩散包括两大方面，一是有意识的技术转移，二是无意识的技术传播。关于国际技术扩散的研究最早出现在 1960 年，Macdougall（1960）在分析 FDI 的一般福利效应时，首次考察了 FDI 的技术溢出效应。之后，Cooden（1960）和 Caves（1971）分别考察了 FDI 对最佳关税、产业规模和福利的综合影响，其中多次提及技术溢出效应。Caves（1974）又根据技术扩散对当地厂商的不同影响，较早地全面区分了技术扩散的三种外在性。此后，Findlay（1978）、Koizumi & Kopecky（1977）成为该领域的主要贡献者。经过近半个世纪的积累，国外对国际技术扩散研究得比较深入和具体，其研究成果也较多地涉及国际技术扩散对发展中国家的影响，但是国际技术扩散在理论上的借鉴价值要明显大于其在发展中国家中的应用价值。中国关于国际技术扩散的研究起步较晚，研究的内容主要集中在跨国公司的技术扩散方面。

技术作为一种生产要素在现代经济增长中起非常重要的作用，特别是对后发国家和地区而言，其初始技术水平比较低下，因此，国外先进技术的引进成为这些后发国家和地区提高技术水平和促进经济增长的重要手段。国际技术扩散对后发国家和地区的作用主要表现在静态和动态两个方面，一是在静态意义上积累和提高了其技术存量水平，在一定程度上最大限度地缩小了这些后发国家和地区与发达国家之间的技术差距。二是在动态意义上借助先发国家的先进技术的扩散和吸收，促进了后发国家和地区技术创新能力的提高，为其赶超发达国家提供了某种可能路径。接下来，我们主要从技术进步、技术创新和产业发展三个方面阐述国际技术扩散对发展中国家和地区的影响。

（1）对发展中国家和地区技术进步的影响

当前，发达国家和地区是技术创新的主导国，而发展中国家和地区是技术追随国和技术模仿国。发展中国家和地区要想提高其技术水平，一方面必须重视国内自主创新，另一方面可以在很大程度上利用后发优势，从而充分依赖国外先进技术源，可见，国际技术扩散对发展中国家和地区的技术进步具有十分重要的意义。技术的扩散表现为技术在以下三种形式上的扩散：一是产品技术扩散，是指借助原材料、设备以及最终产品的扩散；二是设计技术扩散，包括设计、蓝图等，目的在于为形成创造能力提供有用的信息和数据支撑；三是能力的扩散，技术能力包括"软件"和技术诀窍。

大量研究表明，发展中国家和地区通过国际贸易、FDI 等渠道，将发达国家和地区的先进技术转移和扩散到本国，这不仅有助于提高发展中国家和地区的生产水平，更重要的是有助于发展中国家和地区的技术进步。Grossman & Helpman（1991）研究了国际贸易与技术进步之间的关系，研究表明进口贸易有助于提高进口国的生产力水平，其作用机制如下：一是进口国无须对新的中间品支付额外的成本；二是刺激进口国对这些进口中间品的学习和模仿，甚至会研发出与之有竞争力的类似产品；三是扩宽了进口国与技术领先国之间的交流渠道，从而有助于进口国学习技术领先国的先进技术和管理方法等。除国际贸易之外，FDI 也是技术扩散的一个重要机制。大量研究表明 FDI 的技术外溢效应主要表现在以下三个方面：示范效应、联系效应和人力资本流动（Caves，1974；Haddad & Harrison，1993；Kokko，1994；Kokko、Tansini & Zejan，1996）。

（2）对发展中国家和地区技术创新的影响

大量研究表明，发展中国家和地区通过 FDI、国际贸易、专利申请及引用等国际扩散方式引进国外先进技术，促进了本国和本地区技术创新能力的提高以及创新机制的形成。首先，FDI作为国际技术扩散的一种重要方式，对发展中国家和地区的技术创新有较大的促进作用，这是因为：发展中国家和地区可以模仿先进技术，从而进行不断创新；跨国公司在发展中国家和地区设立研发中心，这大大推动了东道国的二次创新和改进型创新；人力资本的流动促进了发展中国家和地区的技术创新。其次，国际贸易也对发展中国家和地区的技术创新起到了显著的促进作用，这是因为：竞争效应间接刺激发展中国家和地区厂商进行技术创新活动，从而减少对技术产品的进口依赖；通过国际贸易，发展中国家和地区可以节约大量技术开发费用和时间，从而有助于其技术创新能力的提升；国际贸易带来了发展中国家和地区创新主体内在意识、消费者消费习惯以及企业经营模式的改变，这些改变都有助于发展中国家的技术创新。

除FDI和国际贸易之外，国外专利申请及引用也对发展中国家和地区技术创新起到了显著的促进作用，这是因为：发展中国家和地区通过研究国外专利申请的文件，一方面可以获取重要的专利技术信息，另一方面还可以对国际研发趋势进行掌握，从而有助于有效避免自身自主创新的盲目性。国外专利的引用有助于直接提升发展中国家和地区的技术存量水平，从而加快发展中国家和地区二次创新的进程。此外，国际交流、因特网以及科技杂志出版对发展中国家和地区的技术创新也产生了不容忽视的影响。

（3）对发展中国家和地区产业发展的影响

一般而言，产业发展主要表现在两个方面，一是单一产业在生命周期的发展，二是整体产业结构的优化升级。因此，国际技术扩散对发展中国家和地区产业发展的影响也主要表现在单一产业发展和产业结构优化升级两个方面。

首先是对发展中国家和地区单一产业发展的影响。根据产业组织理论，产业生命周期可以依次被划分为以下4个阶段：形成期、成长期、成熟期、衰退期，而国际技术扩散对处于这4个生命周期的产业具有不同程度影响。一是国际技术扩散有助于市场对某些新产品潜在需求的认可，从而刺激一个新兴产业的形成。二是国际技术扩散使处于成长期的产业的技术发展迅速并逐渐成熟，从而扩大其产品的市场需求。三是国际技术扩散有助于发展中国家和地区对传统产业的改造，增加其科技含量，从而促进经济可持续发展。

其次是对发展中国家和地区产业结构优化升级的影响。发达国家通过 FDI 和国际贸易等方式向发展中国家和地区转移本国具有垄断优势的产业，且这些具有垄断优势的产业主要是资本和技术密集型产业，对发展中国家和地区而言，其产业主要集中为资源和劳动密集型产业，因此，发达国家资本和技术密集型产业向发展中国家和地区的转移，促进了发展中国家和地区产业结构的优化升级，使其从资源劳动密集型产业向资本技术密集型产业转型升级。

二　国际技术扩散机制

国际技术扩散机制主要涉及两个方面的内容，一是技术扩散的静态机制，是指技术扩散的模式，也即技术扩散的渠道或者技术传播的载体；二是技术扩散的动态机制，这既包括技术扩散的各个阶段，又包括技术扩散的周期性。

（一）静态机制

所谓国际技术扩散的静态机制是指通过 FDI、国际贸易及其他路径将国际先进技术扩散到发展中国家和地区。发展中国家和地区利用国外先进技术的扩散，一方面在静态意义上缩小了与发达国家之间的技术差距，另一方面为其赶超发达国家提供了某种可能性。

1. FDI 与技术扩散

作为国际技术扩散的一条重要渠道，FDI 主要通过跨国公司在东道国设立分公司，从而将本国的先进技术无形地扩散到东道国，这有助于东道国的技术进步，属于经济外部性的一种表现，即所谓的"溢出效益"。

（1）FDI 技术溢出效应

早在 20 世纪 70 年代就有研究发现，当地企业的劳动边际生产率与外企产量占其行业总产量的份额呈正比例关系（Caves，1974），此后的一些实证研究也发现，跨国公司对东道国的技术进步有显著影响（Globerman，1979；Blomstrom & Persson，1983）。Lichtenberg et al.（1996）将 FDI 划分为两种类型，一类为输出型 FDI，另一类为输入型 FDI，并借助 1979 ~ 1990 年 13 个 OECD 国家的数据，实证检验了 FDI 的技术外溢效应，研究发现输入型 FDI 没能对东道国产生显著的技术外溢效应，但是输出型 FDI 有助于输出国获取先进技术。然而，一些研究却发现，20 世纪 80 年代从美国流入 OECD 国家的 FDI

对东道国产生了显著的技术溢出效应。如果说上述研究主要从区域层面考察了
FDI 的技术溢出效应，那么一些文献也从产业层面上研究发现了 FDI 技术溢出
效应的存在性，如 Baldwin et al.（1999）从产业层面上研究发现了输入型 FDI
的技术溢出效应，Savvides & Zachariadis（2004）从产业层面研究发现，国外
R&D 和 FDI 对国内生产率增长和增加值增长均存在显著的技术溢出效应。

不少研究发现 FDI 对发展中国家和地区产生了显著的技术溢出效应，那么
有哪些因素决定了溢出效应的多寡呢？一些文献发现东道国的吸收能力的大小，
尤其是东道国的人力资本存量水平，是决定技术扩散成败多寡的关键因素（Bin
Xu，2000），还有文献研究发现，东道国的政策、环境及产业水平也是影响 FDI
技术溢出效应的重要因素（Lipsey，2002）。然而，一些文献却得出了与之相反的
研究结论，认为跨国公司对东道国生产率增长起了阻碍作用（Haddad & Harrison，
1993；Kokko & Tansini，1996；Aitken & Harrison，1999；Aslanoglu，2000）。

综上所述，关于 FDI 技术溢出效应的检验，研究者尚未得到一致的结论，
这一方面是因为研究数据和研究方法的不同，另一方面是因为研究对象的不
同。但是，可以肯定的一个结论是，东道国的吸收能力是决定 FDI 技术溢出效
应的关键因素，而东道国的吸收能力主要体现在对人力资本的投资和对 R&D
的投资两大方面。

（2）FDI 技术外溢机制

归纳起来，FDI 技术外溢的机制主要有：对国外技术的直接学习、联系效
应和跨国公司研发机构当地化。

A. 对国外技术的直接学习

FDI 技术扩散的方式有两种：一是技术转移，二是技术溢出，其中技术转
移属于自愿的技术扩散，而技术溢出属于非自愿的技术扩散。一般而言，在东
道国公司与跨国公司签署的合作协议中都或多或少地包含关于技术转移的内
容。研究表明，在技术合作过程中发生的技术转移均是双向的且积极的，之所
以会发生技术转移，主要是因为技术诀窍的互惠性（Hippel，1988；Schrader，
1991）。FDI 主要是通过示范效应和人力资本流动两种方式对东道国产生技术
溢出效应。研究表明，由于东道国企业会对跨国公司的先进技术进行反求工程
和模仿创新，因此，在跨国公司采用新技术会对东道国的竞争企业产生示范效

应（Tilton，1971；Lake，1979；Riedel，1975；Mansfield & Ramo，2000）。此外，人力资本流动也导致了 FDI 技术溢出，这是因为跨国公司在东道国招聘工作人员，并对这些工作人员进行培训，当这些工作人员从跨国公司流向东道国的其他企业时，就发生了技术溢出。

B. 联系效应

一般的，跨国公司在技术上拥有绝对优势，当跨国公司与东道国的客户或者供应商产生联系时，FDI 就会通过这种联系效应对东道国产生技术溢出。这种联系可以分为前向联系和后向联系两种。在前向联系中，东道国企业通过向跨国公司购买中间品，从而使东道国企业在无形中使用了国外先进技术。相对前向联系而言，后向联系是 FDI 产生技术外溢效应的主要方式。在后相联系中，跨国公司主要通过管理培训、质量标准化等手段将技术转移给东道国的供应商，从而导致 FDI 技术溢出效应。

C. 跨国公司研发机构当地化

为了获取竞争优势和维持技术垄断的地位，跨国公司充分利用东道国相对低廉的人力资源等条件在东道国设立研发机构，这在一定程度上也促进了技术扩散，其扩散机制如下：首先，研发机构当地化导致国外科技资源直接流入东道国，从而有利于东道国增强技术创新能力；其次，研发机构当地化的一种重要职能就是对技术进行修改，使之适合东道国的市场需求，这样有助于东道国对技术溢出效应的吸收；再次，研发机构在当地雇佣和培养了一批东道国的研发人员，随着这些研发人员的外流，技术溢出也就随之发生了；最后，研发机构当地化会与东道国的企业、大学乃至研究机构发生诸多合作交流，这些技术的双向或者多项流动有助于技术溢出，从而增强东道国技术创新能力。

综上可知，FDI 是国际技术扩散的重要渠道之一，FDI 主要通过对国外技术的直接学习、联系效应及跨国公司研发机构当地化等三种机制向东道国发生技术溢出效应，这三种机制相互促进，共同推动了 FDI 技术溢出和东道国技术进步。

2. 国际贸易与技术扩散

国际贸易是国际技术转移和技术扩散的又一主要渠道（Coe et al.，1997；Jaumotte，1998），这是因为发展中国家和地区通过与技术领先国之间的贸易，可以获得先进的生产设备和高质量的中间品，学习技术领先国的先进技术管理体系和方法等。现有理论和实证研究主要从进口贸易和出口贸易两个方面研究国际贸易与技术扩散之间的关系。

首先，从进口贸易与技术扩散的关系来看，进口贸易是技术扩散的重要渠道（Coe & Helpman，1995），从技术领先国家进口先进技术产品不仅有助于降低东道国厂商的生产成本，还有利于增强东道国厂商的技术创新能力。总体而言，进口贸易对东道国产生技术扩散效应的途径主要包括两个方面：一是中间品的进口，二是国际技术贸易。研究表明，中间品进口是导致国际技术扩散的一条重要渠道（Grossman & Helpman，1991；Eaton & Kortum，2002）。这是因为，东道国进口技术领先国家的中间品时，不仅可以利用技术领先国家中间品中含有的专业技术知识，还可以节约本国的研发成本。但是，一些研究也表明，中间品进口对东道国的技术扩散效应是受到诸多限制的（Blalock & Veloso，2004），原因在于以下几个方面。第一，中间品中仅仅包含部分技术知识，东道国通过反求工程等手段无法获得全部的技术知识（Bresman et al.，1999；Madhok & Osegowitsch，2000）。第二，仅仅通过反求工程、观察等手段无法获得中间品所包含的核心关键技术，这些核心关键技术往往需要东道国长期的研发经验积累或者是直接向国外学习而获得（Cohen et al.，2002）。第三，为了规避东道国企业的竞争，国外厂商会采取种种手段抑制中间品技术扩散的规模和速度。第四，东道国厂商进口国外厂商中间品的初衷在于产品质量和生产成本，因此不会对中间品所包含的核心技术产生强烈的学习动机，从而也就大大降低了中间品技术扩散的规模和速度。综上可见，向技术领先国家进口中间品会对东道国产生技术扩散效应，但是，这种由中间品进口导致的技术扩散效应会受到诸多因素的限制。国际技术贸易是进口贸易对东道国产生技术扩散效应的又一途径。国际技术贸易是国际技术转让的一种主要形式，由国际技术贸易导致的技术扩散不仅会对技术引进国的技术存量产生积极影响，还会刺激技术引进国的二次创新。

其次，从出口贸易与技术扩散的关系来看，出口贸易也是技术扩散的重要渠道之一。这主要是因为，国外客户为了获得低成本且高质量的产品，通常会对进口商品制定比东道国客户更严格的技术标准，且会对东道国的供应商提供相关技术援助，这样东道国通过出口贸易提高了自身的技术水平，从而产生了技术外溢效应。

3. 其他途径的技术扩散方式

外国专利申请及引用也是技术扩散的主要方式，其中国外专利申请是国际技术扩散的方式之一，因为一旦一个国家接受了另一个国家发明者对其专利申请的注册，这就意味着该国有运用该技术的意愿。而国外专利引用是国际技术扩散的一种更直接的方式，这是因为国外专利引用的频率不仅体现了所引用国外专利的重要程度，且外国专利的引用频次与技术扩散程度呈现正相关关系，也就是说，国外专利引用次数越多，则技术扩散也就越充分。研究表明，国外专利申请及引用不论是对发达国家还是对发展中国家的生产力增长以及国际技术扩散均起到了重要作用（Eaton & Kortum，1996；Bin Xu & Chiang，2000；Hu & Jaffe，2001；Peri，2003）。其他途径的技术扩散方式还包括合资企业、因特网、科学技术杂志出版、国际交流以及技术人员的跨国流动等。

（二）动态机制

国际技术扩散的动态机制主要是指技术扩散的各个阶段，也包括技术扩散的生命周期理论。Burgleman & Maidique（1988）比较形象地描绘了技术生命周期的全过程（参见图 2-1）。

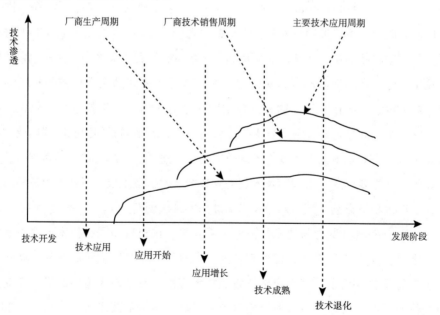

图 2-1　技术生命周期

他们不但将技术的发展阶段分解为六个互相关联的阶段：技术开发、技术应用、应用开始、应用增长、技术成熟及技术退化，而且给出了厂商生产周期、厂商技术销售周期和主要技术应用周期的发展变化趋势。如图 2－1 所示，厂商生产周期、厂商技术销售周期和主要技术应用周期的峰值实现于技术成熟阶段，而厂商技术销售周期和主要技术应用周期分别位于厂商生产周期和厂商技术销售周期之上，这说明，技术扩散水平在上述各周期间具有一种依次向上推移的趋势。

产品生命周期理论可以用来反映国际技术扩散的过程。一般而言，产品生命周期可以划分为以下六个阶段。第一阶段是产品的发明和创新阶段，在这一阶段发达国家在国内生产产品，其产品主要在国内销售，且在该阶段其产品的生产能力逐渐达到最大。第二阶段，由于产品在发达国家国内销售水平出现下滑，在该阶段时发达国家不得不将产品出口给新兴工业化国家和发展中国家，但是在该阶段产品尚未实现在海外的生产。第三阶段，产品在发达国家内部的销售水平开始出现大幅度的下降，且在该阶段新兴工业化国家的产品开始实现生产自给，因此，发达国家主要将产品出口给发展中国家和地区。第四阶段，由于产品在发达国家国内的生产水平维持在一个很低的水平，因此，新兴工业化国家和发展中国家的产品市场主要由新兴工业化国家来提供。第五阶段，发达国家的国内产品市场面临新兴工业化国家的出口竞争，而此时发展中国家和地区的产品也能够自给自足。第六阶段，发达国家和新兴工业化国家的生产逐渐让渡于发展中国家和地区，发展中国家和地区开始向全球出口。

综上可见，国际技术扩散开始于产品生命周期的第二阶段。首先，技术从发达国家向新兴工业化国家和发展中国家和地区扩散。其次，新兴工业化国家通过各种渠道掌握了商品所含的技术，当新兴工业化国家具有独立生产能力之后，第一次国际技术扩散也就产生了。最后，发展中国家在积累了足够的技术经验和开发能力之后，开始引进和开发技术，当发展中国家和地区具有独立生产能力之后，第二次国际技术扩散也就产生了。

三　国际技术扩散的影响因素

研究表明，国际技术扩散对发展中国家和地区产业升级、技术进步、技术创新等有重要意义，但是，国外先进技术向发展中国家和地区产生技术扩散的规模和效果受到诸多因素的限制，总体来说，这些限制因素可以归纳为两大方面：一是来自技术扩散国的限制，二是来自技术吸收国的限制。

（一）技术扩散国的限制

作为技术扩散国的发达国家为了达到技术垄断的目的，会采取种种手段来阻碍核心关键技术的扩散。比如，发达国家可以通过立法的手段对发展中国家和地区的技术出口进行严格限制，从而使发展中国家和地区无法获得核心技术。发达国家也可以通过商品法规、技术标准等手段对进口商品进行严格限制，从而通过技术性贸易壁垒达到限制核心技术扩散的目的。发达国家还可以将符合新标准的核心关键技术申请专利，从而通过专利手段达到技术垄断目的。此外，当发展中国家和地区生产同类产品的生产商成为发达国家潜在竞争者时，为了保持其市场份额，发达国家会采取种种措施限制核心技术的扩散。发达国家对核心技术的垄断和对技术扩散的限制进一步扩大了发展中国家和地区与发达国家之间的技术差距。

（二）技术吸收国的制约因素

与研究技术扩散国的限制相比，学界似乎更加着迷于对技术吸收国制约因素的探索。这是因为，对技术吸收国而言，其自身的一些不足和缺陷导致其尚未能充分吸收利用扩散的国际技术。总体来讲，来自技术吸收国的制约因素主要包括：市场体制、市场结构、知识产权保护、技术吸收能力、与发达国家之间的技术差距等。不少研究都探讨了东道国的技术吸收能力与发达国家之间的技术差距对技术扩散效果的影响。

研究表明，国际技术扩散的效果和效率在很大程度上都取决于东道国的技术吸收能力。如一些研究利用墨西哥工业数据发现，国际技术溢出与东道国技术吸收能力显著正相关（Kokko，1994）。一般而言，研究者都从人力资本投资和研发投资两个方面来衡量东道国的技术吸收能力，从而探讨东道国技术吸收能力对技术扩散的影响（Keller，2002；Crespo et al.，2002）。研究显示，发展中国家和地区在技术吸收能力上大多存在以下两个层面的问题：一是人力资本投资水平偏低，二是研发资本投资水平不足。发展中国家和地区偏低的人力资本投资水平严重阻碍了其对国际技术扩散的吸收（Xu，1999；Howitt &

Mayer-Foulkes，2002）。此外，发展中国家和地区人力资本投资水平也决定了其从模仿向自主创新转变的能力，人力资本水平偏低的发展中国家和地区只能进行模仿，而再进行自主创新会力不从心；人力资本投资水平较高的发展中国家和地区则可以进行自主创新（Datta & Mohtadi，2003）。另外，国内研发的投资水平是东道国当地厂商获取国外技术的必要条件（Cohen & Levinthal，1989），而研发资本投资水平不足也是阻碍发展中国家和地区对国际技术扩散吸收的主要因素，国内研发投资水平越高，则东道国与技术主导国之间的生产率差距也就越小（Griffith et al.，2000）。此外，国内研发投资水平不足还容易导致东道国陷入"引进—落后—再引进—再落后"的恶性循环。

研究表明，发展中国家和地区与发达国家之间技术差距的扩大也是限制国际技术扩散的重要因素，两者之间的技术差距越大，就越容易产生技术溢出效应。但是，如果两者之间的技术差距过大，则会由于发展中国家和地区技术吸收能力的不足而影响技术溢出水平（Findlay，1978；Griliches，1979；Damijan et al.，2003）。此外，有研究发现，发展中国家和地区与发达国家之间巨大的技术差距会伴随着低程度的部门竞争，从而阻碍技术扩散（Kokko，1994，1996）。

第三节　FDI 技术溢出的实证研究方法

FDI 是国际技术扩散的一条重要途径，许多学者对其在东道国产生的溢出效应进行了大量的实证研究，其中既有通过将 FDI 溢出的国外研发存量进行量化从而直接测度 FDI 产生的研发溢出效应，也有通过 FDI 的资本份额、资本存量等指标间接测度 FDI 对东道国技术进步的溢出效应，其中后者居多。

（一）技术溢出的直接测度

针对 FDI 溢出研发的直接测度最初是由 Lichtenberg & Pottelsberghe（1997，下文简称 LP）所进行的，他们在对 CH 模型（Coe & Helpman，1995，下文简称 CH）进行修正的基础上对输入型 FDI 和输出型 FDI 溢出的研发存量进行了考察。他们对输入型 FDI 研发溢出的测量方法为：

$$S_i^{ff} = \sum_{j \neq i} \frac{f_{ij}}{k_j} S_j^d$$

其中，f_{ij} 是 j 国流向 i 国的 FDI 存量，k_j 是 j 国的总固定资产，S_j^d 是 j 国国内的 R&D 资本存量。

输出型 FDI 研发溢出的测量方法为：

$$S_i^{ft} = \sum_{j \neq i} \frac{t_{ij}}{k_j} S_j^d$$

其中，t_{ij} 是 i 国流向 j 国的 FDI 存量，k_j 是 j 国的总固定资产，S_j^d 是 j 国国内的 R&D 资本存量。

LP（1997）使用了 CH（1995）模型的数据库，并扩展了后者对国际研发溢出的分析，加入了对输入和输出型 FDI 溢出效应的考察。其研究结论如下：CH（1995）的一些估计是建立在不适当的指标数据的基础上的；输出型 FDI 为其他工业化国家带来了好处；输入型 FDI 并没有提高东道国的技术基础。

LP（1997）中提出的测度国外研发溢出的方法更科学合理。但是本研究在实证检验过程中，只考察了单一渠道的技术溢出效应，而没有将国际贸易、输入型 FDI 以及输出型 FDI 等三种渠道综合加以考虑，忽略了三者之间的相互作用关系。

在 CH（1995）和 LP（1997）的研究基础上，Lichtenberg & Pottelsberghe（2001）就 FDI 是否能够带来跨国界的技术转移问题进行了探讨，并对美国、日本以及 11 个欧洲国家的情况进行了考察，检验了 FDI 技术溢出效应。Lichtenberg & Pottelsberghe（2001）为了检验东道国 TFP 同本国研发资本存量和外国研发资本存量的函数关系，仿照了 CH（1995）的做法，即当本地研发资本存量的产出弹性与其他国家不同时，需要加入一个虚拟变量来影响当地研发资本存量，因此，在上述模型中将 G7 国家的值设置为 1，从而采用了如下计量模型：

$$\log F_{it} = \alpha_i + \alpha^d \log SD_{it} + \alpha^{d7} G7 \log SD_{it} + \alpha^f \log SF_{it} + \alpha^{f7} G7 \log SF_{it} + \varepsilon_{it}$$

其中，i 表示国家，t 表示时间，F 表示 TFP，SD 表示本国研发资本存量，SF 表示外国研发资本存量，α_i 是一个国家特定的截距，α^d 表示本国研发资本存量的产出弹性，α^f 表示外国研发资本存量的产出弹性。同时他们还使用 LP（1997）的方法构建了输入型 FDI 溢出的外国研发资本存量及输出型 FDI 溢出的外国研发资本存量。研究发现，输出型 FDI 是国际技术扩散的重要渠道，并为其他工业化国家带来了经济增长，而输入型 FDI 并不会带来东道国的技术进步，因为输入型 FDI 更多地倾向于利用东道国的经济基础而非扩散母国先进的技术。对通过输出型 FDI 获得的外国 R&D 溢出与通过进口获得的外国 R&D 溢出的比率来说，大国要高于小国。此外，研究还表明美国向日本的技术转移远远超过了日本向美国的技术转移。

Lichtenberg & Pottelsberghe（2001）完善了 LP（1997）模型对 OECD 国家技术溢出效应的研究，不仅对国际技术扩散的单一路径进行了检验，还对贸易以及输出型 FDI 两者综合加以考虑。但是其研究仅仅限于发达国家，其实证结果能否应用于发展中国家和地区仍需进一步研究。

此外，Alejandro Ciruelos & Miao Wang（2004）对输入型 FDI 溢出的国外研发进行了衡量，他们在测量 FDI 溢出研发存量时采用了下面的估算方法：

$$S_{it}^{FDI} = \sum_{j \neq i} S_{jit}^{FDI} \times RD_{jt}$$

$$FDI\_inter_{it} = fdiopen_{it} \times \log S_{it}^{FDI}$$

其中，S_{it}^{FDI} 表示 t 年内以 FDI 衡量的外国 R&D 存量，即通过输入型 FDI 转移到 i 国的外国 R&D 存量，FDI_inter_{it} 表示 i 国对 FDI 的开放程度乘以 i 国以 FDI 衡量的外国 R&D 存量，S_{jit}^{FDI} 表示在 t 年内 i 国从 j 国获得的 FDI 流入占 j 国 FDI 流出的份额，RD_{jt} 表示在 t 年内 j 国的研发资本存量，$fdiopen_{it}$ 表示 i 国对 FDI 的开放程度，用 i 国总的 FDI 流入占 GDP 的比重来衡量。研究发现，FDI 对发达国家和发展中国家的影响是不同的，FDI 对样本中的 20 个 OECD 国家均产生了正的 R&D 溢出，但是从发达国家流向发展中国家的 FDI 并没有给东道国带来技术进步。FDI 的流入与发展中国家的人力资本水平是互补的，只有当发展中国家跨越 FDI 产生溢出的临界"门槛"时，FDI 才会促进发展中国家的技术进步。

（二）技术溢出的间接测度

不少学者在对 FDI 对东道国产生的技术溢出效应进行研究时，并没有采用直接对其测度的方法，而是采用了其他替代指标进行间接测度，如外资份额、外企劳动力份额、FDI 存量等。

（1）外资份额

Aitken & Harrison（1999）采用 4000 个委内瑞拉公司的年度统计数据，研究了外资公司同东道国公司间的劳动生产率差异，以及是否存在从外资公司到东道国公司的技术溢出效应。他们选用了厂商水平的对数线性生产方程进行实证检验，具体形式如下：

$$Y_{ijt} = C + \beta_1 DFI\_plant_{ijt} + \beta_2 DFI\_Sector_{it} + \beta_3 DFI\_plant_{ijt} \times DFI\_Sector_{jt} + \beta_4 X_{ijt} + \varepsilon_{ijt}$$

其中，Y_{ijt} 和 X_{ijt} 分别表示 j 部门的 i 厂商在时间 t 的产出和投入。DFI_plant_{ijt} 表示厂商水平上外资公司的参与份额，用外国投资者在合同资金中所占的百分比来计算，如果一个厂商内的外国所有权对该厂商生产率的增长有贡献，则其系数为正。DFI_Sector_{it} 表示一个部门内外资所有权的份额，也即该部门内所有厂商中外资参股的平均数，通过每个厂商在行业雇佣中所占的份额加权而得到，如果外国公司的生产率优势外溢到本国公司，则其系数为正。$DFI\_plant_{ijt} \times DFI\_Sector_{jt}$ 表示厂商水平和部门水平外国投资相互作用的系数，从而可以判断外资公司的进入对其他外国公司的作用是否有别于对东道国公司的作用。若拥有外国投资的厂商从其他外国厂商的活动中获益，则其系数为正，否则为负。

研究发现，一是外国公司参与的增加和厂商行为之间存在正相关关系，但这种积极效应只是存在于小厂商（员工少于 50 人的企业）中，当考虑公司之间的差异时，这种外国投资的积极效应就消失了，这表明外国投资者倾向于投资给生产率高的企业；二是当外国投资增加时，本地企业的生产率水平反而降低了，这表明外国公司对本国公司产生了负的溢出，如果将正效应和负效应加在一起，总体来看，外国投资对本地企业生产率的影响较小。

总体来看，Aitken & Harrison（1999）在研究中忽视了从投资中获得的其他潜在收益，如就业人口增加以及资本流动等。与此同时，外国所有权的生产率优势可能会通过培训、干中学以及劳动力的流动等方式增加当地企业的人力资本存量。他们并没有考察到外商直接投资的长期效应，若正溢出效应是长期的，而负溢出效应是短暂的，则亏损企业将会退出市场，劳动生产率负的效应将会降低。

（2）外企劳动力份额

Keller & Yeaple（2003）采用外国子公司的就业量在总就业量中所占份额来测量 FDI 为路径的技术扩散对美国生产率增长的影响，研究了在 FDI 比较活跃的行业，本公司是否具有较高的生产率。Keller & Yeaple（2003）的实证分析将公司的 TFP 增长与 FDI 的变化联系起来，其中 FDI 用外国子公司的就业量在总就业量中所占份额来测量。研究发现，FDI 引起了美国国内公司生产率的显著增长，在考察期内（1987～1996 年）FDI 溢出对美国公司生产率增长的贡献大约占 11%。

在 Keller & Yeaple（2003）基础上，Karpaty & Lundberg（2004）采用外企就业量对外国公司的技术溢出进行了衡量，从而考察输入型 FDI 对瑞典制造业部门的技术溢出效应，其构造的计量方程如下：

$$\ln A_{ijrt}^d = \beta_0 + \beta_1 P_{rt-\tau} + \beta_2 P_{jt-\tau} + \beta_3 R_{it-\tau}^D + \beta_4 \ln\sigma_{it} + \varepsilon_{it}$$

其中，A_{ijrt}^d，$D_{it-\tau}$，σ_{it} 分别表示在 t 时间内 r 地区的 TFP，本国的研发支出和 i 公司在 j 行业中所占的份额，$P_{rt-\tau}$ 和 $P_{jt-\tau}$ 分别表示在 r 区域和 j 行业内外国公司的存在率。采用外资企业就业量来衡量：

$$P_{rt} = \frac{\sum_{i=1}^{N} L_{irt}^F}{\sum_{i=1}^{N} L_{irt}}, \quad P_{jt} = \frac{\sum_{i=1}^{N} L_{ijt}^F}{\sum_{i=1}^{N} L_{ijt}}$$

其中，L_{irt}^F 和 L_{ijt}^F 分别表示 r 区域或者 j 行业的外国公司的就业量，$\sum_{i=1}^{N} L_{irt}$ 和 $\sum_{i=1}^{N} L_{ijt}$ 分别表示东道国在 r 区域或者 j 行业总的就业量。

通过对 1990～2000 年瑞典制造业部门面板数据的检验，他们发现：①外国投资在同一产业或者地区中的存在增强了当地企业的 TFP，这说明，FDI 对瑞典制造业部门具有较强的技术溢出效应；②FDI 技术溢出效应的规模不仅依赖跨国公司的性质，而且还依赖当地企业的技术吸收能力，并且这种吸收能力以当地企业自身的 R&D 活动来衡量；③技术水平较高的当地企业加快了技术转移，从而使外国企业被吸引到企业平均生产率水平较高的地区或者产业中。

此外，在国内的研究中，秦晓钟和胡志宝（1998）在考察东道国如何从技术外溢的层面把握国家"以市场换技术"引资战略的实质性内涵时，也采用了外资份额和外企劳动力份额两项指标来测度 FDI 的技术溢出效应，他们结合国外实证模型和中国实际情况，构建了如下回归方程：

$$\ln Y^d = C + \alpha \ln K^d + \beta \ln L^d + \gamma (VA^d / K^d) + \theta (FOR^k)$$

$$\ln Y^d = C + \alpha \ln K^d + \beta \ln L^d + \gamma (VA^d / K^d) + \theta (FOR^l)$$

其中，Y^d 表示内资企业的工业总产值，K^d 表示内资企业总资产，L^d 表示内资企业职工总人数，VA^d 表示内资企业工业增加值，FOR 表示外资变量，FOR^k 表示外资企业资产占国内该行业总资产的比重，FOR^l 表示外资企业职工人数占国内该行业企业总职工人数的比重。

他们采用 1995 年中国工业类的全部 39 个行业的截面数据，检验了 FDI 在国内行业所占份额、内资企业总产值、职工总人数以及工业增加值同内资企业的工业生产总值的线性关系，得到以下结论：①在内资企业的工业总产出中，内资企业员工的贡献率不高，造成这一现象的原因在于在内资企业，特别是在国有企业中存在大量的隐性失业人员，导致了整体劳动力效率的低下；②外商对华直接投资存在技术溢出效应，并且这种效应对内资企业工业总产出的贡献超过其对内资企业员工的贡献。

（3）FDI 存量

采用 FDI 存量研究 FDI 对东道国产生的技术扩散或者技术溢出效应的实证模型主要是国内学者。何洁和许罗丹（1999）对中国工业部门流入 FDI 的外溢效应进行了实证研究，检验了 FDI 对中国内资工业企业以及整个工业部门的技术溢出效应。他们采用 Feder（1982）的方法将整个工业部门划分为外资部门（F）和内资部门（H），构建了如下技术外溢方程：

$$F = F(L_F, K_F) \tag{2.1}$$

$$H = H(L_H, K_H, K_F) \tag{2.2}$$

$$Y = F + H \tag{2.3}$$

其中，Y 表示中国工业总产量，F 表示外资工业部门产量，H 表示内资工业部门产量，L_F 和 L_H 分别表示外资和内资部门所使用的资本数量。同时他们假定外资部门的边际生产率是内资部门的 $(1 + \delta)$ 倍，公式为：

$$\frac{F_L}{H_L} = \frac{F_K}{H_K} = 1 + \delta \tag{2.4}$$

其中 F_L 和 F_K 分别为外资部门的劳动力和资本的边际生产率，H_L 和 H_K 为内资部门的劳动力和资本的边际生产率。将（2.1）和（2.2）进行微分，并代入（2.4），得到 FDI 外溢效应的线性回归方程：

$$\frac{\Delta Y}{Y} = \alpha_1 \times \frac{\Delta L}{Y} + \alpha_2 \times \frac{\Delta K}{Y} + \alpha_3 \times \frac{\Delta K_F}{Y} + \alpha_4 \times \frac{\Delta F}{Y}$$

其中，$\alpha_3 = H^F$，$\frac{\alpha_4}{1 - \alpha_4} = \delta$，$\alpha_1$ 和 α_2 为待估参数。

同时他们采用 CHH（1997）的宏观总量分析方法对外资部门的外溢效应进行了如下线性回归：

$$SPILLOVER = \theta_1 \frac{\Delta R \& D}{R \& D} + \theta_2 \frac{\Delta EXPORT}{EXPORT} + \theta_3 \frac{\Delta FDI}{FDI} + u_\theta$$

其中，$R\&D =$（各国在中国的实际投资/中国当年的实际利用外资额）$\times$ 外资来源国当年的 R&D 存量，EXPORT 为样本期内三资企业的出口额，FDI 为样本期内中国实际利用外商直接投资的存量，u_θ 为误差项。他们采用 1985 ~ 1997 年中国工业部门的相关数据进行线性回归，研究发现 FDI 对中国内资工业部门确实存在正的技术溢出效应，并且随着中国引进 FDI 规模的不断扩大，这一外溢效应有不断增强的趋势：FDI 技术水平每提高 1%，中国内资工业部门产量会增长 2% ~ 3%。

何洁（2000）采用上述方法对中国 28 个省份的地区面板数据（1993 ~ 1997 年）进行了实证分析，研究发现 FDI 技术溢出效应会对当地经济发展产生积极促进作用，然而，这种促进作用必须借助本国基础建设完善、经济发展水平提高、市场规模扩大以及自身技术水平提高等条件才能实现。同时，FDI 技术溢出效应还受到当地经济发展水平的门槛效应制约。基于何洁（2000）的研究，潘文卿（2003）对 20 世纪 90 年代后半期外商在中国工业部门的投资的技术溢出效应做了实证研究，本研究同样采用 FDI 存量指标研究东中西三大经济带 FDI 技术溢出效应的差异，其构建的计量模型如下：

$$\ln Y_h = \delta + \alpha \ln K_h + \beta \ln L_h + y \ln K_f + u$$

其中，Y_h 表示国内工业的总产出，L_h 表示内资工业部门的劳动力数量，K_h 表示内资工业部门的资本存量，K_f 表示外资工业部门的资本数量，y 表示外资工业企业资本积累对内资工业企业的边际生产弹性。本研究通过使用 1995~2000 年中国 30 个省份工业部门的面板数据研究发现，总体而言，20 世纪 90 年代后半期中国工业部门引进外资对内资部门产出增长的影响显著为正，FDI 技术溢出效应为正，但作用不大。分区域来看，西部地区经济发展水平还未跨过 FDI 积极作用的门槛，而东部地区内资工业部门技术水平的提升已经使 FDI 的正向技术溢出效应变小，中部地区当前 FDI 的正向技术溢出效应相对较大。

第四节　中国汽车产业 FDI 技术溢出文献述评

FDI 是缩小本土企业与国外企业技术差距的重要桥梁，因此，引进 FDI 成为发展中国家发展民族工业的普遍选择。中国在 20 世纪 80 年代初实行开放政策，吸引外商来华投资，其目的是引进国外先进技术，提升本土企业技术能力，这被形象化为"以市场换技术"。然而，这一政策的实施效果如何？各界的看法不一，总体上批评的声音胜过赞许的声音，不少学者认为"以市场换技术"在中国是失败的。梳理现有文献发现，关于 FDI 及其溢出效应的研究很多，但是这些研究大多是关于整体经济与 FDI 总量关系的研究，相比而言，针对某个具体产业的 FDI 溢出效应的研究相对较少，这一方面与具体产业中 FDI 作用机理比较复杂有关，另一方面也与产业统计数据不全面有关。1984 年中国汽车产业开始吸引 FDI，实施"以市场换技术"战略，中国巨大的汽车市场潜力是跨国公司在中国进行投资的动机，与此同时跨国公司的进入以及合资过程对中国汽车行业也是技术溢出的过程。当前，中国出让了国内汽车市场，那么，中国汽车产业 FDI 是否存在技术溢出，技术溢出的渠道有哪些，FDI 技术溢出对中国汽车产业的发展具有怎样的影响，学术界对此展开了热烈的讨论。

　　不少学者定性分析了中国汽车产业 FDI 的大量引进对中国汽车产业发展造成的有利影响，同时也揭示了 FDI 的引入给中国汽车产业发展造成的负面影响，并且给出了相应的对策建议。赵英（2000）在阐述中国汽车工业吸收 FDI 现状基础上，分析了 FDI 对中国汽车工业的影响，认为 FDI 加速了汽车工业成为中国支柱产业的进程，改变了汽车工业的产品结构，提高了中国汽车工业的技术水平，满足了国内市场的需要，促进了中国汽车工业产业组织结构的合理化等。但是 FDI 也不可避免地造成了若干负面影响，如合资企业热衷于装车而不注重国产化，FDI 通过知识产权控制合资企业，投资领域偏重于整车且投资规模偏小等，对此本研究提出了改进 FDI 的对策建议，认为要进一步扩大引进外资的规模且注重引进外资的质量，政府要集中资源扶持轿车合资企业的中方控股公司，在合资企业中要突出开发能力的形成，要走引进与开发并重的双轨制道路，且要认真研究跨国公司在中国的战略和策略。初叶萍（2004）按照产业组织理论的研究范式，从市场结构、市场行为和市场绩效三个方面分析了跨国公司直接投资对中国汽车工业的影响。陈汉林、徐佳（2011）认为中国汽车工业 FDI 存在技术溢出效应，中国汽车工业 FDI 技术溢出通过模仿、员工流动以及后向关联等途径优化了中国汽车工业的产品结构，促进了中国汽车工业的出口，并且促进了中国自主品牌汽车企业的崛起。但是与此同时，陈汉林、徐佳（2011）认为，在中国汽车行业 FDI 技术溢出过程中还存在合资企业在技术上过度依赖外方，外商直接投资注重生产、不注重研发，吸收消化技术能力较弱和高层次技术人员较少等问题，并且提出要注重投资质量，鼓励外资加大研发投入力度，保证技术溢出渠道畅通，积极支持内企加大研发投入力度，走自主研发道路和完善投资环境、完善竞争立法、培育有序的竞争市场等政策建议。

　　在定性分析的基础上，不少文献从定量角度对汽车产业 FDI 技术溢出效应进行了实证检验，结果发现 FDI 溢出带来了内外资汽车企业之间的竞争效应、外资汽车企业的示范效应以及内外资汽车企业之间的人才交流与流动。不少文献实证检验了内资汽车企业吸收能力等因素对 FDI 溢出效应的影响。张雪倩（2003）认为在经济全球化背景下，任何一个国家都不可能仅仅依靠本国的力量去进行技术创新，还需要充分利用外部技术资源，通过技术引进和技术扩散来提高本国科技水平和加速经济发展，尤其是发展中国家因自身技术创新能力的限制，更需要重视利用技术扩散来促进本国技术水平的提高和经济的快速发展，张雪倩（2003）从技术溢出理论出发，分析了跨国公司对中国汽车工业的技术溢出效应，认为跨国公司在中国汽车工业的投资对促进中国的技术进步和提高产业结构升级方面具有积极作用。柯广林、华阳（2006）研究发现，FDI 对中国汽车产业确实存在技术溢出效应，但是 FDI 的溢出效应不是很理想，其原因可能与市场竞争环境、中国汽车企业吸收能力、FDI 政策等因素有关。

借鉴 Caves（1974）、Globerman（1979）、Blomstrom & Persson（1983）的建模方法，赵增耀、王喜（2007）构造了如下模型来测度 FDI 对民营汽车企业的溢出效应：

$$\ln LP = \alpha_0 + \alpha_1 \ln(K/L) + \alpha_2 \ln F$$

其中，LP 表示民营汽车企业的人均劳动生产率，是民营汽车企业工业增加值与其员工数的比值；F 表示外资企业的固定资产，反映外资在行业中的参与程度；K/L 是内资企业人均资本（民营汽车企业固定资产净值与其员工数之比），反映资本密集程度对劳动生产率的影响。此处只需判断 α_2 的符号即可知 FDI 对民营汽车企业是否具有技术溢出效应，若其符号显著为正，则 FDI 对民营汽车企业具有技术溢出效应，否则将不存在溢出效应。

为了进一步考察 FDI 产生溢出效应的因素，赵增耀和王喜（2007）构建了如下模型：

$$\ln A = \ln Y - \alpha \ln K - \beta \ln L = \theta + \lambda_1 \ln(X_1 \times FDI) + \cdots\cdots + \lambda_n \ln(X_n \times FDI)$$

其中，A 表示民营汽车企业的 TFP，Y 表示民营汽车企业的工业增加值，K 表示其资本投入，L 表示民营汽车企业劳动力投入，θ 表示外资溢出效应以外的因素对 TFP 的影响，FDI 表示外资资产占该汽车行业资产的比重，X_i 表示影响 FDI 技术溢出的各个因素。此处只需通过考察各因素与 FDI 交叉乘积的系数 λ_i 即可知各因素对 FDI 溢出效应的影响，系数显著大于零则表明影响为正，否则影响为负。

赵增耀、王喜（2007）从技术差距、人力资本和研发强度三大方面研究了民营汽车企业吸收能力对 FDI 技术溢出效应的影响，其中技术差距指标采用外资汽车企业与内资汽车企业平均劳动生产率（工业增加值/员工数）的比值表示，人力资本指标采用技术人员占企业员工比例表示，研发强度指标采用研发费用占总销售收入比例表示。

赵增耀、王喜（2007）采用 1998～2005 年的时间序列数据分析了外资对中国汽车产业的溢出效应，研究发现，FDI 对中国民营汽车企业存在显著为正的溢出效应，进一步实证研究发现，民营汽车企业人力资本的增加和研发强度的提高有助于 FDI 的技术溢出，而民营汽车企业与外资汽车企业技术差距的扩大不利于 FDI 的技术溢出，这是因为技术差距扩大造成了民营汽车企业学习和模仿难度的加大，从而减小了 FDI 的溢出效应。

肖鹏（2007）首先根据 SCP 范式从市场行为、市场结构和市场绩效角度出发，定性分析了 FDI 对中国汽车产业组织的影响。其次从产业地位、产品结构和国际竞争力角度出发，定性分析了 FDI 对中国汽车产业结构的影响。最后通过构建回归模型实证检验了 FDI 对中国汽车产业技术水平的影响。研究发现，FDI 推动了中国汽车产业技术水平的提升。孟秀惠（2007）首先从规模、市场、效益和出口四个方面构建了中国汽车产业竞争力评价指标体系，采用主成分分析法对中国汽车产业竞争力进行了定量评价，在此基础上采用 1995～2004 年的数据，分别以外商直接投资额、外资企业出口产品交货值占全国比重、外资企业数占全国比重、外资企业研发投入比重、外资企业技术人员比重 5 个指标为自变量，以中国汽车产业竞争力指数为因变量，实证研究了 FDI 对中国汽车产业竞争力的影响。研究发现，FDI 能够以不同方式促进中国汽车产业竞争力的提升，即外资企业可以分别通过扩大在本土的投资额、增加投资企业数、提高研发投入比重以及重视人员管理和培训等方式带动中国汽车产业竞争力的提升。赵晶（2008）基于 CGE 模型研究了 FDI 溢出效应对中国汽车产业的影响，发现 FDI 技术溢出对内资汽车企业的增长以及 GDP 的推动作用明显，且后劲十足。

胡小娟、温力强（2009）采用在 Caves（1974）模型基础上扩展的双机制检验模型研究 FDI 对中国汽车产业内资企业溢出效应，具体形式如下：

$$\ln LP_d = C + \alpha\ln(K/L)_d + yFDI + \delta\ln LP_f$$

其中，LP_d 表示内资汽车企业的劳动生产率，采用汽车产业中内资汽车企业的人均工业增加值来衡量；FDI 表示外资参与程度，采用汽车产业中外资汽车企业的总资产占全行业总资产的比例来衡量；LP_f 表示外资汽车企业劳动生产率，采用汽车产业中外资汽车企业的人均工业增加值来衡量；K/L 表示内资汽车企业的人均资本密集度。在此模型中，若 FDI 与 LP_d 显著正相关，则认为产生了"集聚性的 FDI 行业内溢出效应"，这意味着内资汽车企业劳动生产率随着外资汽车企业在行业中参与程度的提高而得到提高，其主要传导机制是示范、模仿、学习以及人员流动。若 LP_f 与 LP_d 显著正相关，则认为产生了"竞争性的 FDI 行业内溢出效应"，这意味着内资汽车企业劳动生产率随着外资汽车企业劳动生产率的提高而得到提高，其主要传导机制是内外资汽车企业之间适度且有效的竞争关系。其中外资汽车企业包括所有外商及港澳台商投资的"三资企业"，内资汽车企业数据由汽车行业数据减去外资汽车企业对应的指标数据得到。胡小娟、温力强（2009）以 1992～2006 年汽车产业数据为基础，采用协整模型和误差修正模型研究了 FDI 对中国汽车产业内资企业的溢出效应，结果发现 FDI 的进入主要通过竞争渠道对中国内资汽车产业产生了积极的外溢效应，协整回归分析表明这种正向溢出效应从长期来看更加显著。

赵果庆（2010）认为"以市场换技术"在汽车产业中完全失败是没有理由的，"以市场换技术"是中国在汽车产业发展过程中的一个历史性的且不可少的过程，本研究基于 2004～2005 年面板数据从 FDI 企业角度检验了汽车产业 FDI 的溢出效应。研究发现，中国汽车产业 FDI 具有正的溢出效应，且这一溢出效应与技术缺口之间有较大的关系，FDI 企业对技术缺口较大的改装制造业的溢出效应不显著，对技术缺口适中的整车制造业有正的技术溢出效应，但是对技术缺口较小的零件制造业有挤出效应。此外，吴定玉、张治觉（2004）实证研究了 FDI 与中国汽车行业市场集中度之间的关系，发现 FDI 在一定程度上促进了中国汽车行业集中度的提高，提高了中国汽车行业集中度的进入壁垒。

在 FDI 进入东道国之前，假设东道国汽车产业的生产函数为经典的 C-D 生产函数，即 $Y = AK^\alpha L^\beta$。其中，Y、A、K 和 L 分别表示东道国汽车产业的产出、TFP、资本投入和劳动投入。

FDI 进入东道国之后，FDI 对东道国汽车产业的影响可以分解为两大部分，一是 FDI 作为生产要素直接贡献东道国的汽车产业 TFP，二是 FDI 通过技术溢出间接贡献东道国的汽车产业 TFP，则此时东道国汽车产业 TFP 可以分解为：

$$A = B(1 + \eta share)FDI^{\theta}$$

其中，*FDI* 为外资投资总额，表示 FDI 对汽车产业 *TFP* 的直接贡献。*share* 是 FDI 占国内总投资的比重，表示 FDI 技术溢出效应，也即 FDI 对汽车产业 TFP 的间接贡献。*B* 表示影响 TFP 的其他因素。代入经典 C－D 生产函数，则有：

$$Y = B(1 + \eta share)FDI^{\theta}K^{\alpha}L^{\beta}$$

两边取自然对数并利用泰勒公式展开得到：

$$\ln Y = \ln B + \eta share + \theta \ln FDI + \alpha \ln K + \beta \ln L$$

则上式中 η 表示 FDI 的溢出效应，θ 表示 FDI 的弹性系数。FDI 对 TFP 的综合作用 δ 由 η 和 θ 共同决定，计算公式如下：

$$\delta = \frac{\eta + \theta}{1 - \eta - \theta}$$

FDI 进入东道国对内资企业而言，只存在 FDI 技术溢出效应。在不考虑行业间溢出效应条件下，行业内 FDI 主要通过示范效应、竞争效应和人才流动三种形式对内资产业产生溢出效应，为了刻画三种机制对内资汽车企业的 FDI 溢出效应，王天骄（2011）构建了如下计量模型检验 FDI 对中国内资汽车企业的技术溢出效应：

$$\ln Y_d = \ln B + \alpha \ln K_d + \beta \ln L_d + f(share_1, share_2, share_3)$$

其中，$\ln B$ 为常数；Y_d、K_d、L_d 分别表示内资汽车企业的工业增加值、内资汽车企业资本投入量和内资汽车企业从业人员；$share_1$ 表示外资汽车企业在汽车市场的竞争效应，采用外资汽车企业工业增加值占汽车行业总工业增加值的比重来衡量；$share_2$ 表示 FDI 的示范和集聚效应，采用 FDI 投资额占总投资的比重来衡量；$share_3$ 表示外资汽车企业人力培训引致的人力资本效应，采用外资汽车企业从业人员数量占汽车行业总从业人员数量的比重来衡量。

王天骄（2011）采用 FDI 连乘的方式引入新变量 X_i，构建了 FDI 及其影响因素对产出的影响方程：

$$\ln(Y_d/L_d) = C + \alpha\ln(K_d/L_d) + \eta \times FDI + \theta \times X_i \times FDI + \epsilon$$

其中，η 表示溢出效应，若大于零则表明 FDI 对内资汽车企业产生了技术溢出效应，反之则表明 FDI 对内资汽车企业产生了挤出效应。θ 表示影响 FDI 技术溢出效果的因素。王天骄（2011）考察了五项因素对 FDI 技术溢出效应的影响：一是国家产业政策，采用内资汽车产业工业增加值占 GDP 的比重来衡量；二是行业竞争环境，采用外资汽车企业销售产值占汽车行业销售总产值的比重来衡量；三是技术差距，采用外资汽车企业与内资汽车企业人均劳动生产率的比值来衡量；四是人力资本，采用研发人员人数来衡量；五是研发投入，采用研发投入占销售收入的比重来衡量。

王天骄（2011）在构建中国汽车产业发展指数基础上，研究了 FDI 对中国汽车产业的技术溢出效应，研究发现，FDI 对中国整体汽车产业具有溢出效应。此外，王天骄（2011）对内资汽车企业的研究发现，不论是外资的示范效应还是竞争效应都不能得到 FDI 产生了正向溢出效应的结论，只有 FDI 的人员培训效应才对内资汽车企业表现出正向的溢出效应。王天骄（2011）对中国内资汽车产业 FDI 溢出效应影响因素的研究发现，国家的宏观政策以及内资汽车产业人力资本投资有助于 FDI 对中国内资汽车产业的溢出效应，而行业竞争环境、内资汽车产业技术差距和研发投入的作用不明显。

从上述文献可知，大量文献均验证了 FDI 对中国汽车产业以及内资汽车企业的溢出效应，但是不少文献得出的研究结论认为 FDI 不但没能促使中国汽车产业技术能力提升，反而对中国内资汽车企业发展具有挤出效应。黄亚生（2007）认为，"以市场换技术"最大的失败就是中国的汽车工业，其失败的根本原因是汽车产业的内资政策，最大的问题是，长时间只对外开放，而不对内资私营企业开放。王梓薇、刘铁忠（2009）认为 FDI 是一把"双刃剑"，FDI 对汽车工业发展起到发动机和助推器的作用，但过度依赖 FDI 就有被外资控制的危险，从而严重威胁汽车工业的安全，王梓薇、刘铁忠（2009）利用汽车整车制造业的总投资、FDI 及总产值等相关数据，采用计量模型研究发现，中国汽车整车制造业 FDI 对国内投资存在明显的挤出效应，FDI 挤占国内投资的 30%～40%，认为从产业安全的角度看，汽车整车制造业对 FDI 的流入应进行必要的控制与科学合理的疏导，否则过度利用外资就成为发达国家剥削中国国家资源、攫取高额利润的一种手段。王天骄（2011）研究发现，FDI 的参与对内资汽车企业表现出比较明显的挤出效应，也即 FDI 在对整体汽车产业发展有所贡献的同时，也抑制了内资汽车企业的发展。黄乃文、杨永聪（2012）首先从专利申请的角度分析了中国汽车产业技术能力的发展现状，揭示了国内汽车企业与外资汽车企业的差距，然后以 1999～2010 年 58 家上市汽车企业为样本，实证检验了自主创新对汽车企业绩效的影响程度，以及产业政策在汽车产业自主创新进程中发挥的作用，结果发现中国汽车产业仍处于粗放型的增长模式，经营绩效和自主创新能力之间的关联度较低，但中国汽车产业政策的调整有助于推动中国汽车企业进行自主创新活动。总体上，该研究认为"市场换技术"的策略虽然促进了中国汽车产业规模的扩张，但是并没有推动中国汽车产业技术能力的提升，本土汽车企业仍以模仿创新为主，自主创新能力与国外汽车企业之间仍存在较大的差距。

从中国汽车产业 FDI 投资现状来看，近年来中国汽车产业 FDI 投资数额巨大，那么，FDI 究竟是否对中国整体汽车产业以及内资汽车企业具有溢出效应？若存在 FDI 溢出效应，则这种溢出效应是在多大程度上以及通过何种途径对中国整体汽车产业，特别是中国内资汽车企业技术进步产生影响的？有哪些因素可以促进 FDI 溢出效应，从而有助于中国内资汽车企业技术进步？这是目前在中国汽车产业发展过程中值得研究的问题。从上述研究文献可以发现，目前学术界对上述疑问尚无定论，因此有必要进行进一步研究。带着上述疑问，通过收集 1994～2010 年汽车产业数据和构建计量模型，本研究将对上述疑问进行一一验证。与目前研究相比，本研究采用更长的时间序列数据（1994～2010 年），从产业以及产业内部的不同类型企业的两个层面研究汽车产业 FDI 的溢出效应，首先从产业层面实证检验 FDI 对中国整体汽车产业的溢出效应，其次着重从产业内部不同类型企业层面实证检验 FDI 对中国内资汽车企业的溢出效应，研究 FDI 溢出渠道，基于内资汽车企业的吸收能力视角识别 FDI 溢出的影响因素。

第三章　中国汽车产业技术进步路径的理论分析

第一节　后发国家产业技术进步路径

在开放经济系统中，作为后发国家，其产业技术进步的提高主要依赖以下两个来源：内源性技术和外源性技术。

（1）内源性技术。所谓内源性技术指的是后发国家的产业自主创新，也就是说，产业创新主体通过有目的的 R&D 活动来提高现有产品的质量或者研发新的产品，不断增加产品的技术含量，从而实现产业技术进步。可见，通过内源性技术路径来实现后发国家产业技术进步，主要是靠增加其研发投入、增强自主创新能力来实现的。这种自主创新能力主要体现在产品生产的专业化程度方面，自主创新能力越强，产品生产的专业化水平也就越高，随着研发投资水平的不断提高，这种自主创新能力将会大大提高最终产品的生产效率。事实上，之所以会产生国际贸易的竞争优势差异，其主要原因之一就在于各国产业技术水平之间的差异，而各国产业技术水平之间的差异主要就是由自主创新导致的。

（2）外源性技术。所谓外源性技术指的是后发国家通过从发达国家引进、吸收技术来实现自身的技术进步。这种外源性的技术引进包括两大部分，一部分是对国外先进技术的直接引进，另一部分是国外先进技术的间接技术外溢，其技术外溢的主要方式包括技术转移、研究人员互动交流等。

发展中国家和地区通过这种间接的技术溢出效应，对技术领先国家的先进技术进行消化、吸收、改进甚至创新，是提高发展中国家和地区产业技术进步的重要途径。国际技术溢出的渠道很多，其中最主要的两大类分别是FDI技术溢出和进口贸易技术溢出。所谓FDI技术溢出，指的是跨国公司在东道国实施FDI，通过竞争效应、示范效应和员工流动效应等渠道促进当地技术或生产力的进步。进口贸易是产生技术溢出效应的又一主要渠道，这是因为进口国通过对高技术商品的进口，不仅可以节约研发费用，增加知识积累能力，还可以通过反求工程等手段学习、模仿这些先进技术，甚至开发出与高技术商品出口国具有相当竞争力的类似产品，通过这种"看中学"模式，进口国可以不断提高自身知识积累水平，从而有助于提高进口国的生产率。

此外，需要注意的是，后发国家产业技术进步在很大程度上受到其自身吸收能力的影响，也就是说仅仅依靠技术引进产生的溢出效应不能促进后发国家产业技术进步，只有后发国家加大R&D投资力度，加大研发强度，增强自主创新能力，进而增强其对技术引进溢出效应的吸收能力之后，才能对后发国家产业技术进步起到最佳的作用。综上所述，后发国家产业技术进步路径如图3-1所示。

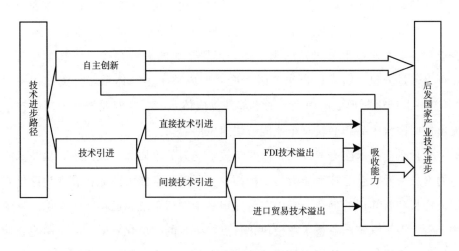

图3-1　后发国家产业技术进步路径

第二节　后发国家汽车产业技术能力成长路径：基于
企业成长阶段视角

汽车产业的发展水平和竞争能力，是汽车产业内各类技术能力的综合反映。以轿车产业为例，为了快速提升轿车制造企业的技术能力，中国采取了与国际汽车产业巨头合作建立合资企业的发展模式。但数年来的结果是"满街外国车，到处合资厂"，合资企业并没有形成期望中的技术能力，不仅轿车市场被外国品牌瓜分，在合资企业中中方原有的技术能力基础也丧失殆尽。"以市场换技术"的合资培育技术能力模式的失败，使我们不得不重新审视中国汽车产业技术能力的成长之路。

某些复杂系统可以按照一定的规则分解成若干相互联系的半自律性子系统，具有这种可分解特点的系统被称为模块系统。随着汽车生产国际化和专业化的深入，汽车产业系统也表现出明显的模块化特征。汽车产业的模块化，是指在设计时按功能将整车产品分成若干独立的模块，每个模块集成多个零件或总成，各模块间保持相对固定的连接，模块内部的零件或总成的变化不影响模块间的连接，整车产品以模块为基础进行生产。汽车产业的模块化是在技术模块化的基础上的产业模块化。汽车产业的模块化发展，推动产业内的企业分化成系统集成企业（整车制造企业）和模块企业（模块化集成供应商、零部件企业和各类专业技术公司）两类主体。模块企业的大量存在，使整车制造企业可以通过分包、购买、合作等诸多途径形成整车生产体系。合资过程中的"零部件国产化"形成国内庞大的零部件供应体系，各类专业技术公司的技术输出使中国自主品牌的轿车企业能够快速发展起来。

分析企业技术能力的成长，需要从技术能力的本质和构成入手。从技术能力的本质来看，企业技术能力是一种知识，所以技术能力的成长表现为存量知识的增长和新知识的创造，其中存量知识是指知识系统内已存在的知识。从结构上看，由于汽车产业技术的模块化特点和生产的模块化发展，汽车制造企业的知识呈现模块系统的知识结构特性。企业技术能力的成长蕴涵于企业成长的过程中，尤其是对高技术集成度和技术复杂度的汽车企业而言，技术能力的成长伴随着企业成长的始终。所以，研究后发国家汽车产业的技术能力成长路径，必须分别对企业成长各阶段中技术能力的成长进行分析。后发国家汽车企业技术能力成长路径（吕一博、苏敬勤，2007）如图 3 - 2 所示。

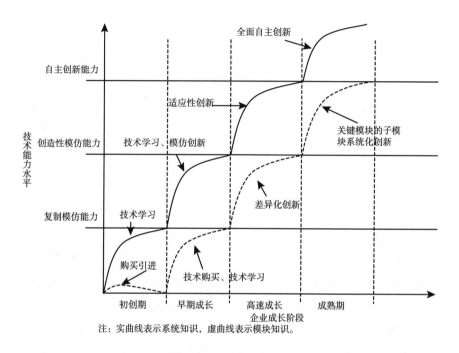

注：实曲线表示系统知识，虚曲线表示模块知识。

图 3 - 2　后发国家汽车企业技术能力成长路径

一　初创期的技术能力成长路径

对技术近似零起步的后发国家汽车企业而言，学习借鉴产业内的成熟技术是技术能力成长的必由之路。后发国家汽车企业在起步阶段，主要任务是快速推出整车产品，占领市场或获取利润，实现企业的生存需要。汽车生产的模块化网络，使汽车企业可以通过各类模块化集成供应商、零部件企业和专业技术公司来获取整车生产的各类模块。如何将不同渠道来源的模块和构件整合成整车产品，是后发国家汽车企业在初创期技术能力成长的重点。所以，本阶段后发国家汽车企业技术能力的成长主要表现为系统知识的存量增长。

系统知识的存量增长是通过对整车开发流程的技术学习形成的，主要有自主研发主导和委托研发主导两种途径。具体来说：在自主研发主导方式中，企业通过"反求工程"进行技术学习，其车型大多存在模仿的痕迹，从丰田、吉利和奇瑞的首款车型都可以找出模仿的影子；在委托研发主导方式中，企业委托专业技术公司进行新车型的开发，同时派出技术人员全程参与，进行技术学习，现代、长安和哈飞采取的是这类研发方式。而不管是自主研发主导还是委托研发主导，企业积极主动地参与整车开发实践，进行整车开发流程的技术学习，建立自己的研发团队，是形成整车开发能力的关键。完全的委托设计并不能形成整车开发能力，因为完全委托设计并不存在技术学习，如华晨在起步阶段并没有形成整车开发能力。而模块知识在起步阶段并没有出现技术成长，从发动机技术来看，所有的汽车企业在此阶段都采取直接引进或购买成熟技术的方式。

可见，初创期汽车企业技术能力的成长表现为以整车开发技术为代表的系统知识的存量增长，实现技术能力在系统知识上的复制模仿成长，主要的途径是技术学习。本阶段企业技术能力成功构建的标志是企业具备整车设计的签字权，并能够独立自主地进行汽车产品各模块和构件的采购、生产、组装和简单的适应性改进，推出第一款自主车型。初创期企业推出的车型往往是面向被大型汽车制造商忽略的低端市场。

二　早期成长阶段的技术能力成长路径

随着初创期整车开发技术的初步形成，企业具备了独立进行整车生产的基础，企业进入早期成长阶段。此阶段企业往往采取模仿跟进的战略，在低端市场进行扩张。而基于模仿的车型改进开发需要企业提升整车开发技术，这必然要求系统知识的进一步成长。此外，企业的市场扩张触动了大型汽车公司的利益，而发动机等关键模块技术往往掌握在大型汽车公司手中，出于竞争等因素的考虑，企业必须在关键模块知识上实现自主。

系统知识的成长表现为存量知识增长和新知识的创造，本阶段企业在深化技术学习的基础上，进行系统知识的适应性创造，主要是针对在车型模仿改进中模块知识间的适应性问题。在本阶段，采取自主研发策略的企业通过模仿改进的研发策略模仿市场上的成功车型，如丰田、现代、奇瑞和吉利；采取合作研发策略的企业深化合作研发程度，不断增加研发投入，如长安、哈飞和华晨。不管采取何种研发策略，企业都积极寻找外部合作伙伴，一是为了弥补企业整车开发技术的缺失，二是为了深化技术学习。技术学习和整车开发实践的持续深入是企业系统知识成长的必要途径。

关键模块知识的成长表现为模块知识的存量增长。自主品牌轿车制造企业在扩张成长过程中，原有的关键模块技术提供方出于各种考虑都会停止技术供给（如三菱公司中断对现代的发动机技术供给）或拒绝技术的适应性改进（福特对奇瑞的发动机改进要求的拒绝），关键模块高昂的技术使用费也使自主品牌汽车制造企业难以负担（丰田对供给吉利的发动机提价）等，因此，企业迫切需要摆脱在关键模块上的技术垄断。这些主客观条件迫使自主品牌轿车制造企业必须实现对关键模块知识的自主。从动力总成模块上看，自主品牌的轿车企业普遍采取的是购买下层子模块技术，或同专业发动机技术公司进行合作开发，以进行动力总成模块的技术学习和开发实践。

可见，后发国家汽车企业在早期成长阶段技术能力的成长，在系统知识的成长上表现为在模仿基础上的整车开发技术不断提升，在模块知识的成长上表现为某些关键模块技术的存量知识增长，主要途径是技术学习、技术合作和整车开发实践的持续进行。本阶段后发国家汽车企业技术能力成长的标志是企业实现对成功车型的快速模仿改进，并能够自主进行发动机为主的动力系统模块的设计和生产。

三　高速成长阶段的技术能力成长路径

随着企业规模的不断扩张，低端市场的利润较低，难以支持企业的高速扩张。在高速成长阶段，企业的产品线开始向中端延伸，企业开始同大型汽车制造企业直接竞争，模仿策略形成的技术能力使企业在竞争中处于劣势。首先，在质量上，模仿策略造成的系统知识与模块知识的不适应，使自主品牌汽车产品的质量普遍较差。其次，低档车市场的竞争焦点是价格，而中档车市场的竞争焦点是性价比，企业必须在模仿的基础上实现性能的提升。所以，产品质量的提升、低成本领先战略和差异化战略的实施是企业在本阶段提高其技术能力的方向。

系统知识的成长表现为新知识的适应性创造，主要包括以下几个方面。①解决模块知识变动所引发的系统适应性问题。关键模块技术的改变使整车开发技术必须做出适应性调整，以保证整个模块系统的稳定性。②提升产品质量。几乎所有的自主品牌汽车在早期成长阶段都给人留下了质次价廉的印象，企业高速成长阶段的发展迫切需要摆脱这种负面影响，所以企业也将整车开发技术提升的重点放在质量的改善上。③降低生产成本。作为市场进入者，不管是在品牌忠诚还是技术水平上，后发国家自主品牌汽车在同档次车型的竞争中没有任何优势，丰田和现代都采取了低成本战略，以更低的价格提供相同档次的整车产品。而低成本战略的成功实施，离不开企业在整车开发技术上降低成本所做的努力。

模块知识的成长表现为新模块知识的创造，主要是出于差异化战略的需要。以关键模块知识为例，丰田和现代在动力系统模块的技术上都采取了差异化的发展策略。丰田和现代在此阶段都选择了避开主流发动机的研制策略，转向研发节油型、低能耗的发动机。比如，丰田没有跟随欧美继续进行大排量、高能耗的发动机研发，而是形成了小排量、低油耗的动力系统技术。

可见，在高速成长阶段自主品牌汽车企业技术能力的成长，主要表现为系统知识的适应性创造和形成新一代关键模块知识。系统知识的成长表现为降低成本、提高质量和对模块知识的适应性改进。而模块知识的成长表现为关键模块技术的差异化发展，实现企业产品的差异化。

四 成熟期的技术能力成长路径

汽车企业成熟期的成长表现为不同细分市场的多系列车型并进。首先，成熟期企业进入高档车市场，高档车型的推出是汽车制造企业进入成熟期的标志。从自主品牌轿车制造企业的发展历程来看，其车型也是一步一步从低端向中、高端攀升。高档车是汽车制造企业技术能力的综合反映，企业的技术能力必须在方方面面上同大型汽车制造企业一较高下。其次，企业原有的中低档车市场也需要新车型不断的升级和换代来巩固维持。这都需要企业技术能力的全面提升。

系统知识的成长表现为以汽车企业为核心的模块技术和制造系统的形成，

包括全球化的研发体系和区域性的生产体系。首先，本阶段的技术能力提升不仅需要跟踪性的技术学习，更需要对技术发展趋势的预测，所以丰田和现代在投入了大量的人力、物力和财力进行自主研发的基础上，在世界各大汽车产业强国设立海外研发机构，以跟踪监测最新的技术发展。其次，企业从组织机构上进一步整合整车研发体系，提升整车开发效率，如丰田的卫星式结构开发体系、现代的项目经理和总工的联合负责制。最后，企业在此阶段形成中心主导型的产业集群，以实现全面"模块化操作"的模块支持，如丰田公司所在的"丰田城"、现代公司所处的"蔚山"产业基地，这些零部件生产商能够在技术上快速响应核心企业的要求，不仅降低了生产成本和交易费用，更有利于企业加速实现外围技术的模块化进程。模块知识的成长表现为多个关键模块技术的跨越式发展，以及关键模块的子模块技术的跨越发展。

可见，成熟期汽车企业技术能力的成长表现为系统知识和模块知识的全面提升，高强度多领域的自主研发是本阶段的主要特征。在本阶段，企业应形成以自身为主导的产业模块系统，并在多个关键模块技术上实现跨越。

第三节　中国汽车产业发展阶段定位

正确认识和评价汽车行业所处的发展阶段，对进行行业定位和制订行业发展战略具有重要意义。理解技术变化与产业演变的关系，对企业正确制订创新战略和技术决策也具有极为重要的意义。

中国汽车工业 60 年（1953~2013 年）来走过的路程，处处印证了中国各个历史时期的时代特色。中国的汽车产业经历了从无到有、从小到大，创建、成长和全面发展的三个历史阶段，取得了举世瞩目的成就，成为现代中国巨变的一个缩影和坐标。

（1）创建阶段（1953~1965 年）

1953 年 7 月 15 日在长春打下的第一根桩，开启了新中国汽车工业的筹建工作。国产第一辆汽车于 1956 年 7 月 13 日驶下总装配生产线。这是由长春一汽生产的"解放牌载货汽车"，结束了中国不能制造汽车的历史，圆了中国人自己生产国产汽车之梦。一汽是我国第一个汽车工业生产基地，这也决定了中国汽车业自诞生之日起就重点选择以中型载货车、军用车及其他改装车（如民用救护车、消防车等）为主的发展战略，因此使中国汽车工业的产业结构从开始就形成了一种"缺重少轻"的特点。1957 年 5 月，一汽开始仿照国外样车自行设计轿车；1958 年先后试制成功 CA71 型东风牌小轿车和 CA72 型红旗牌高级轿车；同年 9 月，又一辆国产凤凰牌轿车在上海诞生。红旗牌高级轿车被列为国家礼宾用车，并用作国家领导人乘坐的庆典检阅车。凤凰牌小轿车参加了 1959 年国庆十周年的献礼活动。

1958 年以后，中国汽车工业出现了新的情况。由于国家实行企业下放，各地区纷纷利用汽车配件厂和修理厂仿制和拼装汽车，形成了中国汽车工业发展史上的第一次"热潮"，建成了一批汽车制造厂、汽车制配厂和改装车厂。汽车制造厂由当初的 1 家发展为 16 家，维修改装车厂由 16 家发展为 28 家。其中，南京、上海、北京和济南共有 4 个较有基础的汽车制配厂，经过技术改造成为继一汽之后第一批地方汽车制造厂，并相应建立了专业化生产模式的总成和零部件配套厂。各地方发挥自己的力量，在修理厂和配件厂的基础上进行扩建和改建形成的这些地方汽车制造企业，一方面丰富了中国汽车的产品构成，使中国汽车不但有了中型车，而且有了轻型车和重型车，还有各种改装车，满足了国民经济的需要，为今后发展大批量、多品种生产协作配套体系打下了初步基础。另一方面，这些地方汽车制造企业从自身利益出发，片面追求自成体系，从而造成整个行业投资严重分散和浪费，布点混乱、重复生产的"小而全"的畸形发展格局，为以后汽车工业的发展留下了隐患。

进入 20 世纪 60 年代，国民经济实行"调整、巩固、充实、提高"的方针，在国家和各省市的支持下，力求探索汽车工业管理的改革，国家决定试办汽车工业托拉斯，实施了促进汽车工业发展的多项举措，20 世纪 60 年代中期工业托拉斯停办。与此同时，汽车改装业起步，重点发展了一批军用改装车。民用消防车、救护车、自卸车和牵引车也相继问世，并为社会经济发展提供了城市、长途和团体这三大类客车。1966 年以前，汽车工业共投资 11 亿元，主要格局是"一大四小"5 个汽车制造厂及一批小型制造厂，年生产近 6 万辆、9 个车型的汽车。1965 年年底，全国民用汽车保有量近 29 万辆，其中国产汽车有 17 万辆（其中一汽累计生产了 15 万辆）。

（2）成长阶段（1966~1980 年）

1964 年，国家确定在三线地区建设以生产越野汽车为主的第二汽车制造厂，二汽是我国汽车工业第二个生产基地，与一汽不同，二汽是依靠我国自己的力量创建起来的工厂（由国内自行设计、自己提供装备），采取了"包建"（专业对口老厂包建新厂、小厂包建大厂）和"聚宝"（国内的先进成果移植到二汽）的方法，同时在湖北省内外安排新建、扩建了 26 个重点协作配套厂。一个崭新的大型汽车制造厂在湖北省十堰市兴建和投产，当时主要生产中型载货汽车和越野汽车。二汽拥有约 2 万台设备，100 余条自动生产线，其中只有 1% 的关键设备是引进的。二汽的建成，开创了中国汽车工业以自己的力量设计产品、确定工艺、制造设备、兴建工厂的纪录，代表了整个中国汽车工业和相关工业的水平，标志着中国汽车工业上了一个新台阶。

与此同时，四川汽车制造厂、陕西汽车制造厂以及与陕西汽车制造厂生产配套的陕西汽车齿轮厂，分别在重庆市（原属四川省）大足县和陕西省宝鸡市（现已迁西安）兴建和投产，主要生产重型载货汽车和越野汽车。20 世纪 60 年代中后期，国家提出"大打矿山之仗"的决策，矿用自卸车成为其重点装备，上海 32 吨矿用自卸车试制成功投产之后，天津 15 吨、常州 15 吨、北京 20 吨、一汽 60 吨（后转本溪）和甘肃白银 42 吨电动轮矿用自卸车也相继试制成功并投产，满足了冶金行业采矿生产装备的需要。为适应国民经济发展对重型载货汽车的需求，济南汽车制造厂扩建黄河牌 8 吨重型载货汽车的生产能力，安徽、黑龙江和湖南等地的汽车厂也投入生产同类车型。邢台长征牌 12 吨重型载货汽车（源于北京新都厂迁建）、上海 15 吨重型载货汽车也相继投产问世。

在此期间，一汽、南汽、上汽、北汽和济汽 5 个老厂分别承担了包建和支援三线汽车厂（二汽、川汽、陕汽和陕齿）的建设任务。地方发展汽车工业，几乎全部仿制国产车型重复生产。据粗略统计，地方汽车工业生产解放牌车型的有 20 余家，生产北京 130 车型的有 20 余家，生产跃进车型的有近 20 家，生产北京越野车的有近 10 家。另外，改装的零部件品种也得以增多，改装厂增加到 2100 家。

在这一时期，由于当时全国汽车供不应求，再加上国家再次将企业下放给地方，因此中国汽车工业出现了第二次发展热潮。1976 年，全国汽车生产厂增加到 53 家，专用改装厂增加到 166 家，但每个厂平均产量不足千辆，大多数是在低水平上仿造。从 1964 年起，上海汽车厂批量生产了上海牌（原凤凰牌）轿车，逐渐形成 5000 辆的年产水平，同时，上海一批零部件厂和附配件厂也随着汽车工业的发展而相继成长。

（3）全面发展阶段（1981 年至今）

在改革开放方针的指引下，汽车工业进入了全面发展阶段。汽车老产品（解放、跃进、黄河车型）升级换代，结束了 30 年一贯制的历史。另外，汽车产业调整了商用车产品结构，改变了"缺重少轻"的生产格局；引进了技术和资金以建设轿车工业，形成了一定的生产规模；改革了行业管理体制和企业经营机制，使汽车车型品种、质量和生产能力大幅增长。改革开放使中国汽车工业发生了大变革，成为中国汽车工业的一个旧时代的结束和一个新时代开始的分水岭。1994 年国家颁布了《汽车工业产业政策》。1992～1998 年是中国汽车工业快速发展的 7 年，主要体现在以下几个方面。

一是汽车产量稳步增长，经济效益有所改善。1992 年全国汽车年产量首次超过 100 万辆，1998 年生产 162.8 万辆，世界排名第 10 位。轿车生产 50.7 万辆，世界排名第 14 位。1992～1998 年，全国生产汽车累计 984.7 万辆，其中轿车 234.8 万辆。1998 年中国汽车工业产品销售收入达 2504.7 亿元，工业总产值为 2527.8 亿元，工业增加值为 622 亿元。

二是调整产品结构，推进技术改造。从 20 世纪 80 年代起，产品品种增加，开发能力增强，形成了一定的生产能力。1982 年，建立了天津微型车生产基地。在"七五"计划中，国家又明确了加快发展轻型车的方针，确立了东北、北京、南京、西南四大生产基地。这些生产基地的陆续建成，使中国汽车产品结构逐步得到改善。1989 年，生产载货车 33.5 万辆，其中轻型、微型车为 16.4 万辆，占总车型的 49%。全行业汽车基本车型有 6 大类 120 多种，各类改装汽车、专用汽车有 750 多种。主要企业集团用于研究开发的投资，一般为年销售收入的 1.2%，有的企业达到了 3.5%，除在轿车产品方面，均具有了一定的自主开发能力。

三是生产集中度明显提高，经济规模初见端倪，形成了"三大""三小"

"两微"的格局。1998 年全国生产汽车 162.8 万辆，其中 14 家汽车企业集团生产 148.5 万辆，其生产集中度占全国年产量的91.21%。其中年产 19 万辆以上的有 3 家（一汽、上汽、东风），6 万~19 万辆的有 6 家（天津、长安、柳微、昌河、北京、跃进），0.8 万~6 万辆的有 5 家（哈飞、庆铃、江淮、江铃、重型）。1998 年全国生产轿车 50.7 万辆，占全国汽车总产量的31.14%，年产 0.8 万辆以上的厂家是上海大众、天津夏利、一汽大众、神龙富康、长安铃木奥拓、一汽轿车、北京切诺基。

四是市场结构、产品结构趋向合理，产品质量进一步提高。汽车产品的开发、生产和营销，已从计划经济转变为面向市场、面向用户、开拓经营的社会主义市场经济格局。我国汽车产业从自律性行业管理入手，逐步建立了适应市场需求的营销网络和方便用户的售前、售中、售后服务体系，致力于创造良好的社会环境和使用条件，进一步完善营销体系和服务功能，理顺和规范市场秩序。1998 年全国商用车（货车 + 客车）产量的轻（微）、中、重型车比例为 78.5 : 17.8 : 3.7；全国载货车产量的轻（微）、中、重型车比例为 67.0 : 27.7 : 5.3；全国载货车与乘用车（轿车 + 客车）的产量比例为 40.6 : 59.4。1991 年全国私人汽车保有量为 96 万辆，占当年全国民用汽车保有量 606 万辆的 15.8%。1998 年私人汽车保有量为 423.7 万辆，占当年全国民用汽车保有量 1319 万辆的32.1%。1991~1998 年全国千人汽车保有量从 5.2 辆增加到 10.7 辆，私人购车量逐年增长。汽车产品抽查平均综合得分值、可靠性指标和汽车使用寿命里程都有较大提高。

五是引进先进技术、建立合资企业。20 世纪 80 年代初，中国汽车工业为了缩小与世界的差距，首先有重点、有选择性地引进了 100 余项先进技术（来自德、美、法、英、日、意等国），其中整车设计制造技术 10 余项，主要的汽车总成技术 15 项，关键零部件技术 35 项，工艺装备技术 21 项，道路模拟试验、计算机辅助设计等开发技术 8 项。整车项目中有"桑塔纳""切诺基""广州标致"以及日本五十铃 N 系列和意大利依维柯 S 系列产品等，以后陆续又引进了更多的项目。到 1998 年年底，中国汽车行业已与 20 余个国家和地区的企业建立了 600 余家外商投资企业（上海大众、一汽大众、上海通用、神龙、贵州云雀等）。外商投资总规模为 210 亿美元，其中注册资本为 106 亿美元，外资实际到位45亿美元，引进了300余项整车及零部件技术，加大了汽车工业的投资力度，促进了技术水平和管理水平的提高。

六是加强汽车行业标准化工作，实施法规法制管理。为了适应汽车产业全球化，中国汽车产品按照采用国际标准和国外先进标准的方针，在已实施产品技术标准、法规的基础上，开展国际汽车界的交流与研讨，积极组织实施汽车行业的标准化工作，开展了汽车标准体系的修订工作。此外，还开展了天然气汽车标准体系、电动汽车标准体系的制订工作，以及专用汽车和汽车零部件的产品认证标准修订工作。另外，为了实施环境保护，治理机动车尾气污染，发布了《机动车排放污染物的技术政策》，上海大众汽车有限公司率先获得了ISO14000环境管理体系认证。以后几年，全行业根据新的国际标准，又陆续推行了一系列质量管理体系认证标准，在质量管理上与国际逐步接轨。

2001年12月11日中国正式加入WTO，这让中国车市迎来前所未有的大发展，大批跨国车企带来了先进理念和丰富经验，带动了汽车产业的变革。在这一洪流中，本土汽车企业迅速生长成熟。随着中国车市的逐渐繁荣，运作模式相对成熟的合资企业也第一次感受到了速度的革命。

从产品或者技术的市场生命周期发展历程来看，任何一个产业都存在产生、发展和成熟的过程，要经历一定的行业周期。不同行业具有不同特点，其行业周期的长度存在较大的差异。一般来说，行业周期可以划分为四个阶段：早期发展阶段、迅速成长阶段、成熟阶段和衰退阶段，如图3-3和表3-1所示。在行业的早期发展阶段，其竞争态势体现为领先者和少量跟随者的介入，这一阶段往往是由技术上出现根本性创新或者外部经济环境的好转所致，在技术上表现为行业技术的酝酿与突破。在行业发展的第二阶段，进入者迅速增加，行业在国民经济中的比重也大幅提高，技术迅速发展。通过第二阶段的优胜劣汰，在第三阶段行业内企业数量相对稳定，主导技术也已定型，技术趋于完善。在第四阶段，弱势企业逐渐退出，技术的渐进性创新居于主要地位。需要指出的是，行业周期性不是单向的，而是循序渐进的，当宏观环境好转或在技术上出现根本性创新时，行业就能随之进入下一个增长周期。

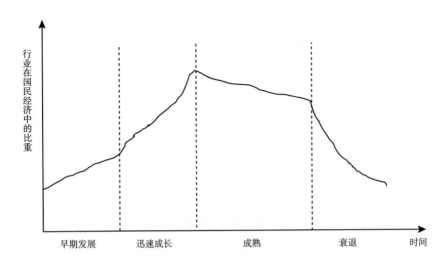

图 3 - 3　行业发展周期

表 3 - 1　行业发展周期特征比较

特征项　　行业周期	早期发展时期	迅速成长时期	成熟时期	衰退时期
竞争态势	领先者和少量跟随者介入	进入者迅速增加	行业内企业相对稳定	企业逐渐退出
技术特征	行业技术的酝酿与突破	行业技术迅速发展	主要技术定型与技术完善	技术局部改进

　　当前，中国汽车产业处于第二个阶段，也即快速成长期。在此阶段，由于技术、市场以及行业的不稳定性，中国汽车企业面临的机会最多，但是其面对的风险也很大，其先进技术有迅速被替代的可能性。因此，此阶段有利于中国新进入的内资企业利用后发优势，实施赶超策略。从当前的情况来看，奇瑞和比亚迪等一批新进入者均成功地得到了市场认可，并且展现出良好的发展势头。由于新进入者的参与以及原有企业的产能扩张，全行业的生产规模达到了空前的水平。在产业的迅速成长期，产能的扩张甚至适量的过剩有利于实现充分的市场竞争，而充分且有序的市场竞争可以促进产业的技术进步、产品性能的优化以及企业管理水平的提升。企业只有在竞争中才能不断发展壮大，市场也只有在充分的竞争中才能走向成熟。

第四节　中国汽车产业技术进步路径：从模仿
学习到自主创新转变

通过比较后发国家自主品牌轿车制造企业的技术能力成长过程，可以看出，后发国家汽车制造企业的技术能力成长既不是全面推进、一蹴而就的，也不是千头万绪、令人望而兴叹的，而是存在特定的成长路径。后发国家汽车制造企业的技术能力是伴随着企业的成长而逐渐形成并发展起来的，在不同成长阶段表现出不同的成长路径。在初创期，企业需要通过技术学习和整车开发实践掌握以整车开发技术为代表的系统知识，形成对系统知识的复制模仿。在早期成长阶段，在实践深化整车开发的系统知识的同时，需要形成某些关键模块的技术能力，实现对系统知识的创造性模仿和对关键模块知识的复制模仿。在高速成长阶段，汽车制造企业需要实现系统知识的适应性创造与某些关键模块知识的差异化改进，实现系统知识的自主创新和关键模块知识的创造性模仿。在成熟期，企业在系统知识和模块知识的全面提升使其技术能力全面进入自主创新阶段。

中国汽车产业自20世纪90年代开始实施"以市场换技术"的发展战略，即通过出让部分国内市场以换取汽车产业的技术进步，希望通过与国外建立合资企业，引进国外先进的产品和技术，通过消化、吸收来逐步形成自主技术开发能力，并尽快跟上国际汽车工业的发展步伐。这种战略实施近30年来，尽管对中国汽车工业生产能力和生产技术水平的提高起到了很大的推动作用，但是在外资企业获得了很大市场份额（甚至垄断了中国轿车市场）的同时，国内汽车企业自主技术创新能力的提高却进展缓慢，甚至在一定程度上产生了严重的技术依赖，中国汽车产业面临"技术空心化"和"支柱产业附庸化"的危险。

产品开发能力是汽车工业技术的核心，具备强大的产品开发能力是汽车产业实现自主发展的关键。作为汽车工业的后起国家，中国不仅要引进发达国家先进的制造技术和工艺，更重要的是要通过不断地学习、积累、消化和吸收国外先进的产品研发技术，不断提高自身产品质量、改善产品性能，逐步形成自主的产品开发能力。

　　通过多年来"以市场换技术"的合资发展模式，中国汽车企业的制造、管理、营销水平虽大幅提升，但是在合作中，跨国公司在汽车整车以及发动机、变速器等关键总成的设计开发领域，却一直不赞成或阻碍在合资企业开展实质性的研发工作，在技术转让费、关键设备及零部件供货价格等方面，也提出了比较苛刻的条件，即使目前对外合资汽车企业基本上都已建立了研发中心，但这些研发机构大部分的功能只是在做国产化配套和生产准备工作，很少开展实质性的开发活动。虽然近年有少数合资企业在外方的支持下开始进行一些开发的尝试工作，也只是对一些产品的局部改进，离整车开发还相当遥远。对汽车企业来说，以零部件国产化为代表的生产技术能力和自主产品开发是两种不同方式的知识积累模式，前者主要包括在给定产品设计条件下的制造能力（以生产活动为主），知识的积累主要通过"干中学"实现，而后者包括集成多种技术设计出新产品的能力（以研发活动为主），知识积累主要依靠"在研究中学习"。进行国产化的努力与产品开发层次上的技术学习在内容和性质上根本不同，两者不存在相互替代关系，所以国产化的任何进展都不代表产品开发技术能力的增长，没有"研究中学习"知识的积累，企业的技术能力就只能停留在复制模仿阶段。

　　综上所述，产品开发是汽车工业技术结构的首要环节，中国企业在合资模式下的技术学习基本不发生在产品开发层次，而仅发生在产品制造环节，是在产品的生产图纸、生产流程以及所采用手段已经确定的条件下进行的。所以，在现有"以市场换技术"战略指导下的合资模式并不能使中国汽车企业掌握产品的开发技术及其知识产权。且从当前中国汽车产业的发展现状来看，中国汽车产业处于高速成长期，根据基于企业成长阶段视角的后发国家汽车产业技术能力的成长路径来看，在高速成长阶段，汽车制造企业需要实现系统知识的适应性创造与某些关键模块知识的差异化改进，实现系统知识的自主创新和关键模块知识的创造性模仿。因此，中国汽车产业技术进步路径必须逐渐从模仿学习向自主创新转变，可以说，从模仿学习到自主创新的转换是中国汽车产业技术进步路径的必然选择。

第四章　中国汽车产业技术
进步的测度研究

第一节　技术进步测度方法述评

本研究的技术进步指的是中国汽车工业广义上的技术进步,采用全要素生产率(Total Factor Productivity,TFP)指标表示。到目前为止,测度全要素生产率变动最流行的方法还是索罗残差法。采用索罗残差法计算全要素生产率首先要对生产函数的形式进行事先设定,一般将生产函数的形式假设为柯布–道格拉斯生产函数,继而采用对数型柯布–道格拉斯生产函数或者超越对数型柯布–道格拉斯生产函数测度要素投入的增长所不能解释的那部分产出的增长,也即全要素生产率的增长。采用索罗残差法计算全要素生产率的关键在于准确地估计出劳动(L)和资本(K)对产出增长的贡献的系数值,通常人们使用两种方法来得到这一系数值,第一种方法是计量经济学方法,即通过对柯布–道格拉斯生产函数的回归估计出劳动(L)和资本(K)的产出弹性,从而用产出弹性作为劳动和资本对产出增长贡献的系数值。第二种方法是以劳动报酬和资本报酬占净产出的比重作为劳动和资本对产出增长贡献的系数值。

计算全要素生产率的第二种方法是时间参数法,假设企业生产函数是在柯布–道格拉斯生产函数基础上,我们可以通过对实际的时间序列数据进行回归从而得到全要素生产率的增长率这一估计值。

从理论上来讲,上述的索罗残差法和时间参数法对全要素生产率的测算都需要满足一个条件:企业要具有100%的技术效率水平。也就是说,在给定的技术条件和投入约束下，企业的产出要达到最大化，事实上，大多数企业无法满足这一条件。在这种情况下，不仅狭义的技术进步会影响全要素生产率，技术效率的变化也会影响全要素生产率。因此，测算全要素生产率的第三种方法——随机生产前沿方法（Stochastic Production Frontier, SFA）在此基础上应运而生。与索罗残差法和时间参数法相比，随机生产前沿方法在测算全要素生产率时，可以将全要素生产率进一步分解为狭义的技术进步和相对的技术效率的变化两大部分。关于上述的计算全要素生产率的三种估算方法详见张军等（2003）。

在当前的实证研究中，索罗残差法和随机生产前沿方法是最为常用的估算全要素生产率的两种方法。但是，不论是索罗残差法，还是随机生产前沿方法，抑或是时间参数法，他们均存在一个共同的不足之处，就是需要对企业的生产函数形式进行事先假定，生产函数假设的合理性对研究结论的准确性有十分重要的影响。而数据包络分析方法（Data Envelopment Analysis，DEA）可以有效地规避这一不足。这是因为，相比其他类似的测算方法而言，DEA方法具有显而易见的两个优势：一是事先无须对生产函数的具体形式（对数型 C-D 生产函数抑或是超越对数型 C-D 生产函数）进行设定，而是通过线性规划的形式进行估算；二是通过 DEA 方法测算出 TFP 之后，还可以进一步对 TFP 进行分解，从而探索经济增长的源泉。

DEA 方法最早出现于 Charnes（1978），后来又产生了多种形式的 DEA 模型，其中 C^2R 模型是 DEA 方法的基本模型之一，常用的还有 Malmquist 生产率指数方法等。其中，Malmquist 生产率指数方法在测度技术进步时运用最为广泛，这是因为该指数方法具有以下三个方面的优点：一是不需要任何相关的价格信息，从而方便数据收集，保证了数据的可得性，且可以运用于面板数据的分析；二是可以对 TFP 进行进一步分解，从而进一步探讨经济增长的源泉；三是无须任何生产函数形式的假设和误差项的假设。

关于全要素生产率的研究比较广泛，研究领域涉及农业、工业、服务业等各个产业。通过对现有文献的收集和梳理发现，全要素生产率理论在中国汽车产业领域的应用研究比较少见。吴献金、陈晓乐（2011）采用中国 24 个主要汽车生产省份 2000~2008 年的面板数据，使用 DEA 方法，对中国汽车产业全要素生产率进行了分解测算。该研究发现，在中国汽车工业 TFP 增长的年份中技术效率的增长贡献较大，而技术进步的增长贡献较小，人力资本对 TFP、技术进步和技术效率的增长均有较大贡献，而 FDI、R&D 主要是通过对技术效率产生作用进而促进 TFP 的提升，政策并未对技术进步起到明显的促进作用，鼓励兼并重组主要是产生了规模经济效益。生延超、欧阳峣（2011）采用非参数 Malmquist 指数对 2001～2009 年中国汽车产业的 TFP 进行了研究，研究发现，自从中国加入 WTO 以来，中国汽车工业的 TFP 是由技术进步和技术效率两个因素共同推动的，但技术效率的影响相对有限，而技术进步的推动作用日益明显。同时，中国汽车工业的 TFP 在子行业中的差异明显，汽车业和汽车摩托车配件的全要素生产率较高，且都是由技术进步推动的；车用发动机业的全要素生产率相对较低，且逐年下降的趋势明显；改装汽车业的技术含量不高，更多的是依赖规模效应的发挥；摩托车业的产业地位导致其 TFP、技术进步和规模效率都呈下降趋势。可见，仅有的两篇关于中国汽车产业全要素生产率的研究文献得出了比较不一致的结论，特别是在中国汽车产业全要素生产率的增长来源方面分歧较大，吴献金、陈晓乐（2011）认为中国汽车产业全要素生产率增长主要来源于技术效率驱动，而生延超、欧阳峣（2011）则得出了狭义技术进步才是中国汽车产业全要素生产率增长主要贡献的结论。正确合理地估算中国汽车产业全要素生产率，有助于认清中国汽车产业技术进步的现状，而进一步厘清中国汽车产业全要素生产率增长来源，进而有针对性地采取有效措施，有助于中国汽车产业的可持续发展。因此，关于中国汽车产业技术进步的课题有待进一步研究。

此外，还有部分文献涉及中国汽车产业的绩效、生产效率、技术效率以及成本效率的研究。聂靓（2009）采用 DEA 方法对 1992～2007 年中国汽车产业的绩效进行了研究，并且分析了不同股本结构的汽车企业经营绩效，发现中国汽车产业的综合效率总体趋势逐年提高，但是汽车产业在远没有达到最优生产规模时就普遍出现规模报酬递减的情况。在对不同股本结构的汽车产业进行绩效测算后，发现国有企业不论是综合效率还是规模效率都是最低的。民营企业与之相比则显现了强大的生命力，基本保持在最优规模状态。王勇、纪熠（2010）基于 2001～2008 年中国 17 家汽车生产企业的面板数据，采用 DEA 方法测算了各年度各样本汽车生产企业的实际生产效率，结果显示，中国汽车生产企业的全要素生产效率整体呈现逐年上升趋势。鹿立林（2010）采用 DEA 模型对 2006～2008 年具有代表性的 16 家重点汽车上市公司的技术效率进行研究，发现近一半汽车行业的上市公司运行在效率前沿面上，汽车行业上市公司的总体技术效率水平呈现下降趋势，但规模效率与纯技术效率并没有产生背离，两者之间存在正相关关系。孙武斌、常明明（2012）运用随机前沿生产函数方法，对 2006～2009 年中国 50 家上市汽车制造企业的成本效率进行了实证研究，并分析了股权集中度、企业规模及企业所属区域等因素对成本效率的影响。研究表明，股权越集中，成本效率就越低；企业规模与成本效率呈正相关；东部地区企业的成本效率高于西部地区，西部地区企业的成本效率高于中部地区；从总体上看中国汽车制造业上市企业成本效率集中在（0.9，1）区间内，这表明效率损失较少。

第二节　研究方法与变量说明

一　研究方法

基于 DEA-Malmquist 生产率指数的上述种种优点，本研究将采用此方法测算中国汽车产业的技术进步状况。

Malmquist 生产率指数采用距离函数来定义，用来描述不需要说明具体行为标准的多输入、多输出生产技术。运用定向输出方法或定向输入方法能够定义距离函数。在本研究中，我们运用定向输出变量来测算 TFP。输出变量的距离函数定义如下：

$$D_i(x,y) = \inf\{\theta : (x, y/\theta) \in P(x)\} \tag{4.1}$$

在公式（4.1）中，x 和 y 分别表示输入变量和输出变量矩阵，θ 表示 Farrell 的定向输出效率指标，$P(x)$ 定义为生产可能集。如果 y 是 $P(x)$ 的组成部分，则 $D_i(x, y)$ 值将大于或等于 1。如果 y 位于 $P(x)$ 的外部边界上，那么 $D_i(x, y) = 1$，此时生产在技术上是有效率的；反之，如果 y 位于 $P(x)$ 的外部，那么 $D_i(x, y) > 1$，此时，生产在技术上是无效率的。

从时期 t 到时期（$t+1$），度量 TFP 增长的 Malmquist 生产率指数可以表示为：

$$M_i(x_{t+1}, y_{t+1}, x_t, y_t) = \left[\frac{D_i^t(x_{t+1}, y_{t+1})}{D_i^t(x_t, y_t)} \times \frac{D_i^{t+1}(x_{t+1}, y_{t+1})}{D_i^{t+1}(x_t, y_t)} \right]^{1/2} \qquad (4.2)$$

在公式（4.2）中，（x_{t+1}，y_{t+1}）和（x_t，y_t）分别表示（$t+1$）时期和 t 时期的投入和产出向量，D_i^t 和 D_i^{t+1} 分别表示以 t 时期的技术 T^t 为参照的时期 t 和时期（$t+1$）的距离函数。

Malmquist 生产率指数可以被分解为不变规模报酬假定下的技术效率变化指数（EC）和技术进步指数（TP）。根据 Fare（1994），技术效率变化指数（EC）还可以相应地分解为规模效率变化指数（SC）和纯技术效率变化指数（PC），即 Malmquist 生产率指数可以被分解为：

$$
\begin{aligned}
M_i(x_{t+1}, y_{t+1}; x_t, y_t) &= EC(x_{t+1}, y_{t+1}; x_t, y_t) \times TP(x_{t+1}, y_{t+1}; x_t, y_t) \\
&= SC(x_{t+1}, y_{t+1}; x_t, y_t) \times PC(x_{t+1}, y_{t+1}; x_t, y_t) \times \\
&\quad TP(x_{t+1}, y_{t+1}; x_t, y_t)
\end{aligned}
\qquad (4.3)
$$

在公式（4.3）中，技术效率（EC）测度了从 t 时期到（$t+1$）时期每个观察对象到最佳生产前沿边界的追赶程度。技术进步（TP）测度了技术边界从 t 时期到（$t+1$）时期的移动。规模效率（SC）可以衡量决策单元是否处于最佳规模状态。当规模效率值等于 1 时，表示该公司具有规模经济性，若小于 1，则表示不具有规模经济性。纯技术效率（PC）是指将规模因素抽离，以便在技术效率中分析在短期内不含规模因素的情况下，组织的效率如何。若纯技术效率值等于 1，则表示该决策单元以较有效率的方式生产；若纯技术效率值小于 1，则表示其未能以较有效率的方式生产，称为纯粹技术无效率。

二　变量说明

本研究基于行业层面测度中国汽车产业的总体技术进步状况。根据《中国汽车工业年鉴》，中国汽车产业可以细分为汽车、改装汽车、摩托车、车用发动机和汽车摩托车配件五大分行业，且将其分别作为决策单元（DMU）。自1953 年中国第一家汽车制造厂的兴建开始，中国汽车工业的发展历程大致可以分为三个阶段。一是 1953～1978 年的奠定基础阶段，此阶段为中国汽车工业发展奠定了初步基础。二是 1979～1993 年的全面成长阶段，此阶段中国已形成了比较完整的载重汽车产品系列和生产布局，初步建立了上汽、一汽、二汽等八大轿车生产点。三是 1994 年至今的飞速发展阶段，尤其是 1994 年《汽车产业政策》的颁布，标志着中国汽车产业进入了一个全新的发展阶段。考虑样本的可比性以及数据的可得性，此处以 1994～2010 年作为研究时间段。基础数据均来源于《中国汽车工业年鉴》（1995～2011 年）。

（一）投入变量的选取

与类似研究相比，本研究的投入变量不仅考虑了常用的劳动投入和资本投入，而且基于中国汽车产业进一步发展面临能源问题的巨大挑战，本研究在研究中国汽车企业技术进步的同时考虑了能源约束问题，将能源消耗总量指标作为投入要素纳入了测算框架。

（1）劳动投入变量。选取中国汽车工业各年度职工平均人数（人）表示。

（2）资本投入变量。不少学者在研究 TFP 时采取国际上通用的永续盘存法进行资本存量的估计。但是在用永续盘存法估计资本存量时会涉及资本折旧率的估计问题，各行业的折旧率存在较大差异，可见，行业资本折旧率的选取是否合理本身就值得商榷，因此，本研究采用中国汽车工业各年度固定资产净值（万元）来代替资本投入变量，且将各年度的固定资产净值指标按照 1991年为基期的固定资产投资价格指数进行了价格平减。价格指数见表 4－1 所示。

（3）能源投入变量。中国经济的高速发展导致了中国石油消费的迅速增长。从 1993 年开始中国成为石油净进口国，中国石油进口依存度从 1993 年的6％增长到 2010 年的 53.7％。汽车化进程的快速发展是中国石油消费迅速增长的重要因素。2009 年，中国汽车保有量为 6288 万辆，消耗了 13480 万吨成品油，占全国汽柴油总产量的 63.2％。未来的 5～10 年中国汽车市场仍将高速发展，与此同时，中国汽车化进程与石油消费的矛盾将会更加突出。因此，本研究在研究中国汽车企业技术进步的同时考虑了能源约束问题，将能源消耗总量（吨成品油）指标作为能源投入变量。这在关于中国汽车产业技术进步的类似研究中是没有见到的，生延超、欧阳峣（2011）和吴献金、陈晓乐（2011）在测度中国汽车产业全要素生产率时都忽略了这一变量。

表 4 – 1　价格指数

年份	工业品出厂价格指数（上年 = 100）	固定资产投资价格指数（上年 = 100）	工业品出厂价格指数（1991 年为基期）	固定资产投资价格指数（1991 年为基期）
1994	119.5	110.4	158.3	161.2
1995	114.9	105.9	181.8	170.7
1996	102.9	104.0	187.1	177.5
1997	99.7	101.7	186.5	180.5
1998	95.9	99.8	178.9	180.1
1999	97.6	99.6	174.6	179.4
2000	102.8	101.1	179.5	181.4
2001	98.7	100.4	177.2	182.1
2002	97.8	100.2	173.3	182.5
2003	102.3	102.2	177.2	186.5
2004	106.2	105.6	188.1	196.9
2005	104.9	101.6	197.3	200.1
2006	103.0	101.5	203.2	203.1
2007	103.1	103.9	209.5	211.0
2008	106.9	108.9	223.9	229.8
2009	94.6	97.6	211.9	224.3
2010	105.5	103.6	223.5	232.4

（二）产出变量的选取

本研究选择汽车工业总产值（万元）指标代替产出变量，并且将各年度的总产值指标按照 1991 年为基期的工业品出厂价格指数进行了价格平减。各变量的描述统计量如表 4 – 2 所示。

表 4 – 2　描述统计量

变量	单位	观测值	极小值	极大值	均值	标准差
职工人数	人	85	50136	6000018	437664	677293
固定资产净值	万元	85	446709	50982060	8833000	11363600
能源消耗总量	吨成品油	85	170776	6061454	1803900	1880160
总产值	万元	85	1623542	423000000	38780000	68347000

第三节　中国汽车产业技术进步分析

自此，本研究构建了一个 1994 ~ 2010 年"三投入一产出"的投入产出面板数据库，为了廓清中国汽车产业技术进步的全貌，本研究采用 DEAP 软件分别基于分行业和所有制视角对中国汽车产业的全要素生产率进行测度分析。

一 基于分行业的分析：1994～2010 年

表 4-3 报告了中国汽车行业 1994～2010 年的 TFP 及其分解情况。从整体上看，在考察期内中国汽车产业技术进步明显，年均 TFP 增长率为 9.1%。通过对 1994～2010 年中国汽车产业 TFP 的分解发现，中国汽车产业 TFP 增长主要得益于技术进步的增长，技术效率的贡献较低，其中技术进步的年均增长率为 7.1%，技术效率的年均增长率仅为 1.9%。进一步对技术效率分解发现，中国汽车产业技术效率改进主要得益于规模效率增长，而纯技术效率的改进效果比较缓慢，其中规模效率的年均增长率为 1.3%，而纯技术效率的年均增长率为 0.6%。

表 4-3　汽车行业按年份 TFP 及分解

年份	技术效率	技术进步	纯技术效率	规模效率	TFP
1994～1995	0.821	1.250	0.931	0.882	1.027
1995～1996	0.988	0.814	1.006	0.982	0.805
1996～1997	1.074	0.899	1.032	1.040	0.966
1997～1998	1.350	0.674	1.113	1.213	0.911
1998～1999	1.015	1.041	1.002	1.013	1.057
1999～2000	0.965	1.034	1.134	0.851	0.998
2000～2001	1.075	1.164	0.936	1.149	1.252
2001～2002	1.088	1.157	1.008	1.079	1.258
2002～2003	1.106	1.078	0.992	1.114	1.192
2003～2004	0.956	1.220	0.996	0.959	1.166
2004～2005	1.033	1.116	1.022	1.011	1.153
2005～2006	0.873	1.299	0.944	0.925	1.134
2006～2007	1.132	1.094	1.069	1.059	1.239
2007～2008	0.976	1.066	0.974	1.002	1.041
2008～2009	0.927	1.116	0.941	0.985	1.034
2009～2010	1.025	1.342	1.024	1.001	1.375
平均	1.019	1.071	1.006	1.013	1.091

通过计算累积 TFP 及其分解指数我们可以比较明显地发现，累积 TFP 增长率与累积技术进步增长率之间有类似的时间演变趋势（参见图 4 - 1），而累积技术效率增长率与累积规模效率增长率之间也具有类似的时间演变趋势（参见图 4 - 2）。

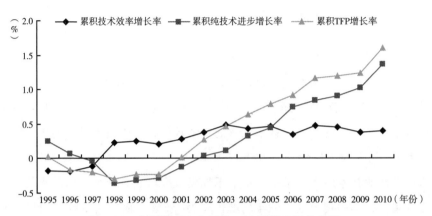

图 4 - 1　中国汽车产业累积 TFP 增长率及其分解

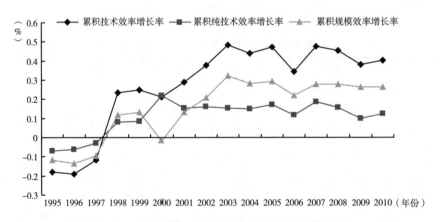

图 4 - 2　中国汽车产业累积技术效率增长率及其分解

我们通过变量相关系数的计算来进一步论证中国汽车产业 TFP 增长的源泉。从表 4 - 4 可见，中国汽车产业 TFP 和技术进步显著正相关，Pearson 相关系数和 Spearman 相关系数分别为 0.753 和 0.683，且均在 1% 的水平下显著。虽然 TFP 和技术效率之间具有一定的相关性，Pearson 相关系数和 Spearman 相关系数分别为 0.016 和 0.285，但是均没有通过显著性检验。可见，1994 ~ 2010 年中国汽车产业 TFP 的增长主要来源于技术进步。同理，从表 4 - 5 可见，中国汽车产业技

术效率和规模效率显著正相关，Pearson 相关系数和 Spearman 相关系数分别为
0.873 和 0.909，且均在 1% 的水平下显著。虽然技术效率和纯技术效率之间也具
有较强的相关性，Pearson 相关系数和 Spearman 相关系数分别为 0.595 和 0.518，
且均在 5% 的水平下显著，但是，我们可以明显地发现，1994～2010 年中国汽车
产业技术效率的增长主要来源于规模效率。

表 4 - 4　1994～2010 年 TFP 与技术效率和技术进步的相关性

系数 变量	TFP			
	Pearson 相关		Spearman 相关	
	系数	显著性水平	系数	显著性水平
技术效率	0.016	0.953	0.285	0.284
技术进步	0.753	0.001 ***	0.683	0.004 ***

注：*** 表示在 1% 的水平下显著。

表 4 - 5　1994～2010 年技术效率与纯技术效率和规模效率的相关性

系数 变量	技术效率			
	Pearson 相关		Spearman 相关	
	系数	显著性水平	系数	显著性水平
纯技术效率	0.595	0.015 **	0.518	0.040 **
规模效率	0.873	0.000 ***	0.909	0.000 ***

注：*** 表示在 1% 的水平下显著；** 表示在 5% 的水平下显著。

从时间演变趋势上来看，1994～2000 年中国汽车产业 TFP 增长率呈现正
负增长互现的态势。1994～1995 年 TFP 呈现正增长，年均增长率为 2.7%，而
1995～1998 年 TFP 连续 3 年负增长，1998～1999 年 TFP 呈现正增长，年均增
长率为 5.7%，1999～2000 年 TFP 又呈现负增长，年均增长率为 - 0.2%。
2000 年之后，中国汽车产业 TFP 增长率均为正，且每年都保持着较高的增长
率，2000～2010 年中国汽车产业 TFP 年均增长率为 18.44%。究其原因，这可
能与 2001 年中国加入 WTO 之后，中国政府陆续发布并实施了一系列的汽车产
业政策来规范和支持中国汽车产业发展有关，也可能与中国不断加大研发投入
力度，对中国汽车产业的自主创新能力不断重视有关，还可能与中国加入
WTO 之后，外资汽车企业不断入驻国内市场而产生的技术溢出效应有关。

从分行业角度来看，1994～2010 年汽车行业的 TFP 增长率最高，年均 TFP 增长率为 15.8%。其次为摩托车和车用发动机行业，其年均 TFP 增长率均为 9.2%。再次为改装汽车行业，其年均 TFP 增长率为 6.3%。最后为汽车摩托车配件行业，其年均 TFP 增长率为 5.3%（参见表 4－6 和表 4－7）。可见，在中国汽车产业的五大子行业中，汽车、摩托车和车用发动机这三大行业的 TFP 年均增长率要高于整个汽车产业的增长，而改装汽车和汽车摩托车配件这两大子行业的 TFP 年均增长率要低于整个汽车产业的增长（参见图 4－3）。

表 4－6　汽车行业 TFP 及分解

行业	技术效率	技术进步	纯技术效率	规模效率	TFP
汽车	1.006	1.151	1.000	1.006	1.158
改装汽车	1.031	1.031	1.024	1.006	1.063
摩托车	1.000	1.092	1.000	1.000	1.092
车用发动机	1.020	1.071	1.000	1.020	1.092
汽车摩托车配件	1.039	1.014	1.006	1.032	1.053
平均	1.019	1.071	1.006	1.013	1.091

表 4－7　汽车分行业全要素生产率值

年份	汽车	改装汽车	摩托车	车用发动机	汽车摩托车配件
1994～1995	1.169	0.822	1.286	0.980	0.944
1995～1996	0.870	0.893	0.950	0.581	0.786
1996～1997	1.098	0.902	0.938	0.963	0.938
1997～1998	0.988	0.990	0.710	1.040	0.868
1998～1999	1.246	1.035	0.981	1.016	1.028
1999～2000	0.794	1.144	1.153	0.894	1.058
2000～2001	1.735	1.127	0.971	1.323	1.225
2001～2002	1.298	1.434	0.924	1.394	1.315
2002～2003	1.217	1.020	1.110	1.407	1.244
2003～2004	1.222	1.098	1.366	1.157	1.016
2004～2005	1.039	1.162	1.219	1.281	1.082
2005～2006	1.344	0.956	1.374	0.946	1.123
2006～2007	1.071	1.247	1.041	1.871	1.121
2007～2008	1.148	1.073	1.125	0.886	0.993
2008～2009	1.175	0.973	1.137	0.948	0.960
2009～2010	1.408	1.319	1.463	1.385	1.308

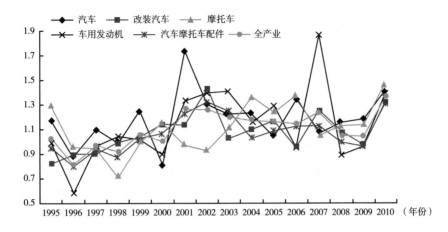

图 4 - 3　中国汽车全产业及分行业 TFP 比较

　　基于汽车产业子行业 TFP 增长来源的分析发现，汽车、改装汽车、摩托车以及车用发动机这四大子行业的 TFP 增长主要得益于行业技术进步，其中汽车行业的技术进步最高，年均技术进步增长率为 15.1%，其次为摩托车行业，其年均技术进步增长率为 9.2%，再次为车用发动机行业，其年均技术进步增长率为 7.1%，改装汽车行业的技术进步增长率相对较低，年均增长为 3.1%。但是，与上述四大子行业 TFP 增长来源不同，汽车摩托车配件子行业的 TFP 增长主要来源于技术效率的提高，1994～2010 年汽车摩托车配件行业年均技术进步增长率为 1.4%，而年均技术效率增长率为 3.9%。可见，汽车摩托车配件行业不仅在整个汽车产业中的 TFP 增长率是最低的，且其主要增长来源在于技术效率改善，因此，进一步加强汽车摩托车配件行业的技术进步对提高中国整个汽车产业的技术进步有十分重大的意义。

　　此外，从汽车产业五大子行业技术效率增长来源的分解来看，汽车、摩托车、车用发动机以及汽车摩托车配件行业技术效率增长主要来源于规模效率，但是，与这四大子行业不同，改装汽车行业技术效率增长主要来源于纯技术效率增长，1994～2010 年其纯技术效率年均增长率为 2.4%，而其规模效率年均增长率为 0.6%。

　　表 4 - 8 报告了 1994～2010 年中国汽车产业及其子行业的技术效率值。整

体而言，中国汽车产业处于技术非效率状态，年均技术效率值为 0.895，这意味着，在现有技术进步条件下，中国汽车产业技术效率还有 10.5% 的提升空间，应当进一步提高中国汽车产业的技术效率，使之向技术前沿面靠拢。从分行业层面分析发现，汽车及车用发动机两大子行业处于技术有效状态，1994～2010 年技术效率值均为 1，可见，汽车及车用发动机这两大子行业要想进一步提高其技术效率，需要提高这两大行业的技术前沿面。改装汽车、摩托车和汽车摩托车配件三大子行业均处于技术非效率状态，其中，摩托车行业的技术效率值最高，年均技术效率值为 0.999，其次为改装汽车行业，年均技术效率值为 0.808，汽车摩托车配件行业的技术效率值最低，均值为 0.669。从时间趋势来看，2000 年也是一个重要分水岭，1994～1999 年中国汽车产业技术效率均值都低于 0.9，而 2000 年之后中国汽车产业技术效率均值大都高于 0.9，这可能是因为中国加入 WTO 之后，中国汽车产业面临严峻的市场竞争而不得不改善管理，从而有助于技术效率的提高。

表 4-8 汽车分行业技术效率值

年份	汽车	改装汽车	摩托车	车用发动机	汽车摩托车配件	平均
1994	1.000	0.607	1.000	1.000	0.557	0.833
1995	1.000	0.436	1.000	1.000	0.543	0.796
1996	1.000	0.439	1.000	1.000	0.556	0.799
1997	1.000	0.478	1.000	1.000	0.598	0.815
1998	1.000	0.751	1.000	1.000	0.649	0.880
1999	1.000	0.768	1.000	1.000	0.641	0.882
2000	1.000	1.000	1.000	1.000	0.923	0.985
2001	1.000	1.000	1.000	1.000	0.663	0.933
2002	1.000	1.000	1.000	1.000	0.689	0.938
2003	1.000	1.000	0.986	1.000	0.672	0.932
2004	1.000	1.000	1.000	1.000	0.651	0.930
2005	1.000	1.000	1.000	1.000	0.725	0.945
2006	1.000	0.787	1.000	1.000	0.690	0.895
2007	1.000	0.923	1.000	1.000	0.821	0.949
2008	1.000	0.877	1.000	1.000	0.755	0.926
2009	1.000	0.782	1.000	1.000	0.626	0.882
2010	1.000	0.894	1.000	1.000	0.617	0.902
平均	1.000	0.808	0.999	1.000	0.669	0.895

表4-9报告了1994~2010年中国汽车产业及其子行业的规模效率值。整体而言，考察期内中国汽车产业是具有规模效率的，年均增长率为1.3%（参见表4-6）。根据《中国汽车工业年鉴（2011）》的数据统计，2010年中国汽车产销量分别达到了1826.47万辆和1806.19万辆，同比增长幅度均为32.4%。此外，据OICA统计，2010年全球汽车产量达到7760.99万辆，可见，中国汽车产量占世界汽车产量比例达到了23.5%，稳居全球第一。基于分行业层面的分析发现：车用发动机行业规模效率增长率最高，均值为5.9%；第二为汽车摩托车配件行业，均值为4.7%；第三为汽车行业，均值为1.4%；第四为改装汽车行业，均值为0.8%；最后为摩托车行业，均值仅为0.1%。

表4-9 汽车分行业规模效率值

年份	汽车	改装汽车	摩托车	车用发动机	汽车摩托车配件
1994~1995	0.748	1.072	1.000	0.773	0.862
1995~1996	1.018	1.078	1.000	0.769	1.081
1996~1997	1.046	0.996	1.000	1.117	1.048
1997~1998	1.226	1.006	1.000	1.663	1.281
1998~1999	1.123	0.975	1.000	0.976	1.000
1999~2000	0.771	0.901	1.000	0.854	0.754
2000~2001	1.297	1.018	1.000	0.984	1.542
2001~2002	1.000	1.177	0.878	1.344	1.054
2002~2003	1.000	1.000	1.120	1.416	1.083
2003~2004	1.000	0.965	1.017	0.829	0.998
2004~2005	1.000	1.036	1.000	1.122	0.907
2005~2006	1.000	0.986	1.000	0.679	1.013
2006~2007	1.000	0.973	1.000	1.698	0.807
2007~2008	1.000	1.023	1.000	0.851	1.164
2008~2009	1.000	1.001	1.000	0.840	1.100
2009~2010	1.000	0.925	1.000	1.031	1.053
均值	1.014	1.008	1.001	1.059	1.047

二 基于所有制性质的分析：1998~2010年

本研究不仅从分行业角度对中国汽车产业技术进步状况进行了分析，而且在本节将进一步从汽车企业所有制性质角度展开分析。根据所有制性质的不同，可以将中国汽车企业划分为国有企业、集体企业、股份合作、联营企业、有限责任公司、股份有限公司、私营企业、合资经营、合作经营、港澳台商投资、中外合资、中外合作和外商独资等 13 种所有制形式。基于数据限制，本研究测度了 1998～2010 年不同所有制汽车企业的 TFP 及其分解（参见表 4-10）。

表 4-10　不同所有制汽车企业 TFP 及分解（1998～2010 年）

企业性质	技术效率	技术进步	纯技术效率	规模效率	TFP
国有企业	1.066	1.132	1.000	1.066	1.206
集体企业	0.984	1.071	0.967	1.018	1.054
股份合作	0.993	1.092	0.996	0.997	1.084
联营企业	1.041	1.127	1.057	0.985	1.174
有限责任公司	0.990	1.109	0.981	1.009	1.098
股份有限公司	1.004	1.130	0.993	1.011	1.135
私营企业	0.957	1.054	0.964	0.993	1.009
合资经营	0.960	1.158	0.961	0.999	1.112
合作经营	0.942	1.155	1.000	0.942	1.088
港澳台商独资	1.088	1.108	1.070	1.017	1.205
中外合资	1.000	1.128	1.000	1.000	1.128
中外合作	0.930	1.057	0.912	1.020	0.984
外商独资	1.128	1.095	1.000	1.128	1.234

通过对不同所有制汽车企业 TFP 的排序发现（参见图 4-4）：外商独资企业的 TFP 增长率最高，年均增长率为 23.4%；第二为国有企业，年均 TFP 增长率为 20.6%；第三为港澳台商独资企业，年均 TFP 增长率为 20.5%；第四为联营企业，年均 TFP 增长率为 17.4%；第五为股份有限公司，年均 TFP 增长率为 13.5%；第六为中外合资企业，年均 TFP 增长率为 12.8%；第七为合资经营企业，年均 TFP 增长率为 11.2%；第八为有限责任公司，年均 TFP 增长率为 9.8%；第九为合作经营企业，年均 TFP 增长率为 8.8%；第十为股份合作企业，年均 TFP 增长率为 8.4%；第十一为集体企业，年均 TFP 增长率为 5.4%；第十二为私营企业，年均 TFP 增长率为 0.9%；最后，为中外合作企业，年均 TFP 增长率为 -1.6%。表 4-11 报告了 1998～2010 年不同所有制汽车企业全要素生产率值。

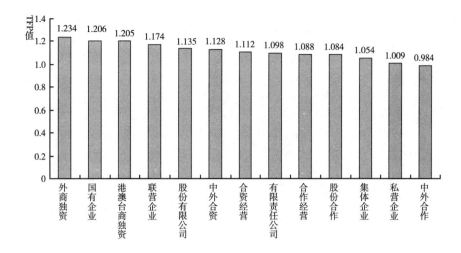

图 4 - 4 不同所有制汽车企业 TFP 比较

表 4 - 11 不同所有制汽车企业全要素生产率值（1998～2010 年）

企业性质	1998～1999	1999～2000	2000～2001	2001～2002	2002～2003	2003～2004
国有企业	1.033	1.117	1.449	1.575	1.323	1.143
集体企业	0.758	1.125	0.941	1.194	1.216	0.662
股份合作	1.393	1.259	0.585	1.492	1.073	0.948
联营企业	1.729	1.137	0.927	1.184	0.898	1.060
有限责任公司	0.960	0.962	1.072	1.278	1.179	1.094
股份有限公司	1.326	1.128	1.235	1.172	1.108	1.061
私营企业	1.304	1.214	0.881	0.815	1.097	0.847
合资经营	0.914	1.295	1.140	1.202	1.398	0.801
合作经营	0.233	0.494	15.510	1.616	0.214	1.212
港澳台商独资	1.240	1.567	0.966	1.280	0.864	1.382
中外合资	0.959	1.433	0.973	1.048	1.437	1.021
中外合作	0.631	1.342	1.509	1.181	0.755	1.289
外商独资	1.674	1.666	2.327	0.920	0.977	0.647
企业性质	2004～2005	2005～2006	2006～2007	2007～2008	2008～2009	2009～2010
国有企业	0.894	1.379	0.891	1.437	1.272	1.184
集体企业	1.918	0.982	1.355	0.884	0.516	2.083
股份合作	1.460	0.915	1.202	1.133	0.420	2.225
联营企业	1.505	0.720	1.426	0.884	0.974	2.495

续表

企业性质	2004~2005	2005~2006	2006~2007	2007~2008	2008~2009	2009~2010
有限责任公司	1.027	1.107	1.275	0.960	1.093	1.243
股份有限公司	1.041	0.944	1.313	0.934	1.059	1.408
私营企业	1.037	1.123	0.922	1.405	0.892	0.782
合资经营	0.883	1.212	1.281	1.007	1.438	0.992
合作经营	1.602	1.452	0.993	0.892	0.964	1.862
港澳台商独资	0.929	1.366	1.090	0.867	1.079	2.530
中外合资	1.186	1.115	0.967	1.068	1.343	1.131
中外合作	0.591	1.680	0.961	0.904	0.697	0.930
外商独资	1.23	0.904	1.083	0.992	1.092	2.541

可见，在13种不同所有制汽车企业中，仅中外合作企业的年均TFP出现负增长，年均TFP增长率为-1.6%，其他所有制汽车企业均出现了不同程度的正增长。私营企业TFP增长率要远低于国有企业，这意味着中国民营汽车企业需要不断加大研发投入力度，不断提高其自身的技术进步，只有这样才能在激烈的市场竞争中占有一席之地。虽然中外合资企业、合资经营企业以及合作经营企业在TFP上取得了一定增长，但是仍不及国有企业TFP的增长，究其原因，一方面与外资企业不愿意将先进技术引入中国有关，另一方面与中国汽车企业的自身吸收能力有关。外商独资企业的TFP增长率要高于国有企业，这一方面意味着外资企业在技术进步方面要领先于国有企业，另一方面还意味着国有企业要不断加大研发投入力度，不断提高自身吸收能力，充分利用外资企业的技术外溢效应，从而促进中国汽车产业的整体技术进步和发展。此外，从TFP增长来源看，外商独资企业TFP增长主要来源于技术效率，其年均技术效率增长率为12.8%，年均技术进步增长率为9.5%，而其他所有制汽车企业TFP增长主要来源于技术进步。

表4-12报告了1998~2010年不同所有制汽车企业技术效率值。从中可见，仅中外合资企业是处于技术有效状态，年均技术效率值为1，其他所有制汽车企业均处于技术非效率状态，其中私营企业排名第二，技术效率均值为0.965，第三是国有企业，技术效率均值为0.944，第四是有限责任公司，技术效率均值为0.918，第五是合资经营企业，技术效率均值为0.879，第六是

表 4 – 12 不同所有制汽车企业技术效率值 (1998 ~ 2010 年)

企业性质	1998	1999	2000	2001	2002	2003	2004
国有企业	1.000	1.000	1.000	1.000	1.000	1.000	1.000
集体企业	1.000	0.949	0.650	0.684	0.771	0.616	0.458
股份合作	0.673	0.695	0.780	0.581	0.934	0.706	0.750
联营企业	0.486	0.747	0.628	0.789	0.755	0.491	0.541
有限责任公司	0.942	1.000	0.814	0.854	0.973	0.936	0.910
股份有限公司	0.818	0.964	0.837	1.000	1.000	0.731	0.785
私营企业	1.000	1.000	1.000	1.000	1.000	1.000	1.000
合资经营	1.000	0.866	0.875	0.976	1.000	1.000	0.848
合作经营	1.000	0.259	0.101	1.000	1.000	1.000	0.378
港澳台商独资	0.446	0.567	0.556	0.429	0.618	0.428	0.624
中外合资	1.000	1.000	1.000	1.000	1.000	1.000	1.000
中外合作	1.000	1.000	1.000	0.783	0.831	1.000	1.000
外商独资	1.000	1.000	0.470	1.000	1.000	0.956	0.646

企业性质	2005	2006	2007	2008	2009	2010	平均
国有企业	0.672	0.818	0.782	1.000	1.000	1.000	0.944
集体企业	0.832	0.844	1.000	0.781	0.403	0.671	0.743
股份合作	1.000	0.911	1.000	0.426	0.638	0.776
联营企业	0.706	0.538	0.818	0.473	0.408	0.942	0.640
有限责任公司	0.836	1.000	0.923	1.000	1.000	0.752	0.918
股份有限公司	0.764	0.648	0.909	0.735	0.685	0.752	0.818
私营企业	1.000	1.000	1.000	1.000	0.899	0.644	0.965
合资经营	0.685	0.771	1.000	0.840	0.949	0.621	0.879
合作经营	1.000	1.000	1.000	1.000	1.000	1.000	0.826
港澳台商独资	0.535	0.685	0.756	0.553	0.538	1.000	0.595
中外合资	1.000	1.000	1.000	1.000	1.000	1.000	1.000
中外合作	0.563	0.945	0.876	0.679	0.351	0.332	0.797
外商独资	0.774	0.633	0.717	0.623	0.594	1.000	0.801

合作经营企业，技术效率均值为 0.826，第七是股份有限公司，技术效率均值
为 0.818，第八是外商独资企业，技术效率均值为 0.801，第九是中外合作企
业，技术效率均值为 0.797，第十是股份合作企业，技术效率均值为 0.776，
第十一是集体企业，技术效率均值为 0.743，第十二是联营企业，技术效率均
值为 0.640，最后是港澳台商独资企业，技术效率均值为 0.595。可见，虽然

私营企业在 TFP 增长方面排在倒数第二位，但是私营企业的技术效率排在第二位，而国有企业不论是 TFP 增长还是技术效率增长均显示出比较明显的优势，这意味着中国汽车工业的发展应当以国有企业为主体，鼓励支持私营企业发展，使之广泛参与市场竞争。

第四节　本章小结

本章采用 DEA-Malmquist 生产率指数分别从分行业和所有制视角对中国汽车产业 TFP 进行了测度分析，研究发现：

（1）从整体上看，1994～2010 年中国汽车产业技术进步明显，年均 TFP 增长率为 9.1%，中国汽车产业 TFP 增长主要得益于技术进步增长，技术效率的贡献较低，其中技术进步年均增长率为 7.1%，技术效率年均增长率仅为 1.9%。进一步对技术效率分解发现，中国汽车产业技术效率改进主要得益于规模效率增长，而纯技术效率的改进效果比较缓慢，其中规模效率年均增长率为 1.3%，而纯技术效率年均增长率为 0.6%。

（2）从时间趋势上来看，自中国加入 WTO 之后，中国汽车产业 TFP 增长率均为正，且每年都保持着较高的增长率，2000～2010 年中国汽车产业 TFP 年均增长率为 18.44%。究其原因，这可能与 2001 年中国加入 WTO 之后，中国政府陆续发布并实施了一系列的汽车产业政策来规范和支持中国汽车产业发展有关，也可能与中国不断加大研发投入力度，对中国汽车产业的自主创新能力不断重视有关，还可能与中国加入 WTO 之后，外资汽车企业不断入驻国内市场而产生的技术溢出效应有关。

（3）从分行业角度来看，1994～2010 年汽车行业的 TFP 增长率最高，年均 TFP 增长率为 15.8%；其次为摩托车和车用发动机行业，其年均 TFP 增长率均为 9.2%；再次为改装汽车行业，其年均 TFP 增长率为 6.3%；最后为汽车摩托车配件行业，其年均 TFP 增长率为 5.3%。可见，在中国汽车产业的五大子行业中，汽车、摩托车和车用发动机这三大行业的 TFP 年均增长率要高于整个汽车产业的增长，而改装汽车和汽车摩托车配件这两大子行业的 TFP 年均增长率要低于整个汽车产业的增长。

（4）从技术效率来看，中国汽车产业处于技术非效率状态，年均技术效率值为0.895，这意味着，在现有技术进步条件下，中国汽车产业技术效率还有10.5%的提升空间，应当进一步提高中国汽车产业的技术效率，使之向技术前沿面靠拢。

（5）从所有制性质来看，外商独资企业的TFP增长率最高，年均增长率为23.4%；其次为国有企业，年均TFP增长率为20.6%；其他依次为：港澳台商独资企业、联营企业、股份有限公司、中外合资企业、合资经营企业、有限责任公司、合作经营企业、股份合作企业、集体企业，私营企业排在倒数第二位，年均TFP增长率为0.9%；最后为中外合作企业，年均TFP增长率为－1.6%。

第五章　自主创新与汽车产业
技术进步

第一节　中国汽车产业自主创新现状

本研究从汽车技术和产品自主创新、自主品牌发展、自主知识产权发展、研发投入、科研等五个方面阐述中国汽车产业自主创新现状。

一　中国汽车技术和产品自主创新现状

中国汽车产业自主创新能力的发展严重滞后于规模和产量的提升。虽然一汽、上汽、东风等国内骨干汽车企业集团在自主创新的道路上有其得天独厚的优势，但是他们却都纷纷选择了合资。合资虽然在税收、就业、拉动经济发展和引进国外先进生产、管理经验等方面产生了一定积极作用，但由于多年来核心技术被合资外方牢牢掌握，中国汽车产业在规模和产量不断提升的同时，自主创新能力并没有得到相应的提升。近年来，由于国家对自主创新的重视以及来自社会各界的压力，这些国有大型企业忽视自主创新的情况有一定程度的改观。比如，一些大型骨干汽车企业围绕"十一五"规划与汽车企业创新战略这一主题，纷纷展示了各自在自主创新和自主品牌建设方面的蓝图（参见表5-1）。

中国在自主开发方面做的工作不尽如人意，一方面在于市场对自主开发产品没有迫切的需求，另一方面在于汽车产品自主开发需要巨额的投资，且开发周期长，开发风险大，因此这对一些中小型内资汽车企业而言是个很大的困难。中小型内资汽车企业由于自身实力有限，再加之缺乏国家对其进行支持和扶持的相关政策，因而它们只能以其特有的方式和灵活的管理理念在夹缝中求生存。

表 5 - 1　大型骨干汽车集团"十一五"期间的自主创新及自主品牌规划

汽车企业	"十一五"期间的自主创新及自主品牌规划
一汽	打造 11 个车型平台,实现自主品牌年销售 100 万辆的目标
东风	以多种方式迅速开发 A、B、C、D 级轿车,以及 MPV、SUV 在内的宽系列乘用车等品种,并逐步掌握轿车平台开发技术
上汽	初期投资 36.8 亿元用于自主创新,同时还另投资 18 亿元建立上汽工程研究中心
广汽	规划实现自主研发和自主品牌的重大突破,并再用 5 年的时间形成自主品牌的整车和动力总成系数

随着汽车市场的发展,这些体制灵活而又不被外资看中的中小型汽车企业在自主创新上做了许多有益的尝试,并取得了可喜的成绩。它们广泛利用国内外资源,在开放中自主,在自主中开放,在打造自主品牌、整车出口以及参与国际市场竞争等方面赢得了社会各界的广泛关注。比如,奇瑞用了不到十年的时间,从一个在资金、技术、人才等方面几乎没有任何优势的企业,成长为国内乘用车市场前八强、出口量全国第一的自主品牌轿车企业。

近年来,中国每年推出的新车型数量不断增加,满足了不同消费层次的多样化需求。汽车企业自主研发的意识和能力也逐渐增强,新产品开发方式灵活多样,自主开发、联合开发和委托开发逐步成为内资汽车企业产品更新换代和技术升级的主要方式。对中国汽车企业技术获取途径进行进一步细分,可以分为以下五种:独立开发、模仿创新、委托设计、联合开发、购买品牌。五种研发方式的优劣势比较及其典型企业案例分别见表 5 - 2 和表 5 - 3。

表 5 - 2　五种研发方式优劣势及其企业应当具备的禀赋比较

研发方式	优势	劣势	企业禀赋
独立开发	使企业从单个产品开发模式过渡到产品平台化开发模式和平台技术的生命周期管理模式,使产品开发过程程序化;产品开发工作的全过程都被纳入标准开发程序中,一旦市场需要,企业可以在很短的时间内完成产品的升级换代;有利于培养企业自己的核心能力	需要持续、高额的开发资金投入、完备的开发设施和比较完整的人才队伍,周期较长,风险较大	需要建立相应的产品开发基础体系、技术管理体系和产品验证确认体系,需要高额且持续的开发资金投入、完备的开发设施和完整的人才队伍的支持

续表

研发方式	优势	劣势	企业禀赋
模仿创新	有利于降低风险,有利于技术扩散,投入低、产量高、见效快	技术上处于被动地位,竞争力弱,容易引发知识产权纠纷	与先进技术有差距,技术和经济能力较弱,但有一定的开发能力
委托设计	可以充分利用国外资源,并通过消化吸收达到技术外溢的效果,具有完的知识产权,可以使所开发的产品更贴近目标市场的需要,所花费的资金和人力也相对较少	部分企业不对委托开发的技术进行消化吸收,有产权而无知识	企业的基础能力、系统集成能力及产品开发过程评价能力相对较高,并且参与设计过程的人员能力较强
联合开发	投资较少,开发周期短,产品适应性强,所开发出的产品不仅有产权,而且还有知识;可以最大限度地发挥企业的潜力,企业从中获得的各种收益和人才队伍所得的锻炼较大	不能独占技术,容易受技术输出方的制约与控制,不易得到最先进的技术	企业有相对成熟的自主产品平台,具有较强的系统集成能力,开发能力和水平必须达到一定程度
购买品牌	能够在较短的时间将被收购企业的产品开发平台纳入本企业的管理之下,成为企业自主开发活动的重要依靠力量,并可利用被收购企业已在一定范围内形成的品牌影响力,帮助本企业自主开发产品取得市场竞争优势	如只购买品牌,而不同时提升自身的开发水平,将无法形成自主开发能力	企业有充实的资金,并有能力继续保持所购买品牌的生命力,能够真正把他人技术变成自有技术

表 5-3 五种研发方式的典型案例

研发方式	典型案例
自主开发	一汽早期的红旗,上汽通用五菱的五菱之光,浙江吉利的优利欧、豪情等
模仿创新	奇瑞的 QQ,天津一汽的夏利
委托设计	华晨金杯的中华,哈飞的赛马
联合开发	哈飞的路宝
购买品牌	上汽购买韩国双龙,南汽购买名爵 MG,吉利购买沃尔沃

所谓独立开发是指企业完全根据自身努力,通过独立的研发活动突破技术难关,且实现技术商业化和市场化的创新活动。所谓模仿创新是指作为技术追随者的企业通过引进购买和反求工程等手段,充分吸收技术主导国的核心技

术，在此基础上进行一定创新改善的一种渐进式的创新活动。所谓委托设计是指由委托企业提出产品设计要求，从而将产品委托给国外公司进行开发设计，最后由委托企业对产品进行验收的研发方式，在此过程中，委托企业对研发活动的参与程度较低。所谓联合开发是指国内企业与国外公司合作，联合完成对某一产品或者零部件的研发，在这种研发方式下，国内企业享受新产品的全部知识产权。具体来讲，联合开发具有两种联合形式，其一是企业聘请国外知名的设计公司或者设计师参与到产品的研发活动中，从而共同完成某一产品的联合开发设计与生产；其二是国内企业将产品的某些部件委托给国外知名企业进行设计，当验收合格之后，在国内完成对零部件的系统集成。所谓购买品牌是指国内企业通过资产兼并的方式获得国外企业开发能力的一种研发形式。

从内资企业轿车产品自主创新的五种研发方式的比较中可以看出，中国轿车产品出现了多种多样的研发方式。在建设自主研发体系的氛围下，中国汽车企业对全球资源的利用能力有所加强，自主创新能力有一定提高。企业在选择技术来源时，不应盲目跟风，而应当根据自身禀赋选择适合自己的自主创新方式。

在汽车产量迅猛增加的同时，中国汽车生产制造能力和企业管理水平得到了质的提高，各种高新技术和先进设计制造方法被引入汽车的产品开发中，同步工程、各类计算机软件、虚拟现实技术等先进手段已大部分普及，并且中国汽车企业开始涉及一些新技术研究领域。在国家"863"计划和科技攻关计划的支持下，随着国家企业创新能力建设各种支持措施的落实，研发的基础条件得到改善，汽车节能环保技术、新能源汽车技术等都取得了较快发展，中国汽车产品开发能力总体上得到了一定程度的提高。近年来，通过国家各种重大科技专项的启动和产学研结合，在整车和发动机、关键总成及零部件、材料、工艺与技术装备、试验、测试技术与装备等领域都取得了一批创新性成果，使行业的整体研发水平和自主创新能力逐步提高。

二 中国汽车产业自主品牌发展现状

中国之所以是汽车生产制造大国但是尚未成为汽车产业强国，除了缺少核心技术的原因之外，自主品牌的确也是一个重要原因。不少企业尽管拥有庞大的生产制造规模，但是只不过是跨国公司的"加工厂"罢了。由于缺少世界级的汽车品牌支撑，中国汽车企业处于全球汽车产业链的低端，其结果是中国汽车的产品附加值低，产业竞争力弱。近年来，在建设创新型国家的号召下，中国汽车行业自主创新能力开始逐步提高，一些民族汽车企业逐渐形成了一定气候，例如，奇瑞、比亚迪、长城、吉利等，它们在不断的创造中打造了自主品牌，在汽车企业中树立了良好的形象。

工信部相关数据显示，随着中国自主品牌汽车阵营的不断发展壮大，中国自主品牌乘用车的销售量增长态势也非常可观，且其市场份额也呈现明显的增长趋势。截至2010年，中国自主品牌乘用车的销售量达到了627万辆，自主品牌乘用车销售量占了全国乘用车销售市场比重的45.6%（参见图5-1），且自主品牌乘用车的市场份额同比也提高了1.5%。此外，轿车的销售量达到了949万辆，其中中国自主品牌轿车的销售量为293万辆，自主品牌轿车销售量占总体轿车市场的比重达到了30.9%（参见图5-2），较排名第二的日系车高出8%，自主品牌轿车的市场份额同比增长了1%。

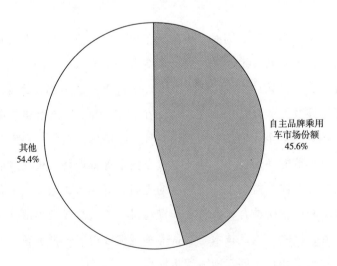

图5-1 2010年自主品牌乘用车在全国的市场份额

受国家宏观调控、鼓励政策的退出、2010年基数较高和北京等城市限购四个方面因素影响。2011年自主品牌乘用车共销售611.22万辆，同比下降2.56%，占

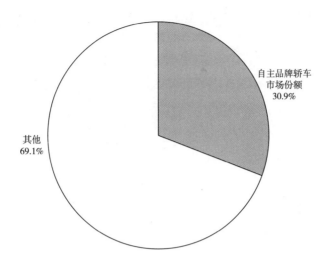

图 5 - 2 2010 年自主品牌轿车在全国的市场份额

乘用车销售总量的 42.23% (参见图 5 - 3),占有率较 2010 年同期下降了 3.37 个百分点。其中,自主品牌轿车共销售 294.64 万辆,同比增长 0.46%,占轿车销售总量的 29.11% (参见图 5 - 4),较 2010 年同期下降 1.79 个百分点。

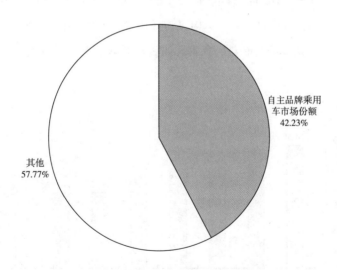

图 5 - 3 2011 年自主品牌乘用车在全国市场的份额

据中国汽车工业协会统计,2011 销量排名前 10 位的轿车生产企业依次为:上海通用、上海大众、一汽大众、东风日产、北京现代、奇瑞、吉利、长

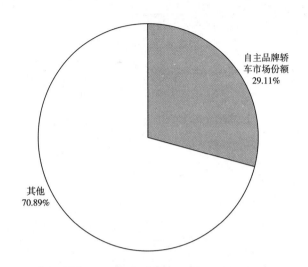

图 5 - 4　2011 年自主品牌轿车在全国市场的份额

安福特、神龙和一汽丰田。而 2011 年销量排名前 10 位的轿车自主品牌分别是：夏利、F3、腾翼 C30、QQ、旗云、骏捷、帝豪、奔腾、奔奔和风云，分别销售 19.65 万辆、18.34 万辆、15.57 万辆、15.09 万辆、12.78 万辆、11.50 万辆、11.32 万辆、11.28 万辆、9.01 万辆和 8.28 万辆（参见图 5 - 5）。与 2010 年同期相比，腾翼 C30、帝豪、奔奔和风云增长较快，其他品牌销量同比有所

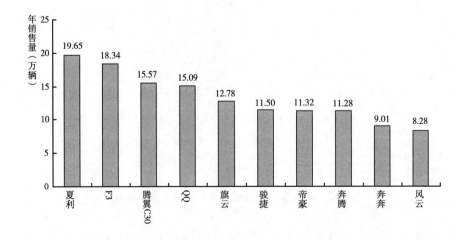

图 5 - 5　2011 年销量排名前 10 位的轿车自主品牌及销量

下降，其中 F3、旗云、骏捷和奔腾降幅居前。2011 年，上述 10 个品牌共销售 132.82 万辆，占自主品牌轿车销售总量的 45%。

自主研发能力的提高还带来了中国汽车产品出口的快速增加。如今，中国已经迅速成长了一批具有一定出口实力的乘用车出口企业，如奇瑞、长城和吉利等，这些企业成了中国汽车出口的主力军。尤其是奇瑞，其累计出口已近50 万辆，连续 8 年蝉联中国乘用车出口销量第一。仅在 2010 年，奇瑞汽车出口就达到 9.2 万辆，占其总销量的 13.5%。

三 中国汽车产业自主知识产权发展现状

实践证明，加强知识产权制度建设有助于汽车产业技术进步和汽车制造业水平的提升。自改革开放以来，中国知识产权建设取得了明显进步，中国汽车行业在自主发展和参与国际竞争过程中，在自主知识产权的获取、保护和管理方面均取得了长足的发展，这主要表现在以下几个方面。

首先是逐渐完善的汽车企业知识产权管理制度。为了增强本企业的竞争力，国内不少汽车企业纷纷根据自身实际情况制定了比较详细的知识产权管理制度，明确了知识产权管理人员及其机构的职责，实施了发明专利奖励措施及细则，这在一定程度上激发了企业技术人员的创新热情。部分企业还将知识产权管理制度建设作为提高企业竞争力、加强技术创新能力的重要措施，比如长安汽车集团在专利申请方面，一是应用"抢先""超前"的专利申请策略，二是实施与产品开发同步的专利申请方略。

其次是日益增强的汽车企业商标意识。商标作为企业的无形资产在企业市场竞争中发挥着举足轻重的作用。当前，中国绝大多数的汽车企业均对本企业的商标管理办法进行了修改完善，且采取法律手段来维护其自身商标的专用权。如东风汽车公司积极开展了商标的注册，且先后制定了多项相关商标管理制度，如《东风公司商标管理办法》等。

最后是不断提高的专利申请数量和质量。实践证明，一个行业的技术水平与该行业的专利申请数量和质量成正比例关系，也就是说，行业的专利申请数量越多、质量越高，则该行业的技术水平也越强。自《专利法》实施以来，中国汽车行业在专利申请工作方面取得了显著的成绩，近年来中国汽车产业专利申请数量呈现持续增长的良好态势。但是，需要注意的是，虽然中国汽车行业的专利数量和质量有所提高，但是与发达国家相比还存在较大差距。中国汽车企业自主创新还任重道远，拥有自主知识产权的产品数量少、质量低仍然是造成中国汽车行业竞争力不强的主要原因。

四　中国汽车产业研发投入现状

近年来中国汽车产业研发投入呈现逐年增加的趋势。表5-4报告了1998~2010年中国汽车工业R&D经费支出情况，从绝对额来看，中国汽车产业研发投入增长迅猛，1998~2010年中国汽车工业R&D经费支出额增加了10倍有余，从1998年的38.2亿元增长到2010年的498.8亿元；但从相对额来看，中国汽车产业研发投入增长缓慢，中国汽车工业研发强度（R&D经费支出与营业收入的比值）仅从1998年的1.39%增长到2010年的1.62%。可见，中国汽车工业的研发强度仍然较低，同发达国家有较大的差距，一般而言，发达国家汽车工业研发强度均在2%以上。

表5-4　1998~2010年中国汽车工业R&D经费支出情况

年份	R&D经费支出（亿元）	营业收入（亿元）	研发强度（%）
1998	38.2	2742.5	1.39
1999	57.4	3114.7	1.84
2000	67.7	3560.4	1.90
2001	58.6	4253.7	1.38
2002	86.2	5947.7	1.45
2003	107.3	8144.1	1.32
2004	129.5	9134.3	1.42
2005	167.8	10108.4	1.66
2006	244.8	13818.9	1.77
2007	308.8	17201.4	1.80
2008	388.7	18767.0	2.07
2009	460.6	23817.5	1.93
2010	498.8	30762.9	1.62

表 5 - 5 显示了 1994 ～ 2010 年中国汽车工业工程技术人员和职工人数的比例，可见 1994 ～ 2010 年中国汽车工业工程技术人员的数目不论在绝对额还是在相对额上均出现了较大幅度的增长。首先在绝对额上中国汽车工业工程技术人员从 1994 年的 16.8 万人增长到了 2010 年的 31.1 万人，其次在相对额上中国汽车工业工程技术人员占年末职工人数的百分比从 1994 年的 8.5% 增长到了 2010 年的 14.1%。

表 5 - 5　1994 ～ 2010 年中国汽车工业工程技术人员和职工人数比例

年份	工程技术人员（万人）	年末职工人数（万人）	工程技术人员/年末职工人数（%）
1994	16.8	196.9	8.5
1995	16.6	195.3	8.5
1996	16.7	195.1	8.6
1997	17.1	197.8	8.6
1998	16.9	196.3	8.6
1999	16.9	180.7	9.4
2000	16.4	178.1	9.2
2001	15.6	150.6	10.4
2002	16.8	157.0	10.7
2003	17.3	160.5	10.8
2004	20.0	169.3	11.8
2005	19.3	166.9	11.6
2006	22.0	185.5	11.9
2007	24.5	204.1	12.0
2008	25.4	209.4	12.1
2009	26.7	216.5	12.3
2010	31.1	220.3	14.1

综上可见，中国汽车企业不论是在 R&D 经费支出方面，还是在工程技术人员培养方面均取得了较大进步。但是我们应当看到，同国外汽车企业相比，中国汽车企业在研发投入方面还存在较大差距。表 5 - 6 比较详细地分析了中外汽车企业 R&D 能力的比较情况，从中可见，中国汽车企业在 R&D 范围、R&D 费用、R&D 管理、R&D 设施、R&D 人员以及 R&D 水平等方面同外国汽车企业存在较大差距，中国汽车企业应当进一步加大研发投入力度，提升汽车企业的 R&D 能力。

表 5-6　发达国家汽车企业和中国汽车企业 R&D 对比

类别	发达国家汽车企业	中国汽车企业
R&D 范围	范围大，重视基础理论和技术研究，包括基础研究、应用研究和产品开发 3 个层次	范围窄，以产品开发和工艺设计为主，应用研究的基础薄弱，基础研究基本上是空白
R&D 费用	平均占企业销售额的 5%，且基数较大	仅占企业销售额的 1.5%～2.5%，且基数小
R&D 管理	采用矩阵管理方式，以小组为单位开展合作	采用传统管理方式，以科室为单位开展工作
R&D 设施	齐全、先进，满足现代化需求，投资额高达几十亿美元甚至几百亿美元	存在不同程度的投资缺口，投资额较少
R&D 人员	阵容强大，结构合理，以高层次人才为主	人数少，结构不合理，高层次人才缺乏
R&D 水平	具有独立开发产品的能力	以技术引进和消化吸收为主，已经初步具备一定的整车和零部件的开发能力

五　中国汽车产业的科研现状

本节主要从中国汽车工业科技进步奖、汽车工业科研机构以及汽车工业国家重点实验室这 3 方面分析当前中国汽车产业的科研现状。

表 5-7 选摘了 2010 年度中国汽车工业科技进步奖的特等奖和两个一等奖的项目情况，其中一些项目的总体技术已达到国际先进水平，一些项目开发出了具有自主知识产权的中混合动力轿车技术平台，与国外同类技术相比具有技术水平相当而开发成本低的特点，且一些项目的车身风阻系数达到了国际先进水平，可见中国汽车产业科研水平取得了重大进步。这与汽车产业科研机构及国家重点实验室的建立是分不开的。

表 5-7　2010 年度中国汽车工业科技进步奖之特等奖和一等奖情况

序号	项目名称	完成单位	等级	项目简介
1	中级轿车荣威 550 的自主开发	上海汽车集团股份有限公司	特等奖	该项目是上汽集团积 20 年开发和制造现代汽车的成功经验，融合国际前沿技术，创新开发的自主品牌中级标杆车型。该车型的排放指标达到国 V 标准，被动安全系统达到欧洲五星级水平，总体技术达到国际先进水平

续表

序号	项目名称	完成单位	等级	项目简介
2	长安中混合动力轿车技术平台开发及其产业化应用	重庆长安汽车股份有限公司、清华大学、重庆大学、重庆长安新能源汽车有限公司	一等奖	该项目针对中国新能源汽车技术平台的落后现状和迫切需要,以国外同类平台为标杆,开发出具有自主知识产权的中混合动力轿车技术平台,技术处于国内领先水平,与国外同类技术相比具有技术水平相当而开发成本低的特点
3	东风天锦中型载货汽车的开发和自主创新	东风汽车有限公司东风商用车技术中心	一等奖	该项目是东风集团从整车平台、车身、底盘、动力总成以及电子电器等方面全方位开发,重点打造的中型商用车换代产品,其整车综合性能处于国内领先地位,其中车身风阻系数达到国际先进水平

表 5 - 8 显示了 2009 ~ 2010 年中国汽车工业部分科研机构的基本情况。其中,中国汽车技术研究中心(以下简称"中汽中心")作为行业技术归口单位和国家政府主管部门的技术支撑机构,协助政府制定了汽车行业标准与技术法规,其产品认证检测、质量体系认证、行业规划与政策研究、信息服务与软科学研究工作等都已经形成了一定的规模且具有一定的能力;中国第一汽车集团公司技术中心(以下简称"一汽技术中心")是中国汽车行业集产品开发和工艺材料开发、基础科学研究于一身,规模及能力较强的汽车产品研发基地,具备了重、中、轻、微、客等商用车及其主要总成的产品开发和乘用车整车开发能力,是国家经贸委、税务总局和海关总署认定的国家级企业技术中心。

表 5 - 8　2009 ~ 2010 年汽车工业部分科研机构基本情况

单位:人;万元

单位名称	2009 年		2010 年	
	职工人数	固定资产	职工人数	固定资产
中国汽车技术研究中心	1452	53800	1452	409908
北京汽车研究所有限公司	68	5358	70	5358
一汽夏利汽车股份有限公司产品开发中心	368	38000	407	39000
天津内燃机研究所	363	20000	256	20000
中国第一汽车集团公司技术中心	2550	193087	2777	205747

续表

单位名称	2009 年		2010 年	
	职工人数	固定资产	职工人数	固定资产
机械工业第九设计研究院有限公司	723	3159	706	3159
长春汽车工艺装备设计研究所	63	858	82	844
上海汽车集团股份有限公司技术中心	1279	45792	1932	49993
泛亚汽车技术中心有限公司	1720	102960	1900	116270
杭州杭城摩擦材料有限公司研发中心	30	1860	30	2000
奇瑞汽车股份有限公司技术中心	7278	2620000	7252	90000
临清汽车举升装置研究所	34	220	33	220
中国汽车工业工程公司	1443	18481	1443	200372
郑州宇通客车股份有限公司技术中心	585	9621	856	15666
东风汽车公司	126425	—	14700	—
长沙汽车电器研究所	35	1000	38	3000
华南理工大学汽车工程研究所	60	8000	63	6000
广西汽车拖拉机研究所	42	6316	44	5465
玉柴工程研究院	392	58000	430	56000
中国汽车工程研究院有限公司	1120	21000	1406	29000

表 5 - 9 显示了 2010 年中国汽车工业国家重点实验室的基本情况。其中汽车安全与节能国家重点实验室围绕汽车的 "安全、节能、环保" 三大主题以及中国国民经济发展中的重大需求，定位于研究汽车工业共性关键基础技术、汽车工程交叉学科基础理论、汽车领域宏观发展基本问题，致力于研究与发展绿色化及智能化的生态汽车，已经成为具有总体国内领先和部分国际先进水平的科研基地，在跨地区、跨学科集成创新研究中发挥了国家公共科研基础平台的作用；内燃机燃烧学国家重点实验室是于 1986 年经国家科技部批准建立的国内内燃机领域唯一的国家重点实验室，是中国内燃机的人才培养、理论研究以及产品开发的重要科研基地之一；汽车仿真与控制国家重点实验室研究定位于围绕汽车整车、底盘、动力传动、车身等系统及关键总成的产品开发，重点研究产品定义、方案评价、设计验证以及试制调校等全开发周期中的虚拟样机仿真技术、汽车整车与关键总成的先进控制系统及技术，并结合以上技术研究中难点问题进行理论研究和技术创新；汽车车身先进设计制造国家重点实验室围绕汽车造型与空气动力学、汽车结构设计与优化、汽车 CAF 理论与应用研究、车辆安全与人体损伤生物力学以及车身材料与制造五个方面进行广泛而深

人研究，通过对国家重大课题的攻关以及与国内外汽车企业合作，成为具有总体国内领先和部分国际先进水平的汽车车身科研创新基地；汽车噪声振动和安全技术国家重点实验室于 2010 年由国家科技部批准建立，实验室凭借较强的调试研发能力，开展基础研究和技术创新，为汽车行业不断造就和输送高水平专业人才，通过不懈的创新研究和新技术推广，成为汽车 NVH 及安全领域的创新研究高地。

表 5 - 9　2010 年汽车工业国家重点实验室基本情况

单位：人；万元

单位名称	职工人数					固定资产
	职工总数	研究员级高工	高级工程师	工程师	助理工程师	
汽车安全与节能国家重点实验室	115	26	34	53	2	12593
内燃机燃烧学国家重点实验室	45	21	21	2	1	4935
汽车仿真与控制国家重点实验室	80	58	17	5	—	94500
汽车车身先进设计制造国家重点实验室	66	33	13	3	1	8223
汽车噪声振动和安全技术国家重点实验室	56	13	18	20	5	8000

综上可见，汽车工业科研机构以及国家重点实验室的建立为中国汽车工业科研提供了良好的硬件设施及科研平台，也为中国汽车工业的自主创新提供了良好的支撑条件，但是我们应当看到，中国汽车工业科研存在高端专业人才匮乏、科研资金不充裕等问题，因此应当加强汽车工业科研高端专业人才的培养与培训，同时也要加大对汽车工业基础研究科研经费的支持力度。

第二节　中国汽车产业 R&D 产出弹性的估计

一　模型构建

根据 R&D 与生产率研究文献的通常做法，此处的基础模型也是基于扩展的 C – D 生产函数。在传统的 C – D 生产函数基础上，在投入要素中除了资本投入和劳动投入之外还加入了 R&D 资本，由此扩展后的 C – D 生产函数为：

$$Y_{it} = AK_{it}^{\alpha}L_{it}^{\beta}RD_{it}^{\gamma}e^{\epsilon_{it}} \tag{5.1}$$

上式中，A 表示常数，Y 表示产出，K 表示物质资本投入，L 表示劳动投入，RD 表示研发资本投入，ϵ 表示随机误差项，α 表示物质资本的产出弹性，β 表示劳动的产出弹性，而 γ 则表示研发资本的产出弹性。

我们将（5.1）式两边同时取自然对数，得到如下的对数型生产函数形式：

$$\ln Y_{it} = a + \alpha\ln K_{it} + \beta\ln L_{it} + \gamma\ln RD_{it} + \epsilon_{it} \tag{5.2}$$

值得注意的是，（5.2）式中自变量包含物质资本投入、劳动投入和研发资本投入 3 个变量，因此，在对（5.2）式进行生产函数估计时，这 3 个自变量之间可能存在共线性的计量问题，从而得到有偏的估计结果。为了减少自变量之间的共线性，我们将（5.2）式以人均的形式表示。假定 $\alpha + \beta + \gamma = u$，将（5.2）式两边同时除以劳动投入 L，并取对数后得到：

$$\ln Y_{it} - \ln L_{it} = a + \alpha(\ln K_{it} - \ln L_{it}) + \gamma(\ln RD_{it} - \ln L_{it}) + (u-1)\ln L_{it} + \varepsilon_{it} \tag{5.3}$$

在运用（5.3）式进行回归分析时，$(u-1)$ 的估计值决定了生产函数具有规模报酬的特征：若 $(u-1)$ 的估计值显著异于零，则生产函数具有规模报酬可变的特征；若 $(u-1)$ 的估计值显著大于零，则生产函数具有规模报酬递增的特征；若 $(u-1)$ 的估计值显著小于零，则生产函数具有规模报酬递减的特征；若 $(u-1)$ 的估计值等于零，则生产函数具有规模报酬不变的特征。

二　数据处理

本研究采用 1998 ~ 2010 年的汽车产业面板数据对（5.3）式进行回归处理，所涉及的变量具体说明如下：

（1）Y 表示汽车工业产出变量，本研究选择汽车工业总产值（元）指标代替产出变量，且将各年度的汽车工业总产值指标按照 1991 年为基期的工业品出厂价格指数进行了价格平减。

（2）L 表示汽车工业劳动投入变量，本研究选择汽车工业职工平均人数（人）来表征。

（3）K 表示汽车工业物质资本投入变量，在现有文献中，不少学者在研究 TFP 时采取国际上通用的永续盘存法进行物质资本存量的估计。但是在用永续盘存法估计物质资本存量时会涉及资本折旧率的估计问题，各行业的折旧率存在较大差异，可见，行业资本折旧率的选取是否合理本身就值得商榷，因此，本研究采用汽车工业各年度固定资产净值（元）来代替物质资本投入变量，且将各年度的固定资产净值指标按照 1991 年为基期的固定资产投资价格指数进行了价格平减。

（4）RD 表示 R&D 资本投入变量。对具体的创新项目而言，在特定的时间段内，R&D 资本投入常常是一种连续的过程，因此，一笔 R&D 资本投入不仅在当期产生直接作用，由其带来的知识存量的增加、知识的溢出和传递还常常会为后续相关的创新活动带来便利。因此，考察研发这种知识性投入，并不能单纯地计算当期的 R&D 资本投入，而是要充分把以往的 R&D 资本投入形成的知识资本累积计算在内。基于此，R&D 资本一般被视为以往多期 R&D 支出折旧基础上的知识资本存量，即带有一定折旧率的知识资本（Tsai & Wang，2004）。也就是说，因为研发经费支出是一项流量指标，它表示的是某一固定年度内的实际研发经费投入额，因此，在估算 R&D 产出弹性时就有必要对研发资本存量指标进行估算。

一般的，大多数文献采用永续盘存法（PIM）来核算 R&D 资本存量（吴延兵，2006；朱承亮等，2012）。采用永续盘存法核算 R&D 资本存量的计算公式为：

$$RDK_{it} = (1 - \delta) \cdot RDK_{i(t-1)} + RDR_{it} \tag{5.4}$$

式（5.4）中，δ 表示折旧率，RDK_{it} 表示第 i 个决策单元（DMU）第 t 期的研发资本存量，$RDK_{i(t-1)}$ 表示第 i 个 DMU 第 $t-1$ 期的研发资本存量，RDR_{it} 表示第 i 个 DMU 第 t 期的实际研发经费投入。基于物价变动的原因，需要根据相应的价格指数对实际研发经费投入额进行价格平减。研发支出价格指数的构造是一个难点，现有的大多数文献均采用的是朱平芳、徐伟民（2003）关于研发支出价格指数的构造方法。朱平芳、徐伟民（2003）构造的研发支出价格指数公式如下：研发支出价格指数 = 0.55 × （居民消费价格指数） + 0.45 × （固定资产投资价格指数），且以某一年为基期（如 1990 年）对实际名义研发经费投资额进行价格平减。

除此之外，还需要对基期的研发资本存量进行估算，计算公式如下：

$$RDK_{i0} = RDR_{i0}/(g + \delta) \tag{5.5}$$

式（5.5）中，RDK_{i0} 和 RDR_{i0} 分别表示基期的研发资本存量和基期的实际研发经费投资额，此外，还需要核算两个指标：一是考察期内实际研发经费投资额的年均增长率，此处采用 g 表示；二是研发资本的折旧率，此处仍采用 δ 表示。根据上述测算方法就可以估算出 R&D 资本存量。

可见，在采用永续盘存法核算 R&D 资本存量的计算过程中涉及行业 R&D 资本折旧率的假定问题，而各行业的 R&D 资本折旧率存在较大差异，可见，行业 R&D 资本折旧率的选取是否合理本身就值得商榷。本研究采用汽车工业 R&D 经费支出额（元）来代替 R&D 资本投入变量，且将各年度 R&D 经费支出额指标按照 1991 年为基期的固定资产投资价格指数进行了价格平减。此外，本研究之所以选择汽车行业研发流量指标，是因为汽车行业研发资本折旧率对 R&D 产出弹性估计的准确性有一定影响，不同的研发资本折旧率必然会导致不同的 R&D 产出弹性估计结果，此外，有研究表明，在一定的假定条件下研发支出的对数值大致等于研发存量的对数值（Bound et al., 2002）。各变量的描述统计量见表 5 - 10。

表 5 - 10　描述统计量（1998 ~ 2010 年）

变量	单位	观测值	极小值	极大值	均值	标准差
职工人数	人	65	50136	6000000	451559	761417
固定资产净值	元	65	1030000	51000000	10675000	12352600
R&D 经费支出额	元	65	17028	6290000	863218	1358320
总产值	元	65	1750000	423000000	48017000	75801900

三　实证分析

根据公式（5.3），本研究首先对不考虑 R&D 投入的生产函数进行估计，估计结果见表 5 – 11。估计结果显示：参数（$u-1$）的估计值在 1% 的水平下显著，且其估计系数为 0.0706，即当（$u-1$）显著大于零时，生产函数表现出规模报酬递增的特征，此时物质资本的产出弹性为 1.3939，可见物质资本投资对中国汽车产业发展起了至关重要的作用。

表 5 – 11　不考虑 R&D 投入时的物质资本产出弹性估计

变量	估计的参数	系数	t 统计值
常数项	a	– 0.8849	– 2.3923 **
$\ln K - \ln L$	α	1.3939	34.3265 ***
$\ln L$	$u-1$	0.0706	2.7946 ***
R-squared	0.7907	F-statistic	608.3294
Adjusted R-squared	0.7894	样本数	325

注：** 表示在 5% 的水平下显著；*** 表示在 1% 的水平下显著。

接下来，我们将研发投资作为一个独立的投入要素纳入 C – D 生产函数中，分别对规模报酬不变和规模报酬可变两种情形下的生产函数进行了估计。规模报酬不变情形下的 R&D 产出弹性估计结果见表 5 – 12，规模报酬可变情形下的 R&D 产出弹性估计结果见表 5 – 13。

表 5 – 12　规模报酬不变情形下的 R&D 产出弹性估计

变量	估计的参数	系数	t 统计值
常数项	a	2.5801	21.3792 ***
$\ln K - \ln L$	α	0.5167	12.9820 ***
$\ln RD - \ln L$	γ	0.6354	25.9042 ***
R – squared	0.9305	F – statistic	2155.3770
Adjusted R – squared	0.9301	样本数	325

注：*** 表示在 1% 的水平下显著。

从表 5 – 12 的估计结果可见，规模报酬不变情形下的 R&D 产出弹性为 0.6354，且在 1% 的水平下显著。与不考虑 R&D 投资的生产函数估计结果相比，物质资本的产出弹性大大降低了，此时物质资本的产出弹性为0.5167，且也在1%的水平下显著。可见，规模报酬不变情形下R&D产出弹性要高于物质资本产出弹性，高出11.87个百分点。

表 5 – 13   规模报酬可变情形下的 R&D 产出弹性估计

变量	估计的参数	系数	t 统计值
常数项	a	2.9696	11.3969 ***
lnK – lnL	α	0.4921	11.6370 ***
lnRD – lnL	γ	0.6460	25.5745 ***
lnL	u – 1	– 0.0253	– 1.6854 *
R – squared	0.9311	F – statistic	1446.0790
Adjusted R – squared	0.9305	样本数	325

注：* 表示在 10% 的水平下显著；*** 表示在 1% 的水平下显著。

从表 5 – 13 的估计结果可见，规模报酬可变情形下的 R&D 产出弹性为 0.6460，且在 1% 的水平下显著，略高于规模报酬不变情形下的 R&D 产出弹性，高出 1.06 个百分点。物质资本产出弹性为 0.4921，且也在 1% 的水平下显著，但略低于规模报酬不变情形下的物质资本产出弹性，低了 2.46 个百分点。规模报酬可变情形下 R&D 产出弹性仍要高于物质资本产出弹性，高出 15.39 个百分点。此时，参数（u – 1）的系数为负（– 0.0253），且在 10% 的水平下显著，可见此时的生产函数表现出规模报酬递减的特征。

此处我们重点关注的是 R&D 产出弹性，综上可见，不论是在规模报酬不变情形下还是在规模报酬可变情形下，R&D 产出弹性都显著为正，且高出物质资本产出弹性 10 余个百分点，这意味着，加大 R&D 投资对汽车产业发展十分重要，且其作用程度要大于物质资本的作用程度。

第三节   R&D、技术引进与生产率增长：基于汽车企业的实证检验

一   模型构建

本节构建模型实证检验 R&D 投资以及国外技术引进投资对汽车企业生产

率的影响，具体的计量模型如下：

$$\ln TFP_{it} = \delta + \alpha \ln RD_{it} + \beta \ln FK_{it} + \gamma (\ln RD_{it} \cdot \ln FK_{it}) + \lambda Size_{it} + \varepsilon_{it} \quad (5.6)$$

上式中 *TFP* 表示汽车产业全要素生产率；*RD* 表示汽车产业 R&D 投资；*FK* 表示汽车产业国外技术引进投资。为了检验 R&D 和技术引进对汽车工业全要素生产率影响的稳健性，我们还需要控制若干对汽车工业全要素生产率有影响的因素，基于数据的可得性，（5.6）式中主要考察了企业规模因素（*Size*）对汽车产业生产率的影响。实际上，R&D 投资不仅可以产生新的知识和信息，对生产率增长有直接促进作用，而且还可以增强企业吸收现有知识和信息的能力，促进知识和技术的外溢，从而间接影响生产率增长。也就是说，R&D 投资具有提高创新能力和吸收能力的两面性（Cohen & Levinthal，1989）。从另一个角度看，技术的成功扩散也是需要有一定条件的，本地企业必须具备一定的自主创新能力才能成功模仿、吸收和消化国内外先进技术，因此，在上述（5.6）式中我们通过 R&D 投资与国外技术引进投资的相互作用来考察 R&D 投资的吸收能力。因此，（5.6）式中 γ 表示的是国内研发投资对技术引进的吸收能力。若 γ 在统计意义上没有通过任何显著性检验，则意味着，中国汽车企业并没有通过增加自身研发投入来实现对国外技术引进的有效吸收，因此并没有对中国汽车工业全要素生产率增长起到促进作用。若 γ 的符号为正，且通过了显著性检验，则意味着，中国汽车企业关于自身研发的投资与国外技术引进的投资之间存在一种互补效应，汽车企业关于自身研发的投资有助于成功吸收国外先进技术和管理经验，从而有助于中国汽车工业全要素生产率的增长。若 γ 的符号为负，且通过了显著性检验，则意味着，中国汽车企业关于自身的研发投资与国外技术引进的投资之间存在一种替代效应，两者之间呈现一种此消彼长的关系，从而对中国汽车工业全要素生产率的增长具有阻碍作用。

为了使本研究得到的结论更加可靠和稳定，在对上述模型进行计量检验之前，应当重点考虑以下两个方面的计量问题：

一是解释变量与随机误差项之间的相关性问题。除企业规模因素之外，企业产权性质、企业产品异质性、市场集中度、企业领导者特质等因素对生产率可能有重要影响，考虑到数据可得性限制，在模型中不可能一一考察这些因素对生产率的影响，而是将这些因素纳入随机误差项中，这样容易导致的一个计量问题是：解释变量与随机误差项之间会存在显著的相关性。在这种情况下，如果我们仍是采用普通的最小二乘法对上述模型进行估计的话，我们所得到的估计结果就会是不准确的、是有偏的，这会误导相关的政策建议。因此，在对上述模型进行估计时，就要设法消除因解释变量与随机误差项之间相关造成的估计结果偏误的影响，本研究采用固定效应法（Fixed Effects）和一阶差分法（First Difference）来试图消除上述影响。

本研究构建的固定效应模型如下：

$$\ln TFP_{it} = \delta + \alpha \ln RD_{it} + \beta \ln FK_{it} + \gamma(\ln RD_{it} \cdot \ln FK_{it}) +$$
$$\lambda Size_{it} + \eta t + u_i + \varepsilon_{it} \tag{5.7}$$

（5.7）式中 ηt 表示时间效应，指的是宏观经济环境以及政策变动对汽车产业全要素生产率的影响；u_i 表示未观测到的个体效应，指的是第 i 个汽车行业所具有的且不随时间变化而变化的未观测到的影响汽车产业全要素生产率的因素。

本研究构建的一阶差分模型如下：

$$\Delta \ln TFP_{it} = \delta + \alpha \Delta \ln RD_{it} + \beta \Delta \ln FK_{it} + \gamma(\Delta \ln RD_{it} \cdot \Delta \ln FK_{it}) +$$
$$\lambda \Delta Size_{it} + \Delta \varepsilon_{it} \tag{5.8}$$

二是解释变量的内生性和共线性问题。首先，解释变量可能是内生变量，即 R&D 投资、国外技术引进投资与生产率之间可能是相互制约影响的，R&D 投资和国外技术引进投资有助于生产率增长；反之，过去的生产率水平也可能有助于企业进一步加大 R&D 投资和国外技术引进投资力度。如果 R&D 投资和技术引进投资这两个变量是内生变量的话，那么，它们与随机误差项之间会存在相关性，在这种情况下，如果采用普通的最小二乘法进行估计，会得到有偏的估计结果。其次，解释变量之间可能存在共线性问题，也就是说 R&D 投资、国外技术引进投资、企业规模之间关系密切，在时间上可能存在共同的演变趋势。当解释变量之间存在共线性时，在没有进行有效处理的情况下，得到的参数估计值是不精确的，甚至是不准确的，这样就无法就每一个解释变量对汽车工业全要素生产率的真实贡献进行有效识别。从理论上来讲，可以通过两阶段最小二乘法（2SLS）和工具变量法（IV）来解决变量的内生性问题。但是，摆在实证研究者面前的一个难题是：怎样选择一个适当的工具变量去克服内生性问题？尤其是在研发与全要素生产率的实证研究中受到数据可得性限制的情况下，研究者们很难找到一个理想的严格外生的工具变量去克服变量的内生性问题。因此，在这种情况下，正如 Griliches（1986）所言，一阶差分法是以变量的增长率（$\Delta \ln X \approx \Delta X / X$）而不是以变量的绝对值进行回归分析，从而使得一阶差分法能有效地减少变量的内生性。此外，采用一阶差分法进行回归估计还有一个好处，就是能够有效地减少自变量之间的共线性问题。这是因为，虽然自变量绝对值之间可能有较大的相关性，但自变量增长率之间却不一定有较大的相关性（吴延兵，2008）。

下面，本研究将采用固定效应模型（5.7 式）和一阶差分模型（5.8 式）分别检验 R&D 投资、国外技术引进投资对汽车产业生产率的影响，由于一阶差分法比固定效应法更能有效地解决如上所述的相关性、共线性以及内生性等计量问题，因此，在以下分析中本研究更侧重于一阶差分模型及其回归估计结果。

二　数据处理

本节所涉及的主要变量及数据说明如下：

（1）*TFP* 表示汽车产业全要素生产率，其数据来源于第四章采用 DEA-Malmquist 生产率指数方法基于分行业视角测算的生产率数据。

（2）*RD* 表示汽车产业 R&D 资本投资，一般采用 R&D 资本存量指标表示。大多数文献采用永续盘存法（PIM）来核算 R&D 资本存量，但是，在采用永续盘存法核算 R&D 资本存量的计算过程中，涉及行业 R&D 资本折旧率的假定问题，而各行业的 R&D 资本折旧率又存在较大差异，因此，行业 R&D 资本折旧率的选取是否合理本身就值得商榷。因此，本研究采用汽车工业 R&D 经费支出额（元）来代替 R&D 资本投入变量，且将各年度 R&D 经费支出额指标按照 1991 年为基期的固定资产投资价格指数进行了价格平减。

此处，本研究之所以选择汽车行业研发流量指标，是因为汽车行业研发资本折旧率的假定对 R&D 产出弹性估计的准确性有一定影响，不同的研发资本折旧率的假设必然会导致不同的 R&D 产出弹性估计结果。此外，有研究表明，在一定的假定条件下研发支出的对数值大致等于研发存量的对数值（Bound et al.，2002）。

（3）FK 表示国外技术引进投资变量，一般也可以通过永续盘存法对国外技术引进投资存量进行核算（吴延兵，2008），不过行业国外技术引进投资折旧率的假定问题仍然存在，因此本研究直接采用国外技术引进投资（元）流量指标，且将各年度国外技术引进投资指标按照 1991 年为基期的固定资产投资价格指数进行了价格平减。

（4）Size 表示企业规模变量，此处采用人均固定资产净值（元/人）表示（＝固定资产净值/从业人员）。

各变量的描述统计量见表 5 - 14。

表 5 - 14　描述统计量（1998 ~ 2010 年）

变量	单位	观测值	极小值	极大值	均值	标准差
全要素生产率		65	0.71	1.87	1.1496	0.20
R&D 投资	元	65	17028.46	6287967.78	863218.13	1358320
国外技术引进投资	元	65	253.00	1579661.00	259788.68	360013.76
企业规模	元/人	65	2.66	68.08	28.05	16.69

表 5 - 15 和图 5 - 6 分别报告和展示了 1998 ~ 2010 年中国汽车产业自主 R&D 投资以及国外技术引进投资情况。从中我们可以欣喜地发现，1998 ~ 2010 年，中国汽车产业自主 R&D 投资显示出逐年增加的趋势，从 1998 年的 38.2 万元增长到了 2010 年的 498.8 万元，这一方面表明了中国对发展汽车民族工业、提高汽车产业自主创新能力的重视，另一方面我们还看到中国汽车产业 R&D 投资额基数较小，研发强度较低，与国外先进国家和地区仍有较大的差距。1998 ~ 2010 年，中国汽车产业国外技术引进投资呈现"下降—增长—再下降"的态势，1998 年中国汽车产业国外技术引进投资额为 89.6 万元，后下降至 2001 年的 47.4 万元，后又增长至 2006 年的 228.2 万元，

2010 年又下降至 133.9 万元。从 R&D 投资与国外技术引进投资的对比来看：1998~2000 年，中国汽车产业对自主创新能力重视不足，大量技术都是靠国外进口，从而导致对自主 R&D 投资低于国外技术引进投资；2001~2002 年，汽车产业关于自主 R&D 投资略高于国外技术引进投资；但是 2003~2005 年，中国汽车产业对国外技术引进的投资出现了较大幅度的增长，远大于自主 R&D 投资的增长幅度；在认识到"以市场换技术"以及合资模式导致国内汽车企业出现"技术空心化"的问题上，业内人士对加强自主研发以促进中国汽车企业技术进步，以及发展中国自主知识产权汽车工业的呼声越来越高。特别值得指出的是，2005 年路风教授及其合作者的《发展中国自主知识产权汽车工业的政策选择》拉开了中国汽车产业自主创新的序幕；此后，2006~2010 年，中国汽车产业对自主 R&D 的投资远高于对国外技术引进的投资。此外我们注意到，中国汽车产业对国外技术引进的投资虽低于对 R&D 的投资，但是对国外技术引进的投资仍保持着比较稳定的比例，这是因为作为后发汽车工业大国，提高自身汽车工业自主创新能力固然重要，但还可以利用后发优势对国外先进技术进行引进、消化、吸收，从而达到提升中国汽车工业技术进步的目的。

表 5-15　中国汽车产业 R&D 投资及国外技术引进投资情况（1998~2010 年）

年份	R&D 投资（元）	国外技术引进投资（元）
1998	382000	896206
1999	574000	910807
2000	677000	659391
2001	586000	473983
2002	862000	650176
2003	1073000	1123524
2004	1295000	2228678
2005	1678000	2264954
2006	2448000	2281778
2007	3088000	1443449
2008	3887000	1241315
2009	4606000	1373020
2010	4988000	1338981

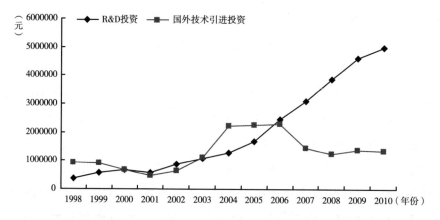

图 5 - 6　中国汽车产业 R&D 投资及国外技术引进投资时间变化趋势（1998～2010 年）

三　实证分析

首先观察 R&D 投资、国外技术引进投资与汽车产业 TFP 之间的关系，图 5 - 7 和图 5 - 8 分别展示了 R&D 投资与 TFP 的关系以及国外技术引进投资与 TFP 的关系，从中我们可以比较直观地发现，随着 R&D 投资和国外技术引进投资的增加，汽车产业 TFP 呈现一定程度的上升趋势。

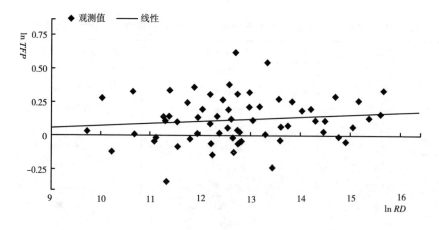

图 5 - 7　R&D 投资与 TFP 的关系

下面本研究将对此展开更细致地分析。根据（5.7）式得到固定效应模型的估计结果见表 5 - 16，根据（5.8）式得到一阶差分模型的估计结果见

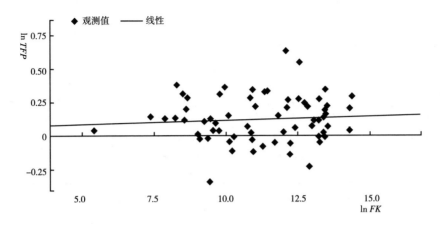

图 5 - 8　国外技术引进投资与 TFP 的关系

表 5 - 17。总体来看，采用固定效应法和一阶差分法所估计的结果基本上相似，但是，由于一阶差分法比固定效应法更能有效地解决相关性、内生性以及共线性等计量问题，因此，此处的分析以一阶差分模型的估计结果为主，固定效应模型的估计结果仅作为参考。

表 5 - 16　固定效应模型的估计结果

变量	估计的参数	系数	t 统计值
常数项	δ	-0.9334	-3.6419 ***
$\ln RD$	α	0.0833	5.2962 ***
$\ln FK$	β	0.0767	2.9254 ***
$\ln RD \cdot \ln FK$	γ	-0.0064	-3.7678 ***
$Size$	λ	0.0022	3.2540 ***
R-squared	0.5110	F-statistic	43.0772
Adjusted R-squared	0.3923	样本数	325

注：*** 表示在 1% 的水平下显著。

（1）R&D 投资对汽车产业生产率有显著的促进作用。一阶差分模型的估计结果表明，R&D 投资每增长 1 个百分点，则汽车产业生产率将会显著增长 0.0882 个百分点。固定效应模型的估计结果也表明，R&D 投资每增长 1 个百分点，则汽车产业生产率将会显著增长 0.0833 个百分点。可见，R&D 投资对

表 5 – 17　一阶差分模型的估计结果

变量	估计的参数	系数	t 统计值
常数项	δ	0.6410	2.8108 ***
$\ln RD$	α	0.0882	11.3018 ***
$\ln FK$	β	0.0782	11.9030 ***
$\ln RD \cdot \ln FK$	γ	– 0.0079	– 3.8919 ***
Size	λ	0.0027	2.7320 ***
R-squared	0.5919	F-statistic	35.1355
Adjusted R-squared	0.7933	样本数	300

注：*** 表示在 1% 的水平下显著。

中国汽车产业生产率增长具有显著的促进作用，然而当前中国汽车产业 R&D
投资相对不足，研发强度相对较低，因此，进一步增加汽车产业 R&D 投资，
加大研发强度对提升中国汽车产业生产率具有重要的意义。这与吴延兵
（2006）等的研究结果一致，吴延兵（2006）基于中国制造业的数据研究发
现，R&D 投资对生产率有显著正影响。

（2）国外技术引进投资对汽车产业生产率有显著的促进作用。除 R&D
投资之外，国外技术引进投资是中国汽车产业生产率增长的又一主要途径。
一阶差分模型的估计结果表明，国外技术引进投资每增长 1 个百分点，汽车
产业生产率将会显著增长 0.0782 个百分点。固定效应模型的估计结果也表
明，国外技术引进投资每增长 1 个百分点，汽车产业生产率将会显著增长
0.0767 个百分点。可见，国外技术引进投资对中国汽车产业生产率增长也起
到了显著的促进作用，这意味着，进一步加大国外技术引进投资是促进中国
汽车产业技术进步的主要渠道之一。这与吴延兵（2008）等的研究结论一
致，吴延兵（2008）基于中国地区工业数据研究发现，国外技术引进对生产
率有显著正影响。同时，本研究发现 R&D 投资对汽车产业生产率增长的贡
献要显著大于国外技术引进投资的贡献，两者相差约 0.01 个百分点，这意
味着在中国汽车产业发展中应当更突出自主研发的作用。在当前阶段，虽然
国外技术引进投资对中国汽车产业发展具有重要的作用，但是要提高中国汽
车技术进步和自主创新能力，必须采取自主研发为主、国外技术引进投资为
辅的投资策略。

（3）R&D 吸收能力对中国汽车产业生产率具有显著负影响。R&D 具有创新能力和吸收能力的两面性，上述研究表明 R&D 创新能力对汽车产业生产率具有显著正影响，此处本研究通过 R&D 投资与国外技术引进投资的交互项来考察 R&D 吸收能力对汽车产业生产率的影响。一阶差分模型的估计结果表明，R&D 投资与国外技术引进投资交互项的系数显著为负（系数为 -0.0079，且在 1% 的水平下显著），这意味着中国 R&D 吸收能力较低，未能与国外技术引进投资互为补充，共同促进中国汽车工业全要素生产率增长，也就是说国外技术引进不仅没有通过 R&D 结合促进中国汽车工业生产率增长，反而抑制了中国汽车工业全要素生产率的增长。在已有文献中，不少研究者发现，R&D 与技术引进之间存在互补效应，比如，Hu et al.（2005）运用中国企业数据，发现 R&D 与国内外技术引进之间存在互补关系，而 Griffith et al.（2005）运用 OECD 国家的产业数据，也发现 R&D 与技术引进之间存在互补关系。但是，张海洋（2005）运用 1995～2002 年的中国工业产业数据发现，由于中国研发投入不足导致 R&D 吸收能力较弱，R&D 与外资活动的结合没能促进中国工业全要素生产率增长，反而抑制了中国工业全要素生产率的增长；而吴延兵（2008）基于 1996～2003 年中国地区工业数据发现，R&D 与国内外技术引进之间既不存在互补关系也不存在替代关系，认为中国 R&D 投入较少且投入结构不合理限制了企业学习和吸收外来知识的能力。本研究基于中国汽车产业数据的估计结果表明，中国汽车产业 R&D 投入较少，R&D 吸收能力较低，这导致国外技术引进通过 R&D 结合抑制了中国汽车产业生产率增长，因此，中国汽车产业应当大力增加其 R&D 投入，增强 R&D 的创新能力和吸收能力，从而既可以直接促进中国汽车产业生产率的增长，又可以通过增强对国外先进技术的吸收能力来间接促进中国汽车产业生产率的增长。

（4）企业规模对汽车产业生产率有显著正影响。为了考察 R&D 投资及国外技术引进投资对汽车产业生产率的影响，本研究参考了企业规模因素，发现企业规模对汽车产业生产率增长具有显著的促进作用。一阶差分模型的估计结果表明，企业规模每增长 1 个百分点，则汽车产业生产率将会显著增长 0.27 个百分点。固定效应模型的估计结果也表明，企业规模每增长 1 个百分点，则汽车产业生产率将会显著增长 0.22 个百分点。

第四节　本章小结

本章主要研究了自主创新与汽车产业技术进步之间的关系，首先从汽车技术和汽车产品自主创新现状、汽车产业自主品牌发展现状、汽车产业自主知识产权发展现状、汽车产业研发投入现状和汽车产业科研现状五大方面阐述了中国汽车产业的自主创新现状。接下来，本章实证检验了中国汽车产业 R&D 产出弹性以及 R&D、国外技术引进与汽车产业生产率之间的关系。本章的研究发现主要包括以下几方面。

（1）R&D 产出弹性显著为正。在规模报酬不变的情形下的 R&D 产出弹性为 0.6354，且在 1% 的水平下显著，在规模报酬可变情形下的 R&D 产出弹性为 0.6460，且在 1% 的水平下显著。R&D 产出弹性高出物质资本产出弹性 10 余个百分点。这意味着加大 R&D 投资对中国汽车产业发展具有重要的现实意义。

（2）R&D 以及国外技术引进对中国汽车产业生产率增长具有显著的促进作用，但是 R&D 的吸收能力较低，导致 R&D 与国外技术引进的交互项对中国汽车产业生产率增长具有显著负影响。这意味着中国汽车产业发展应当大力增加其 R&D 投入，增强 R&D 的创新能力和吸收能力。此外，本章的研究还发现企业规模对汽车产业生产率有显著正影响。

第六章 FDI 技术溢出与汽车产业技术进步：基于吸收能力视角

第一节 中国汽车产业 FDI 现状

一 开放合作是发展汽车产业的必然选择

在全球化背景下，开放合作是先发国家和后发国家发展汽车产业的必然选择。首先，汽车产业是全球化特征最显著的产业之一，目前已经形成了由跨国公司主导的全球性生产、销售、采购和研发体系。汽车产业是经济全球化进程中最具典型意义的产业之一，汽车产业链的全球性配置已经成为汽车产业全球化发展的重要标志，具体表现为大型跨国公司利用全球资源，实现投资、开发、生产、采购和销售的优化配置，以适应不同地区的独特环境和市场偏好。此外，产业链中重要的生产和研发环节，不再局限于汽车厂商的母国范围，而是立足于全球平台进行布局。例如，过去跨国公司在本国建立研发机构进行产品开发，对目标国市场采取移植产品的方式进行生产性投资，而现在则将产业链各个环节和资源在全球市场进行配置。汽车产业的国家发展战略从过去主要立足于依赖本国的市场和资源，转向利用全球性市场和资源，进而采取比较优势战略和开放竞争战略。汽车产业全球化的直接后果之一是推动了大规模的跨国兼并重组。从"二战"后到 1980 年，全球大汽车企业集团从 50 余家减少到 30 余家。从 1990 年以来，由于全球汽车生产能力普遍过剩，跨国汽车集团通过相互之间的收购、兼并、控股和参股等联合和重组方式，已减少到目前的不到 10 个汽车企业集团。汽车产业全球化带来的另一个显著变化是，形成了由跨国公司主导的全球性生产、销售、采购和研发体系。从生产的角度看，2010 年，大众、丰田和通用三大汽车公司在本国生产汽车 815.2 万辆，仅占自身总产量 2437 万辆的 1/3，海外生产的比重越来越高；从销售的角度看，世界汽车出口量占世界汽车总产量的比重已经达到 40%，海外销售的比重越来越重；从采购的角度看，各大汽车跨国公司的自制率普遍在 30% 左右，整车制造企业越来越普遍的做法是将通用零部件的开发、制造、装配工作外包给零部件供应商，而自己仅掌握几种关键性零部件的制造；从研发的角度看，全球范围内汽车技术扩散、转移和利用的速度大幅度提高，当地人才和市场的优势促使跨国公司在海外设立的研发中心越来越多，汽车设计和研发的全球化趋势日益明显。汽车产业全球化发展推动了跨国界、大规模的企业重组，扩大了合资合作的幅度和深度，企业集团之间的股权交叉、相互合作明显增多。

其次，汽车先发国家从兼并重组转向跨国战略联盟，合资合作呈现"在竞争中合作，在合作中竞争"的趋势。20 世纪 80 年代以来，随着经济全球化和科学技术的迅猛发展，越来越多的汽车先发国家的汽车企业开始认识到，单凭企业自身的力量难以在竞争激烈的市场环境中生存和发展。因此，企业的发展战略开始从以竞争为基础向以价值创造为基础转变，强调"在竞争中合作，在合作中竞争"。总体来看，汽车先发国家的合资合作呈现三种形式。一是跨国兼并重组，是指通过取得其他企业的所有权并控制其经营资源实现企业增长，典型的案例如通用收购莲花、萨博、悍马，福特收购捷豹和沃尔沃，大众收购斯柯达、布加迪、兰博基尼、宾利、劳斯莱斯，戴姆勒-奔驰并购克莱斯勒。二是跨国合资经营，是指两个或两个以上的独立企业为了实现各自的目标，共同出资建立企业，如大众巴西、通用中国。三是跨国战略联盟，是指两个或两个以上的独立公司为了共同的战略目标在研发、生产、销售等方面开展合作，如丰田和宝马、福特和丰田、通用和标致-雪铁龙、标致-雪铁龙和宝马在新能源汽车领域形成的战略联盟。发达国家之间汽车产业的合资合作发展到当前阶段，更多体现为以技术开发、成本控制和业务共享为中心的战略联盟，而不是单纯以资本为中心的兼并重组。国际金融危机发生后，通用汽车被迫卖掉很多当年收购过来的汽车股份或资产，包括早期的菲亚特、五十铃、富士重工和铃木，近期的萨博、欧宝。福特汽车在卖掉当年收购的路虎和捷豹后，又卖掉了沃尔沃，戴姆勒集团亏本卖出当年重金收购的克莱斯勒品牌。不难发现，在乘用车领域以资本为中心的跨国并购鲜有成功的案例。而雷诺－日产以整而不合、联合采购、平台共享、市场互助为主要特征的联盟形态合作模式经受住了全球竞争和国际金融危机冲击的考验，这证明联盟形态合作模式比直接并购合二为一的整合运营模式更可取。特别是在新能源汽车发展领域，"在竞争中合作，在合作中竞争"的战略联盟已经成为全球范围内合资合作的主要形式和发展趋势。

再次，汽车后起国家在经历了一系列自主发展的努力后，在经济全球化的冲击下已经全面转向开放式发展模式。汽车后发国家汽车产业的发展可以归纳为三种模式：完全开放模式、自由竞争模式和自主发展模式。完全开放模式也称依附型发展模式，发展汽车产业的出发点是以国家总体经济增长为目标，不追求建立民族汽车工业体系和发展自主品牌，将汽车产业定位于全球产业链中的地区制造商角色，例如，在巴西和墨西哥纷纷成立了福特、通用、大众等跨国公司控制的独资公司。自由竞争模式以社会自发性发展和政府不过多干预为基本特征。以印度为例，其政府对汽车产业的态度是扶持国内企业，但不排斥外资，让本土企业和外国企业在相对比较公平的制度下竞争。自主发展模式以强调国家自主发展和政府引导为基本特征，政府鼓励引进国外先进技术和管理经验，但强调建立独立自主的汽车工业体系和自主品牌开发能力，严格市场准入，限制外国资本，以培育本国汽车工业。俄罗斯曾经试图选择自主发展模式，在很长的一段时间，都是限制外国资金或技术的投入，力推自主品牌。

对汽车后发国家来说，选择哪种模式取决于多种因素。巴西之所以出现外资独大的局面，与其政府的产业政策直接相关。数十年来，除了在巴西的核能、医疗、农村土地所有权、国内航线和航天军工工业、银行和保险业等外国投资者不能独资投资的领域以外，其他领域的外商投资不必经巴西政府批准。墨西哥采取完全开放式的汽车产业发展模式，主要因为其跟美国是邻国，有先天的地理优势，加之北美自由贸易区的设立，为其打开了出口美国的方便之门。印度汽车产业对与跨国公司合资合作的态度经过了五次主要转变，从最开始的严格限制，到合资限制股权，再到开放允许独资，再到大力引资，逐步对跨国企业开放市场。在外资企业强大的竞争压力面前，印度能够避免走完全开放的依附之路，实现一定程度的自主发展，在于政府尽量创造有利于印度汽车的发展环境。例如，对以外资为主的独资公司或外资控股公司，征收所得税的税率为70%，而以印资为主的公司，征收所得税的税率为55%。如今的塔塔公司已经在印度占据了大部分的市场份额，成了印度汽车自主品牌的骄傲。俄罗斯汽车产业在起步时选择了自主发展道路，经过数十年的发展，对跨国公司从封闭到合作，再转向自主保护，在加入 WTO 后，最终放弃对自主品牌的保护，对外资企业完全放开，俄罗斯的自主品牌企业逐步被跨国企业所掌控。

二 中国汽车产业合资合作现状

1985 年 3 月上海汽车工业总公司与德国大众汽车公司合资成立上海大众汽车有限公司之后，拉开了中国政府制定的"以市场换技术"的序幕。随后，通用、福特、本田、日产、奔驰、宝马等国际汽车巨头各自找到了国内合资伙伴，纷纷落户中国。合资合作为中国汽车工业的快速发展奠定了重要基础，且外资企业已经成为中国汽车工业的重要组成部分。目前，中国汽车产业中市场规模最大的 3 家企业（上海大众、一汽大众、上海通用），以及一些中等规模的企业（如广州本田、北京现代等）采用的都是与国外汽车公司合资的形式。国际汽车工业主要生产企业基本上都已经进入中国汽车市场，与中国大部分规模较大、实力较强的生产企业建立了合资合作或者技术引进的关系，而且还在不断地寻求新的合作对象和调整在华战略布局。

总体来讲，自改革开放以来，中外汽车企业合资合作的发展过程可以划分为三大阶段。

（1）第一阶段：探索阶段（1978～1992 年）

1978 年，中国汽车产品结构以中型载货车为主，呈现"缺重少轻，轿车几乎空白"的状况，全国轿车加上越野车年产量不过 5000 辆，闭门造车多年的中国汽车业，与全球汽车业在观念、管理、技术、产品等方面都存在巨大的差距。中国政府适应改革开放的新形势，转变发展思路，允许部分国内汽车企业以各种方式引进国外汽车公司的先进技术、设备以及资金。1986 年，中国政府正式把汽车工业列为支柱产业，并确定了发展轿车工业要以"高起点、大批量、专业化"为原则，中国在轿车生产方面走上了以合资引进技术的道路。一汽、上汽、二汽等大型汽车集团也都认为与外资加强合作是企业生存和发展的必然选择，应通过与跨国汽车公司之间的合资合作获得在国内汽车工业中的主动权，同时利用外国公司的力量，提高自己的研发能力。在此背景下，少数外国资本与国有资本开始有选择、有限度地嫁接，美国三大汽车公司以及大众、五十铃、标致、雪铁龙等跨国汽车企业相继进入中国汽车工业领域。1985 年，上海大众引进的第一款车桑塔纳大获成功，带动了中国汽车行业的对外合资合作。

这一时期中外汽车企业开展合资合作的主要项目有：1983 年，北京汽车制造厂与美国克莱斯勒汽车公司成立北京吉普汽车有限公司，外方股比占31.35%；1984 年，中德合资组建上海大众汽车有限公司，中德双方投资比例均为 50%；1985 年，中法合资建立广州标致汽车有限公司，其中广州汽车厂持股 46%，中国国际信托投资公司持股 20%，法国标致汽车公司持股 22%，巴黎国民银行持股 4%；1988 年，一汽与德国大众合资组建一汽 – 大众公司，一汽集团公司占 60% 的股份，德国大众康采恩集团占 40% 的股份（其中，德国大众公司占 20% 的股份，奥迪公司占 10% 的股份，大众汽车（中国）投资有限公司占 10% 的股份）；1988 年，二汽与法国雪铁龙公司按照 70% 和30% 的投资比例合资组建神龙汽车公司。上述中外合资汽车企业建设基本上采用了"交钥匙"（turn-in key）工程，由外方提供成套技术、工艺流程、生产设备和关键零部件。合资企业内部尽管成立了相应的工程技术部门，但也仅限于从事辅助性的工艺匹配、设备调校、生产过程中的技术管理和质量控制、非核心零部件国产化。在技术部门内部，中外合资双方的关系是外方主导下的"传帮带"，即少数外方技术人员提供知识和技术指导，中方技术人员进行学习和消化。

（2）第二阶段：全面发展阶段（1993 ~ 2001 年）

1994 年，中国《汽车工业产业政策》第一次明确提出国家鼓励汽车工业利用外资发展中国的汽车工业，但同时规定合资企业中中方股份比例不能低于

50%。伴随着管理体制的改革和中国市场开放度的进一步提高，跨国汽车公司纷纷与国有汽车企业组建合资企业，掀起了合资热潮，在世界汽车工业 6 + 3 格局中的 6 大跨国集团和 3 家实力型企业，还有意大利菲亚特集团、韩国现代集团等通过合资先后进入了中国。这一时期中外汽车企业开展合资合作的主要项目有：1993 年成立的重庆长安铃木汽车有限公司；1993 年成立的三江雷诺公司；1994 年成立的西安西沃客车有限公司；1995 年成立的天津华利汽车有限公司；1995 年成立的东南（福建）汽车工业有限公司；1996 年成立的南京依维柯汽车有限公司；1997 年成立的亚星 – 奔驰汽车公司；1997 年成立的上海通用汽车有限公司；1998 年成立的广州本田汽车有限公司；1999 年成立的江苏悦达起亚汽车公司；2000 年成立的风神汽车有限公司；2000 年成立的天津丰田汽车有限公司。

从产品和技术角度来看，这一阶段合资企业生产的产品逐步向国外市场靠拢，引进的车型和技术平台已经是具有一定国际水平的、成熟的中级车型和技术平台。合资企业的技术研发部门不再局限于扮演工程技术中心的角色，而开始为适应中国市场需要进行一系列重要的适应性开发和局部改进。相比第一阶段而言，这一阶段的中方技术人员在消化吸收引进技术和项目开发过程中，锻炼和培养了一大批本地技术专家团队，了解和熟悉了汽车开发的流程和管理经验，初步形成独立的"产品定义—工程设计—工程验证—生产制造—后市场服务"的技术能力，逐步形成了属于合资企业自己的独特优势，并逐步具备了整合国内国际资源的能力。但总体来看，在研发方向、整车和平台设计、研发流程设计、基础数据库、开发软件、国产化认证、平台设计、核心部件设计等方面，外方仍然牢牢地掌握主导权，中方的贡献主要集中在与引进技术消化吸收和本土化密切相关的适应性开发方面，尚不具备独立的整车开发能力，合资企业的技术来源依然存在明显的对外依赖性。

（3）第三阶段：深化发展阶段（2002 年至今）

2002 年，中国加入 WTO 对推动汽车产业合资合作深入发展来说是具有里程碑意义的一年。中国加入 WTO 之后，中国政府根据对 WTO 的承诺，对汽车产业政策进行了调整，在 2004 年发布的《汽车产业发展政策》中，取消了外汇平衡、国产化比例和出口实绩要求等与 WTO 规则相悖的内容。开放初期，为了吸引外资，除中央政府出台的政策外，各地方政府对外资企业在用地、利润、税收等方面有针对性地出台了许多优惠政策。客观地说，外资在这一阶段享受的待遇大大超过国内其他企业，这也是合资企业得以快速发展的重要原因之一。对外方合作伙伴而言，如果说前期主要是通过转移成熟车型来抢占中国市场的话，那么自中国加入 WTO 后，跨国汽车巨头加大在中国的投资力度更多的是着眼于它们的全球战略，将中国作为它们全球战略的重要一环，进行全面合作、全方位进入、全系列生产，充分发掘中国市场的全球性价值。

2002 年以来，大众、通用、丰田、日产、福特、现代、本田等公司在中国均实行了积极的扩张计划，主要项目有：长安汽车与福特汽车公司、马自达汽车公司开展合资合作；一汽与丰田开展全面合作；华晨中国汽车控股有限公司与宝马集团合资组建华晨宝马汽车有限公司；北京汽车投资有限公司与韩国现代汽车公司合资组建北京现代汽车有限公司；北京汽车控股有限公司与原戴姆勒－克莱斯勒集团对北京吉普有限公司进行重组并扩大投资；东风汽车与日产汽车公司成立合资公司东风汽车有限公司；东风汽车与日本本田技研工业株式会社合资组建东风本田汽车有限公司；广州汽车集团股份有限公司和丰田汽车公司合资组建广汽丰田汽车有限公司；长安汽车和法国标致雪铁龙集团合资组建长安标致雪铁龙汽车有限公司；北汽福田和戴姆勒股份公司合资组建北京福田戴姆勒汽车有限公司。

在这一阶段的合资合作过程中，由于中国汽车市场的竞争日趋激烈，特别是内资民营汽车企业的发展，迫使跨国汽车公司不仅采取增加投资、建立生产厂和更多地设立营销网络三种合资合作的初等方式，同时也采取设立产品开发中心、转移企业区域总部等合资合作的高等方式。合资企业的创新能力建设开始真正由技术支持和适应性开发为主，向全球研发中心转变，研发投入力度加大，研发活动开始向纵深发展，同时开始逐步涉足底盘与动力总成、整车集成、平台设计、试验认证、电子系统开发等领域。受合资公司中方公司自身技术能力的限制，在产品发展方向上合资外方掌握着主动权和决策权，但伴随着中方技术水平的提升，中方在研发重点和方向上开始有了一定的话语权，特别是具备了一定的配套认证能力。

　　中国政府为了防止跨国公司对汽车产业的垄断，保护民族工业以及合资中方的利益，在汽车合资企业中实行股权比例限制，但是股权的限制并没有带来话语权的平等。这是因为，中国政府仅把注意力集中在了对合资汽车企业股权的控制上，却严重忽视了跨国公司对合资汽车企业的其他有效控制方式。在这种情况下，虽然跨国公司在股权比例上受到中国政府的严格限制，但是因为跨国公司在独占资源和谈判能力等方面占有优势，当合资汽车企业在谈判乃至在投产运营之后，跨国公司将会获得超过其股权比例的话语权，有时甚至会出现对合资汽车企业进行完全控制的状况。可见，相比于单纯的股权控制，跨国公司的这一策略更隐蔽，且对中国经济发展造成了严重的影响，一方面严重动摇了中国国有经济的主导地位和控制力，另一方面加强了跨国公司在中国汽车市场上的垄断地位。

　　目前，在中国境内的中外合资轿车生产企业中、中外双方一般各占50%股权。在中国汽车产业发展的不同历史阶段，合资企业起到了不同作用。在发展初期，各企业均采用了引进国外产品和成熟的先进技术在中国进行CKD（Completely Knock Down，全散装件）生产，带动了国内汽车制造技术水平的提高。之后，依据国家对引进产品国产化率的要求，合资企业加大了零部件产品本地采购的数量，带动了一批有实力的零部件企业的迅速成长。在近几年的发展中，合资企业率先引进和采用了国际先进的管理技术，提高了产品质量的可靠性，控制了生产成本，提高了企业自身产品的竞争力，促进了国内整体企业管理水平的提高。因此，合资企业成为中国汽车产业对外合作的重要舞台，为近年来成长起来的一批坚持自主创新的内资轿车生产企业的发展提供了一些技术和管理人才。

　　回顾合资汽车企业的发展历程，我们发现，在刚开始时合资汽车企业均是从国外引进成熟的产品和品牌，然而，随着时间的推移，汽车市场竞争程度进一步加剧，为了在市场竞争中占据一席之地，各企业在产品技术升级上不再单纯地引进成熟产品和品牌了，而是采取了多种方式并存的产品技术更新模式，包括完全引进、局部修改、本土化改进和自主研发，见表6-1所示。

表 6 - 1　合资汽车企业产品更新模式比较

更新模式	产品技术来源	典型企业	中方话语权
完全引进	重复引进合资外方母公司已经投产或者准备投产的产品	北京现代	无法介入产品的研发工作
局部修改	引进外方产品为主，但是允许在国内进行小范围的产品改进设计	上海大众一汽大众	参与的工作深度十分有限
本土化改进	以中方设计力量为主进行引进产品的本土化改进设计	上海通用	取决于外方的态度
自主研发	在合资企业中完全由中方自己研发设计的民族品牌	上汽通用五菱	拥有完全的话语权

完全引进、局部修改和本土化改进这三种产品技术更新模式的共同特点主要表现在以下三个方面。一是在根据中国法规和使用条件对国外先进生产技术进行适应性改进之后，再使用国外原品牌在国内生产和销售，从而逐渐提高汽车产品的国产化比例。实践证明，自引进以来，这些产品都在市场上有良好的表现。二是合资企业的中方在汽车产品更新和发展方向上缺少话语权，而合资企业的外方在此方面掌握主动权和决策权。三是合资外方牢牢地控制着核心关键技术，中方至今没有能够实现最初设想的"以市场换技术"的目标。

完全引进、局部修改、本土化改进这三种模式的不同之处主要在于引进产品技改方面中国工程师的工作参与程度。在完全引进模式中，一轮又一轮的引进是合资企业产品更新的唯一方式，产品落后了就再从合资外方引进一个，中国工程师至今还无法介入产品的更新工作，利用中国境内科技力量进行开发工作尚没有成为合资企业的工作内容。在局部修改模式中，中国工程师能够承担一部分的产品改进工作，改进后的产品也有较好的市场反响，但是中国工程师可以参与的工作深度还十分有限，核心研发工作仍依托合资企业外方的研发中心完成。在本土化改进模式中，中国工程师参与的程度要比局部改进模式大得多，所开发的产品在市场上也具有良好的表现，但是合资外方的态度决定了中国工程师的参与程度。

根据《中国汽车工业年鉴（2011）》的统计，2010 年中国汽车产业新签约成立的中外合资企业有 13 家，签订的合资项目有 9 项。纵观 2010 年中外企业的合资合作，整车领域围绕大企业集团进行整合，国家相关政策推动了中外整车合资企业进行新能源车的生产，地方政府与汽车企业日益紧密的利益关系促进了合资的顺利进行。零部件领域注重企业规模的扩大以及能力的提升，在环保方面的投入比例不断提高。汽车相关领域的合作建立了更广阔的合作空间，同时注重汽车领域的人才培养。表6-2报告了2010年度中外合资企业签约情况，表6-3报告了2010年度中外合作项目签约情况，表6-4报告了2010年度外商独资企业签约情况。

表6-2 2010年中外合资企业签约情况概览

签约时间	合资企业名称	合资企业简况
2010.3	广汽菲亚特汽车有限公司获批成立	由广汽与菲亚特集团在长沙经开区合资设立,投资总额为50.317亿元,注册资金为18亿元,双方各占50%,主要生产亚菲特品牌乘用车
2010.3	一汽四环与天纳克合资成立公司	一汽集团子公司一汽四环汽车股份有限公司与美国天纳克公司签署合资协议,在长春成立新合资公司,总投资2000万美元,其中一汽四环占49%股份,美国天纳克公司占41%股份,天纳克同泰(大连)公司占10%股份
2010.4	北汽与韩国企业合资生产电动车	北汽集团与韩国电动车生产商CT&T公司及SK能源公司三方建立合资公司,其中北汽集团占50%股份,另外两方各占25%股份
2010.6	比亚迪与法国的CGL公司签订合资合同	在深圳成立比亚迪汽车金融有限公司,双方各占50%股份
2010.7	中国长安和法国PSA集团签署合资协议	协议内容包括中国研发、生产和销售轻型商用车,乘用车和新能源汽车
2010.7	北汽福田与戴姆勒汽车签署合资协议	双方各出资50%成立北京福田戴姆勒汽车有限公司,合资项目为中重型载货车及发动机项目,合资产品采用"福田欧曼"商标
2010.8	达尼特材料科技(芜湖)有限公司成立	奇瑞汽车旗下的芜湖奇瑞科技有限公司与台湾明基友达集团旗下的明基材料股份有限公司签署合资协议,各占50%股份
2010.9	江淮汽车集团与美国万国卡车公司及美国卡特彼勒公司签署"中重卡合资项目"协议	成立中重型载货车合资公司,投资总额为20亿元,注册资金为8亿元,持股比例分别为50%
2010.11	广汽集团和三菱汽车签署合资协议	双方按各50%股比组建新的合资公司

表 6 - 3　2010 年中外合作项目签约情况概览

签约时间	合作项目名称	合作项目简况
2010.1	比利时威伯科汽车控制系统公司与奇瑞汽车股份有限公司合作	双方签署产品开发和长期供货协议
2010.3	一汽集团进出口公司与中非发展基金签订一汽非洲项目合作协议	双方共同在非洲建设大规模本地化生产基地，并进一步完善销售及服务网络
2010.3	捷豹路虎汽车贸易（上海）有限公司与深圳发展银行签署合作协议	双方在汽车金融业务展开合作，包括国际贸易融资、流动资金贷款、汽车经销商网络融资等领域
2010.5	大众汽车与大连理工大学签署合作协议	培养扎根本土具有国际视野的汽车行业人才，在大连理工大学设立"大众汽车奖学金"
2010.6	法国佛吉亚集团参股长春旭阳工业股份有限公司	现金认购股份之后，佛吉亚集团成为旭阳集团的第三大股东
2010.7	江苏常隆及上海雷博与意大利 Rama 公司签署合作协议	三方共同为欧洲市场开发电动公交车
2010.9	采埃孚与北奔重卡开展合作	在未来两年内，北奔重卡计划将新一代重型载货车引入中国市场，采埃孚则准备在中国生产整套后桥悬架系统，以满足中国市场的需求
2010.11	奇瑞汽车与中外 4 家企业合作推进电动汽车的商业化进程	5 家公司共同推进奇瑞电动车的商业化进程
2010.12	中大集团与马来西亚史格米集团合作	双方就中大集团多个系列的大中型豪华客车、新能源电动车以及单轨电车项目达成合作意向

表 6 - 4　2010 年外商独资企业签约情况概览

签约时间	企业（或者项目）名称	简况
2010.2	雷诺（北京）汽车有限公司成立	意味着雷诺业务将从日产中国独立出来，雷诺中国追随沃尔沃、路虎等品牌，取消区域总代理制，将独立开拓新的经销商
2010.3	SGS 通标公司在上海建立汽车零部件实验室	为国内外整车和零部件生产企业提供第三方汽车材料及环境类测试服务
2010.3	美国伊顿公司在济宁新建发动机气门工厂	为中国汽车厂商组装发动机气门和气门驱动机构
2010.4	阿文美驰在南京投资新建技术中心和生产基地	投资 1600 万美元，扩大在中国的经营规模，新厂房占地 3.2 万平方米
2010.5	贝洱（济南）热系统有限公司成立	主要生产用于载货车用空调机发动机冷却系统
2010.8	瑞典 SKF 公司建立轴承生产厂	主要服务于可再生能源、金属加工、工程车辆、电机以及工业传输等行业的客户

三 中国汽车产业合资合作成就

作为后发国家,合资合作在中国汽车产业发展中发挥了重要的作用。一是合资合作对中国汽车产业扩大规模、形成体系产生了重大影响。在中国汽车产业开展合资合作之后,伴随着汽车市场规模的迅速扩大,汽车产业作为国民经济重要支柱产业的地位不断加强。从工业总产值看,1990~2010 年,汽车工业总产值从 492.6 亿元迅速增加到 33155.2 亿元,增加了 66 倍有余,占全国工业总产值的比重也从 2.1% 增长至 4.3%。从工业增加值看,1990~2011 年,汽车工业增加值从 120.5 亿元迅速增加到 7451.7 亿元,增加了 60 倍有余,占全国 GDP 的比重也从 0.65% 增长至 1.60%。1997~2012 年,中国汽车年产量占全球汽车年产量的比重从不足 3% 迅速增长到 22.90%。同期内,全球汽车年产量共增加 3102.42 万辆,而中国汽车年产量增加对全球汽车增量的贡献达到 57.02%。

从市场结构来看,在开展合资合作之前,中国轿车主要依赖进口,而国内生产受制于行政指令,只有"红旗"牌和"上海"牌轿车。开展合资合作之后,轿车市场的竞争更充分,产业集中度呈现下降趋势。1994 年前 3 位轿车企业的市场占有率达到 77.55%,2007 年前 3 位轿车企业的市场占有率仅为 29.03%。与之相对照,商用车领域的合资合作项目明显少于乘用车,市场集中度明显高于乘用车。通过对比,一方面,竞争提高了生产效率和技术改进速度,另一方面,大量与不同国家的乘用车的合资项目造成了产业体系分割、集中度下降,导致了体系整合的低效率。因为各合资合作整车企业在零部件采购方面仍相对比较封闭,国内零部件企业相对分散、市场结构有待优化的问题持续至今。此外,由于合资合作乘用车企业在零部件采购方面通常更照顾本体系的零部件企业,而国内零部件企业很难进入其采购体系,最终导致国内零部件企业在乘用车关键零部件的市场中占有率明显偏低。

二是合资合作对中国汽车产业技术进步和自主品牌产生了重大影响。开展合资合作之后,合资企业研发投入不断增加。2009 年达到 115.12 亿元,相当于 2001 年研发投入总额的 5.3 倍,占 2009 年全行业研发投入的 1/4。20 余年来,伴随众多汽车合资企业发展,到目前为止几乎所有跨国企业都在中国设有研发机构，这些机构有些设在合资企业内部（如上海大众研发中心，广州本田研发中心，神龙汽车技术中心），有些则以合资（如上海泛亚）或者独资（如丰田汽车在中国设立的技术中心或研发中心）方式独立设立。合资汽车企业及其研发机构对中国汽车企业发展有明显的技术溢出贡献。合资企业管理理念和产品开发推动了国内汽车企业技术进步。随着人才和知识的合理流动，许多合资企业的高级管理人员和高级研发人员回归国内汽车集团技术中心，或担任要职或负责自主品牌产品开发。跨国汽车公司的研发对推动中国汽车发展成绩显著，主要表现在：中国缩短了技术上与国际先进水平的差距，初步掌握了轿车制造技术，建成了大批优秀零部件企业，提升了中国汽车研发链条的整体水平，为中国汽车自主品牌发展奠定了产业链基础。不过，合资合作也造成了合资企业严重地依赖外方母公司的技术，并间接导致中方企业创新动力严重缺失。

开展合资合作之后，自主品牌的市场占有率并没有随之出现明显下降，这和普遍的认识有所不同。在乘用车领域，1980 年全国共生产轿车 5418 辆，不足部分只能依赖进口，当年进口轿车 19570 辆，自主品牌市场占有率仅为21.68%。1981～1990 年，中国共进口轿车 351042 辆（含 CKD 散装件），相当于同期国内轿车产量 165910 辆的 2.1 倍，同时国内生产轿车的主体依然是外资品牌，自主品牌市场占有率甚至不足 20%。与之相比，2010 年自主品牌轿车市场占有率达到 30.89%。但在品牌溢价方面，自主品牌与外资品牌的差距还比较明显，由于中国汽车自主品牌的品牌建设还处于初期阶段，在技术和性能水平等基本接近的情况下，外资品牌比自主品牌普遍有 20% 甚至更高的品牌溢价。比较乘用车领域自主品牌发展和商用车领域自主品牌发展可以发现，乘用车特别是轿车领域的自主品牌市场占有率明显低于商用车领域。在商用车领域，中国自主品牌商用车得益于 50 余年的经验和技术积累，加之产品贴近市场、适应国情、有较高的性能价格比，市场占有率多年来一直保持在90% 以上。

三是合资合作对中国汽车产业国际竞争力和消费者福利产生了重大影响。有国际竞争力的整车产品出口是中国汽车产业发展追求的主要目标之一，也是中国汽车产业国际竞争力提高的主要体现。只有在全球市场上占据一定的出口份额，才意味着中国不仅是最大的汽车消费国，同时也是具备较强国际竞争力的汽车产业强国。自中国加入 WTO 以来，中国汽车产品出口开始出现快速增长，整车出口数量和金额均有明显提高。2012 年，中国汽车出口量突破 100 万辆，是中国汽车产业发展的一个标志性年份。但和中国汽车总产销 2000 万辆的规模相比，中国汽车出口只占国内产销量不到 5%，这一比例不但远远落后于德国（75% 的产量用于出口）、日本（50% 的产量用于出口），甚至落后于巴西、印度等新兴汽车产业国家。从国际化视角来看，中国汽车的出口额只占全球汽车贸易金融的 2%，而且主要是出口到低端市场，这说明，中国汽车产业"走出去"依旧任重道远。从出口企业的构成来看，民营企业占据主要份额。合资企业受合资协议的约束，对产品出口有严格的限制，对中国整车出口贡献不大。

合资合作事实上是一种对外开放，在中国汽车产业中合资合作更好地引入了竞争，而竞争通常都能够有效改善消费者福利。自中国汽车产业开展合资合作以来，汽车产品选择越来越丰富，产品质量越来越可靠，产品价格越来越贴近日常生活，售后服务体系也越来越完善，都极大地改善了消费者福利。1978~2012 年，中国轿车年产量增长了 4100 余倍。在产量增长的同时，消费者在购买轿车时也拥有了更多选择，几乎能够接触到全球主要汽车品牌的所有车型而不是仅有富康、夏利、捷达、桑塔纳等少数车型，消费者的选择权利得到了极大扩展。而且，汽车价格越来越贴近日常生活，在竞争加剧、规模经济、本地化生产和营销等多种因素的共同作用下，近年来汽车价格基本呈现明显的下降趋势。20 世纪 90 年代，捷达等基本款轿车都需要十几万元，而如今则只需几万元，一些基本款轿车的价格甚至已经低于 3 万元。此外，汽车售后服务体系更完善，在政策环境、制度建设、服务理念、网点建设、人员素质等方面都让消费者拥有了更好的体验。

四 中国汽车产业合资合作存在的问题

政府推动合资的本意是为了促进产业发展，使在中国汽车产业中的一批有希望和有实力的企业能紧跟世界汽车技术发展的前沿，逐步缩小与国外先进技术之间的差距，因此合资企业必须在市场引导下走"以我为主、不断提高自主创新能力"的道路。但是，目前大部分的合资企业无法实现这一目标，总体来说，中国汽车合资企业存在以下问题。

（1）重复引资过多，忽视消化吸收再创新能力

当前普遍存在的问题是，企业在引进外资的过程中低水平的重复引进现状非常严重，经常倾向于对国外先进生产线和硬件设备的进口，这虽然在一定程度上提高了中国的加工工艺水平，但是由于这种低水平的重复引进，导致了这些技术在各地区和各厂商之间的扩散非常困难。中国汽车产业中如一汽、上汽等有实力的汽车公司，这几年引进的技术水平偏低，数量不少，耗资较大，但是自主创新能力却没有得到相应提高，这说明，这些公司的消化、吸收、再创新能力较差。尽管一些大型的汽车企业虽然设立了自己的研发机构，但是研发人员和研发经费投入严重不足。

（2）在追求国产化率过程中忽视了汽车核心技术的研发

1994年出台的汽车产业政策，明确提出了汽车企业在引进产品制造技术之后，必须进行产品的国产化工作。虽然国产化进程是中国汽车企业进入独立开发和生产阶段的必由之路，但这只是手段，而不是目的。事实上，中国汽车产业在追求国产化率的过程中却忽视了汽车核心技术的研发，这是因为要完成国产化率工作就必须抽调一定的技术力量，在技术力量一定的条件下，这就导致在自主技术研发方面缺少了相应的技术力量，从而使中国汽车企业不断地陷入"引进—国产化—再引进—再国产化"的怪圈中。还有一个重要的原因是，虽然合资外方支持合资中方的国产化率，但是合资外方所支持的仅是技术含量较低的零部件的国产化，而对技术含量高和利润率高的产品是阻碍合资中方进行国产化的，因此，这在很大程度上影响了中国汽车产业的技术升级。

（3）研发人才缺少锻炼和施展能力的平台

观察中国汽车行业研发人员的培养现状不妨从两个方面来看。一方面，合资品牌企业的研发人才缺少研发平台，多年来的合资并没有带来我们所期望的先进技术。另一方面，在合资过程中不少企业放弃了原来的研发平台，研发人才存在被边缘化的境遇。因为在合资企业中外方有成熟的产品，中方的研发人员主要是做一些消化、审核图纸方面的工作，无须进行更多的研

发，甚至在有些合资企业中连一个螺丝中方也无须改动。长此以往，原有的研发人才不是丧失了研发能力，被迫转行，就是出走其他行业，研发力量受到削弱。

（4）企业合资合作的主观意识和目标不够明确

目前，国内汽车产业的合资合作，大多数依靠的是政府的引导和推动，部分企业的主观意识在合资中不能充分显现，而国外企业的合资多是由一家企业的战略需求决定的，并非基于政府推动。纵观国内汽车企业合资合作现状，存在的不足之一是有些汽车企业合资目标不够明确。汽车企业间合资首先是双方在市场战略层面具备很强的互补性，并且规划双方将来的发展前景，真正实现双赢。其次是汽车企业合资要深度整合，真正地进行研发、生产、销售等渠道的整合，从而达到形成规模、降低成本的合资目标。

（5）外资控制领域延伸导致中国汽车工业存在的产业不安全因素不容忽视

近年来，外资汽车企业在华业务不仅涉及汽车生产、汽车研发和汽车营销等领域，还将其业务触及到了汽车金融、汽车信贷以及汽车租赁等领域。随着外资汽车企业在华业务不断进入汽车产业链的高利润领域，中国汽车工业存在的产业不安全因素越来越多，学者们也慢慢开始关注汽车产业安全以及国家经济安全问题。

五 跨国汽车公司对华战略分析

总体而言，跨国汽车公司与中国合资策略可以概括为"以落后技术换市场"策略和"先进核心技术严密封锁"策略。

（1）"以落后技术换市场"策略

一般来说，随着 R&D 项目重要性的增加，跨国公司倾向于选择 R&D 合作开发。但是，当这种 R&D 项目的重要性超过某一临界点时，随着 R&D 项目重要性的增加，跨国公司倾向于在内部独立开发，以避免受到别人的控制或导致技术溢出。如图 6-1 所示，纵轴表示 R&D 合作的可能性，横轴表示 R&D 项目的重要性，图形为倒"U"形曲线。也就是说，对跨国公司既定的发展战略而言，其国际 R&D 合作的项目具有相对战略重要性，但又不涉及关系公司生死存亡的核心技术。而 R&D 技术的重要性又取决于东道国的技术发展水平，东道国的技术发展水平越高，跨国公司也就越有可能将先进的技术引入；反之则相反，即跨国公司只要引入比东道国先进的技术就可以取得市场，而无须用自己的先进技术来换市场。

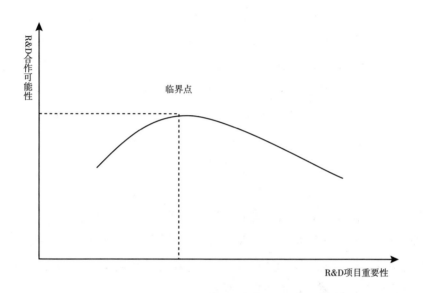

图 6 - 1　跨国公司 R&D 的合作意愿与项目重要性的倒 "U" 形曲线

　　目前，中国汽车产业整体自主研发能力薄弱，尤其体现在技术要求相对较高的轿车行业和关键核心零部件方面。由于缺乏自主开发能力，而国外厂商又不愿意转让先进技术，按照 "以市场换技术" 的发展思路，中方在技术上永远只是一个追随者。跨国企业的进入推动了中国汽车工业整体技术水平的提高，但是从目前各跨国企业的表现来看，他们更希望中国成为世界汽车组装工厂，而不是成为强大的制造中心。目前，外商独资企业平均拥有的技术人员数量大体与全行业平均水平相当，但是直接从事科研开发人员的数量和人均科研经费的投入却大大低于其他企业。这足以表明外商对华战略的思路，即针对中国 "以市场换技术" 的自主创新捷径，跨国公司同样也走了一条 "以落后技术换市场" 的市场进入捷径，而且走得非常成功。这一战略对中国汽车工业自主创新的影响表现在以下两个方面：一是影响合资企业产品技术升级和更新换代所采取的技术路线，二是合资企业和独资企业的自主技术发展受到很大限制。

（2）"先进核心技术严密封锁"策略

在生产经营合作中，跨国汽车公司投入的技术通常体现在产品和设备中，而非技术开发能力上，外方向中方转让的技术只是转让产品设计图纸、工艺资料和企业标准等的特许使用权，而核心知识产权的所有权还是属于外方，中方缺乏产品设计的确认权，因而无权限对产品做任何改动，于是中方成为外方公司的代加工者。另外，对汽车产品的设计开发技术，外方则控制得更严密，设置了种种障碍来防止技术扩散，如通过核心专业人员母国化，与当地技术人员构建保密契约，限制核心制造输出，以防止核心技术的泄露。事实上，在跨国公司向合资企业转让技术时，往往会采取以下两种伎俩。一是保留核心和关键技术，仅将非核心非关键的普通技术转让给合资企业，这样合资企业当然无法构建自己比较独立完整的技术体系。二是虽然转移了部分的核心和关键技术，但是对这些核心关键技术进行模糊化处理，使合资企业的技术使用者无法熟悉和掌握这些关键技术的设计原理以及关键参数的设置等，仅能了解这些核心关键技术的输出功能。同时，外方还会通过专利壁垒进行法律保护。此外，跨国公司常常采用技术合作成果的垄断购买，阻止中方合作者对知识产权的分享。

外方之所以采取这样的方针和措施，一方面，因为它们在中国投资办厂的目的是抢占市场和攫取利润，而绝不希望汽车技术在中国发展壮大以致树立一个强大的竞争对手；另一方面，合作方的吸收程度不足也是中国"以市场换技术"战略绩效不佳的主要原因。中方企业在"以市场换技术"的大伞下，安于成为外方的制造车间，甚至在自身是否需要自主研发技术、是否需要自主知识产权、是否需要自主汽车品牌等问题上争论不休、徘徊不前。

但是，从近年来跨国公司在中国的合资合作情况来看，跨国公司对华合作战略发生了一系列的变化，主要表现在以下几个方面。

第一，独资发展倾向。在汽车整车生产领域，由于受到国家政策的限制，新建整车企业保持了中外各占一定股比，但是在零部件领域，外方要增强股权控制甚至独资生产的趋势有愈演愈烈的倾向。究其原因，可能是为了便于自我管理、知识产权保护和决策，但是也不排除跨国企业试图通过加强中国汽车零部件供应链的控制保持其垄断地位，通过对关键核心技术的控制来阻挡中国自主开发产品竞争力提高的步伐。根据中国商务部研究院产业投资趋势调研课题组的调查统计，今后几年有 82% 的跨国公司将继续扩大对华投资，不论是生产、销售还是技术开发的投资规模都将逐步增加。

第二，研发本土化倾向。商务部的调查结果显示，跨国汽车公司在华技术战略上也出现了一些新的变化，已经由被动的硬性技术转让转变为自觉的技术投入，由单纯的技术转让向研究开发、生产经营和服务贸易并举转变。导致这些转变的原因，有中国政府政策导向的因素，更是跨国企业为取得在中国市场竞争优势而采取的必要措施，但是这一结果并不代表跨国企业对核心技术控制力度的改变。即使在合资企业，外方仍然利用其技术优势作为掌握企业发展方向控制权的筹码，使中方投资者受到很大的压力。

已经在中国建立生产基地的合资企业，近年来迫于国内舆论、公众的压力以及国家政策的要求，纷纷建立了自己的研发机构，加大了对已在华生产产品的研发投入力度，并将一些新产品的改进和研发工作交由这些机构承担，如通用汽车公司与上汽集团合资建立的泛亚汽车技术中心等，跨国公司在中国建立研发中心进行联合技术开发已是大势所趋。但是，在绝大多数情况下，跨国公司在海外进行的研发活动只是对其国内的研发活动做一个补充，其基础研究仍在本国进行。且跨国公司在海外进行研发活动的主要目的是，借助发展中国家和地区低廉的人力和科技资源降低其研发成本，从而保障其技术方面的垄断优势，而不是像他们所鼓吹的那样是为了帮助发展中国家和地区提高自主创新能力。除此之外，在"以市场换技术"的政策下，跨国公司不会主动向合资企业转让先进技术，反而会在技术设计等关键环节设置诸多障碍阻碍发展中国家和地区获取核心关键技术，这样做的主要目的在于保护自己在核心技术上的垄断优势，避免发展中国家和地区与其展开竞争。

第三，跨国公司之间联合倾向。引进跨国公司之初，不少人认为跨国公司之间的竞争必然会加剧技术供给方面的竞争，从而会形成"东方不亮西方亮"的局面，迫使跨国公司向国内转移技术、增加研发投入。但是，跨国企业之间在展开激烈竞争的同时，也出现了某些领域从竞争走向"竞合"，通过一些项目上的合作或者联盟，实现优势互补、联手出击。

总而言之，跨国汽车公司在华战略的新变化主要体现在两个方面。一是从原来相对独立的"中国战略"转变为与其"全球战略"的相互融合。二是从原来中外双方相对平等的"合作型"战略逐步转向谋求单方面主导的"控制型"战略。跨国公司对华战略出现这一系列变化的根本原因还是在于资本的逐利性,追逐最大利润的跨国公司又岂会将其最核心的竞争优势——技术轻易拿来与人交换?可以说,跨国公司对华战略的转变还是其"以落后技术换市场"策略和"先进核心技术严密封锁"策略的延续。

六 "以市场换技术"战略的反思

中国汽车工业自 20 世纪 90 年代初全面实施"以市场换技术"的开放战略以来,在引进 FDI 方面取得了不小成绩,但是"以市场换技术"战略在让出了巨大的国内市场的同时,并没有换来与之对等的技术,反而与自主创新之路越行越远。中国在汽车工业领域实施"以市场换技术"战略的主要目的在于借助中国国内汽车市场的对外开放,通过充分吸收和利用 FDI 技术外溢效应获取国外先进技术,最终提高自身的自主研发能力,从而促进中国汽车工业的产业升级。实际上,FDI 的大量流入对中国汽车工业规模和产能的扩张起到了一定的推动作用,但是与此同时也导致了中国汽车产业持续发展受制于人的局面的出现。出现这一局面的根本原因在于合作双方目标的差异。国外跨国汽车公司在中国的投资战略目标是最充分地利用其技术和品牌等独占性生产要素,在庞大的中国市场上获取最大利益。跨国公司与中方合作中,双方在技术层面明显存在合作目标的不一致,中方的合作目标是为了实现技术引进、技术累积和利用技术外溢效应,进而提升自身研发创新能力,而跨国公司则以逐利为主导,极力保持核心技术的垄断优势。

改革开放以来,我们尽管引进了大量技术先进的组装生产线,推出了大量新产品,然而我们的技术能力尤其是核心技术能力却没有实现同步提升。迄今为止,大部分合资企业在技术引进、消化和吸收方面只能实现部分零部件的国产化,对跨国公司的核心技术和关键产品的依赖依然严重。多年来在"以市场换技术"思路下引进外资的做法,尽管使我们也获得了不少未知技术,但是这些技术大多是二流的,甚至是陈旧过时的,而真正的一流技术,中国市场无论怎样开放都是无法获得的,更重要的是引进的技术存在严重的不可持续性。

事实反复证明，缺乏核心竞争力的产业和国家很难在全球化过程中分享全球化带来的成果。当前，国际贸易规则主要由发达国家主导，在这种情况下，发展中国家和地区的企业生产和发展将举步维艰。从表面上来看，中国汽车产业取得了较大发展，在世界汽车市场上的市场份额不断提高，但实际上中国汽车产业所得利润是极少的，可以说，中国是汽车产业的"世界工厂"，中国汽车产业仍旧处在全球价值链的低端，这不仅消耗了中国大量的宝贵资源，也对中国的生态环境造成了极其巨大的压力。

第二节　FDI 对中国整体汽车产业的影响：溢出效应抑或挤出效应

本节从产业层面研究 FDI 对中国整体汽车产业发展的影响，实证检验 FDI 对中国整体汽车产业是具有溢出效应还是挤出效应。

一　中国汽车产业 FDI 的估算

要想实证检验 FDI 对中国整体汽车产业技术溢出效应，首先需要中国汽车产业的 FDI 数据，然而，当前的《中国汽车工业年鉴》《中国统计年鉴》等公开出版的年鉴以及诸如商务部、中国汽车工业协会等一些专业网站都没有给出中国汽车产业引进外国直接投资的相关数据。因此，需要首先对中国汽车产业的 FDI 数据进行估算。

在《中国统计年鉴》中我们能找到全国实际使用外商直接投资的数据，而在《中国汽车工业年鉴》中我们能找到汽车工业增加值的数据，这为本研究估算中国汽车产业 FDI 投资额提供了数据基础。表 6 - 5 给出了 1994 ~ 2010 年中国汽车产业 FDI 投资额数据，其计算过程如下：首先，本研究假定全国 FDI 在行业之间的分布是以行业增加值在 GDP 中的占比为基础的，我们容易测算出汽车工业增加值占全国 GDP 的比重，见表 6 - 5 的第四列；其次，本研究将以美元计算的全国实际使用 FDI 数据按照当年年均人民币汇率折算成人民币，见表 6 - 5 的倒数第二列；最后，将全国实际使用 FDI

（亿元）乘以汽车工业增加值在全国 GDP 中的占比就可以估算出中国汽车产业 FDI 投资额。

表 6 – 5 1994 ~ 2010 年中国汽车产业 FDI 投资额的估算

年份	汽车工业增加值（亿元）	全国 GDP（亿元）	汽车工业增加值/全国 GDP(%)	全国实际使用 FDI 额（亿美元）	年均人民币汇率	全国实际使用 FDI 额（亿元）	汽车产业 FDI 额（亿元）
1994	515.5	46759.4	1.10	337.67	8.6187	2910.2764	32.0130
1995	540.7	58478.1	0.92	375.21	8.3510	3133.3787	28.8271
1996	576.2	67884.6	0.85	417.26	8.3142	3469.1831	29.4881
1997	594.1	74462.4	0.80	452.57	8.2898	3751.7148	30.0137
1998	661.3	78345.2	0.84	454.63	8.2791	3763.9272	31.6170
1999	748.9	82067.5	0.91	403.19	8.2783	3337.7278	30.3733
2000	864.0	89468.1	0.97	407.15	8.2784	3370.5506	32.6943
2001	1055.6	97314.8	1.08	468.78	8.2770	3880.0921	41.9050
2002	1518.8	105172.3	1.44	527.43	8.2770	4365.5381	62.8638
2003	2153.4	117390.2	1.83	535.05	8.2770	4428.6089	81.0435
2004	2187.8	136875.9	1.60	606.30	8.2768	5018.2238	80.2916
2005	2209.9	183867.9	1.20	603.25	8.1917	4941.6430	59.2997
2006	3362.7	209406.8	1.61	630.21	7.9718	5023.9081	80.8849
2007	4141.4	249529.9	1.66	747.68	7.6040	5685.3587	94.3770
2008	4104.1	300670.0	1.36	923.95	6.9451	6416.9251	87.2702
2009	5378.7	340507.0	1.58	900.33	6.8310	6150.1542	97.1724
2010	6759.7	397983.0	1.70	1057.35	6.7695	7157.7308	121.6810

图 6 – 2 报告了 1994 ~ 2010 年中国汽车产业的 FDI 投资情况，可见在考察期内中国汽车产业 FDI 呈现增长趋势，FDI 投资额从 1994 年的 32 亿元增长到 2010 年的 122 亿元，增长了近 4 倍。不少研究发现，汽车行业 FDI 的大规模进入促进了中国汽车产业的快速发展，中国汽车产业在产销量、企业规模、进入壁垒、技术水平以及市场集中度等方面发生了显著变化（赵增耀和王喜，2007），然而，中国汽车工业 FDI 对中国整体汽车产业的溢出效应有待进一步验证。

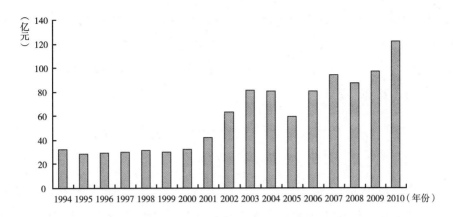

图 6 - 2　中国汽车产业 FDI 投资情况

二　模型构建

本节通过模型构建主要解决以下两个问题：一是汽车工业 FDI 的大量引入是否对中国整体汽车产业产生了技术溢出效应；二是考察 R&D 吸收能力对 FDI 技术溢出效应的影响。

借鉴 Caves（1974）、Globerman（1979）、Blomstrom & Persson（1983）、赵增耀和王喜（2007）的建模方法，本研究构造了如下模型来测度 FDI 对中国整体汽车产业发展的影响：

$$\ln LP = \alpha + \beta\ln(K/L) + \gamma\ln FDI + \varepsilon \tag{6.1}$$

其中，LP 表示中国汽车产业的人均劳动生产率，是中国汽车产业工业增加值与其员工数的比值；FDI 是中国汽车产业外商直接投资额，表示 FDI 对中国汽车产业发展的溢出效应；K/L 表示中国汽车产业人均资本，是汽车产业固定资产净值与其员工数之比，反映了资本密集程度对汽车产业劳动生产率的影响。则上式中，γ 表示 FDI 的溢出效应，此处，只需判断 γ 的符号即可知 FDI 是否对中国整体汽车产业具有技术溢出效应，若其符号显著为正，则意味着 FDI 对中国整体汽车产业具有技术溢出效应，否则意味着不存在溢出效应。

在第五章中，本研究讨论了 R&D 对汽车产业技术进步的两面性影响，发现 R&D 创新能力对中国汽车产业生产率增长有显著的促进作用，但是 R&D 的吸收能力较低，导致 R&D 与国外技术引进的交互项对中国汽车产业生产率增长有显著负影响。为了进一步考察 R&D 吸收能力对 FDI 技术溢出效应的影响，本研究构建了如下模型：

$$\ln LP = \alpha + \beta \ln(K/L) + \gamma \ln RD \cdot \ln FDI + \varepsilon \tag{6.2}$$

$$\ln LP = \alpha + \beta \ln(K/L) + \gamma \ln HC \cdot \ln FDI + \varepsilon \tag{6.3}$$

其中，R&D 吸收能力用两个指标表示，（6.2）式采用研发强度指标（RD）来衡量，即 R&D 支出占汽车产业营业收入比例，（6.3）式采用汽车产业工程技术人员占汽车产业职工人数比例（HC）来衡量。此处只需判断 γ 的符号即可知 R&D 吸收能力对 FDI 技术溢出效应的影响，若其符号显著为正，则意味着 R&D 吸收能力对 FDI 技术溢出产生了显著正影响。

三 数据处理

表 6 - 6 和表 6 - 7 报告了 1994 ~ 2010 年中国汽车产业人均劳动生产率（LP）、人均资本（K/L）、研发强度（RD）、汽车产业工程技术人员占汽车产业职工人数比例（HC）的情况。1994 ~ 2010 年中国汽车工业劳动生产率增长迅速，从 1994 年的 26312 元/人增长到了 2010 年的 316725 元/人。从人均资本来看，在考察期内中国汽车工业资本密集度呈现显著上升趋势，从 1994 年的 23381.84 元/人增长到了 2010 年的 195275.38 元/人。在考察期内，研发强度指标基本上在 1.5% ~ 2% 区间内徘徊，而工程技术人员占汽车工业职工人数的比例在考察期内呈现缓慢的增长趋势，从 1994 年的 8.5% 上升至 2010 年的 14.1%。各变量的描述统计量见表 6 - 8 所示。

为了消除价格因素的影响，相应价值指标均利用对应的价格指数调整为以 1991 年为基期的不变价指数值，其中，汽车产业工业增加值指标按照 1991 年为基期的工业品出厂价格指数进行了价格平减，汽车产业固定资产净值指标、汽车产业 FDI 指标均按照 1991 年为基期的固定资产投资价格指数进行了价格平减。

表 6 - 6　汽车产业人均劳动生产率、人均资本的核算（1994 ~ 2010 年）

年份	工业增加值（亿元）	职工人数（人）	固定资产净值（亿元）	人均劳动生产率（元/人）	人均资本（元/人）
1994	515.5	1959124	458.0792	26313	23381.84
1995	540.7	1971947	645.4347	27420	32730.83
1996	576.2	1943029	919.3834	29655	47317.02
1997	594.1	1991581	1230.3260	29831	61776.35
1998	661.3	1967329	1418.7840	33614	72117.27
1999	748.9	1641480	1556.0300	45623	94794.33
2000	864.0	1610883	1723.854	53635	107012.99
2001	1055.6	1523916	1781.912	69269	116929.80
2002	1518.8	1576465	1899.700	96342	120503.79
2003	2153.4	1603411	2010.879	134301	125412.57
2004	2187.8	1677066	2193.144	130454	130772.67
2005	2209.9	1654775	2446.491	133547	147844.33
2006	3362.7	1815175	3042.835	185255	167633.15
2007	4141.4	1977394	3525.770	210166	178303.87
2008	4104.1	1961281	3712.461	209437	189287.56
2009	5378.7	2101565	4191.436	255938	199443.56
2010	6759.7	2134256	4167.677	316724	195275.40

表 6 - 7　汽车产业 FDI、R&D 吸收能力指标的核算（1994 ~ 2010 年）

年份	FDI(亿元)	研发强度（%）	工程技术人员/职工人数（%）
1994	32.0130	1.59	8.5
1995	28.8271	1.66	8.5
1996	29.4881	1.54	8.6
1997	30.0137	1.38	8.6
1998	31.6170	1.39	8.6
1999	30.3733	1.84	9.4
2000	32.6943	1.90	9.2
2001	41.9050	1.38	10.4
2002	62.8638	1.45	10.7
2003	81.0435	1.32	10.8
2004	80.2916	1.42	11.8
2005	59.2997	1.66	11.6
2006	80.8849	1.77	11.9
2007	94.3770	1.80	12.0
2008	87.2702	2.07	12.1
2009	97.1724	1.93	12.3
2010	121.6810	1.62	14.1

表 6 - 8　描述统计量

变量	观测值	极小值	极大值	均值	标准差
LP	17	26312.00	316725.00	116902.88	90844.98
K/L	17	23381.84	199443.56	118266.90	57034.25
FDI	17	28.83	121.68	60.11	30.37
RD	17	1.32	2.07	1.63	0.23
HC	17	8.50	14.10	10.54	1.73

四　实证分析

首先观察 FDI 与汽车产业劳动生产率 LP 之间的关系，图 6 - 3 展示了汽车产业 FDI 与汽车产业劳动生产率之间的关系，从中我们可以比较直观地发现，随着中国汽车产业 FDI 投资的增加，汽车产业劳动生产率 LP 呈现一定程度的上升趋势。

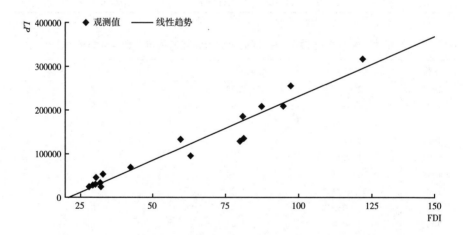

图 6 - 3　中国汽车产业 FDI 与其劳动生产率的关系（1994 ~ 2010 年）

进一步考察 FDI 与汽车产业劳动生产率 LP 之间的相关性发现，中国汽车产业 FDI 投资与汽车产业劳动生产率 LP 之间存在显著正相关关系，两者之间的 Pearson 相关系数为 0.972，Spearman 相关系数为 0.951，且均在 1% 的水平下显著，见表 6 - 9 所示。

表 6 – 9　*LP* 与 **FDI 的相关性检验**

	系数	显著性水平
Pearson 相关	0.972	0.000 ***
Spearman 相关	0.951	0.000 ***

注：*** 表示在1%的水平下显著。

那么，中国汽车产业 FDI 投资究竟对中国汽车产业劳动生产率产生怎样的影响？下面本研究对此展开进一步分析。

对 (6.1) 式进行 OLS 回归得到表 6 – 10 的估计结果，其中可决系数 R^2 为 0.993，D – W 值为 1.831，这意味着该次回归结果是可信的。从估计结果可知，汽车产业人均资本的产出弹性为 1.251，且在 1% 的水平下显著，这意味着资本投资对中国汽车产业劳动生产率的提高具有重大意义。FDI 的产出弹性为 0.782，且在 1% 的水平下显著，这意味着汽车产业 FDI 投资对中国整体汽车产业具有显著的溢出效应。这与类似的研究结论是一致的，柯广林和华阳（2006）研究发现，FDI 对中国汽车产业确实存在技术溢出效应；赵增耀和王喜（2007）采用 1998~2005 年的时间序列数据研究发现 FDI 对中国民营汽车企业存在显著为正的溢出效应；赵果庆（2010）基于 2004~2005 年面板数据从 FDI 企业角度检验了汽车产业 FDI 的溢出效应，发现中国汽车产业 FDI 具有正的溢出效应；王天骄（2011）在构建中国汽车产业发展指数基础上，研究了 FDI 对中国汽车产业的技术溢出效应，发现 FDI 对中国整体汽车产业具有溢出效应。

表 6 – 10　中国整体汽车产业 FDI 溢出效应的估计结果

变量	估计的参数	系数	标准差	t 统计值
常数项	α	– 6.395	3.743	– 1.708
$\ln(K/L)$	β	1.251	0.318	3.934 ***
$\ln FDI$	γ	0.782	0.114	6.868 ***
$AR(1)$	–	0.664	0.098	6.776 ***
R-squared	0.993			
F-statistic	537.541			
D – W	1.831			

注：*** 表示在1%的水平下显著。

　　那么，R&D 吸收能力对汽车产业 FDI 技术溢出效应产生了怎样的影响呢？接下来，本研究对（6.2）式和（6.3）式进行 OLS 估计，探索 R&D 吸收能力以及人力资本吸收能力对汽车产业 FDI 溢出效应的影响，估计结果见表 6 – 11 和表 6 – 12 所示。

表 6 – 11　R&D 吸收能力对 FDI 溢出效应的影响

变量	模型 1		模型 2		模型 3	
	系数	t 统计值	系数	t 统计值	系数	t 统计值
常数项	– 1.562	– 0.870	– 16.379	– 2.022 *	– 14.571	– 2.680 ***
$\ln(K/L)$	1.074	6.33 ***	2.389	3.481 ***	2.247	4.844 ***
$\ln RD \cdot \ln FDI$	0.276	1.700#	– 0.121	– 1.022	– 0.125	– 1.414
$AR(1)$			0.639	6.463 ***	0.963	3.824 ***
$AR(2)$					– 0.331	– 1.70#
R – squared	0.855		0.966		0.981	
F – statistic	41.404		112.274		129.618	
D – W	0.592		1.257		1.992	

　　注：#表示在 15% 的水平下显著；* 表示在 10% 的水平下显著；*** 表示在 1% 的水平下显著。

表 6 – 12　人力资本吸收能力对 FDI 溢出效应的影响

变量	模型 4		模型 5	
	系数	t 统计值	系数	t 统计值
常数项	3.682	5.950 ***	– 2.775	– 0.823
$\ln(K/L)$	0.379	5.513 ***	1.015	3.405 ***
$\ln HC \cdot \ln FDI$	0.351	14.863 ***	0.242	6.841 ***
$AR(1)$			0.616	4.866 ***
R – squared	0.990		0.992	
F – statistic	666.078		518.058	
D – W	1.757		2.367	

　　注：*** 表示在 1% 的水平下显著。

　　表 6 – 11 中模型 1 的估计结果显示，R&D 吸收能力对汽车产业 FDI 技术溢出效应有正影响，估计系数为 0.276，且在 15% 的水平下显著，但是该模型存在明显的自相关性，D – W 值为 0.592。为消除（降低）自相关性对模型估计结果的影响，分别进一步加上 AR（1）和 AR（2）项，通过广义差分法估

计得到表 6 - 11 中模型 2 和模型 3 所示的结果，可知原模型确实存在二阶自相关性，调整后的 D - W 值为 1.992，此时 R&D 吸收能力对汽车产业 FDI 技术溢出效应的影响系数为负，但不显著。可见，通过研发强度指标来衡量的 R&D 吸收能力对汽车产业 FDI 技术溢出效应的作用不是很明显。其原因有两个。一是对 R&D 资本测算存在技术难题。一方面，汽车产业 R&D 资本存在折旧率问题；另一方面，R&D 资本存在双重计算问题，由于物质资本投入包括 R&D 资本投入，因此，如果将 R&D 资本作为一个独立的生产要素和物质资本投入同时放入生产函数，R&D 资本就会被重复计算。而受产业数据的限制，要想对汽车产业 R&D 资本投入的双重计算问题进行校正又是一个技术难题。二是中国汽车产业研发强度偏低导致其吸收能力较弱，致使中国汽车企业 R&D 投资不能对 FDI 技术溢出效应起到显著的促进作用。从中国汽车企业研发强度现状来看，1994 ~ 2010 年汽车企业研发强度增长缓慢，研发强度指标基本上在 1.5% ~ 2% 区间徘徊，这与国外企业研发强度相比是偏低的。正是中国汽车企业研发投入相对不足，研发强度相对偏低，导致了汽车企业对国外先进技术和管理经验的吸收能力不足，从而使增加汽车企业研发投入对 FDI 技术溢出作用不明显。

为了进一步探索 R&D 吸收能力对汽车产业 FDI 技术溢出效应的影响，接下来本研究以工程技术人员占汽车工业职工人数比重的人力资本指标来衡量 R&D 吸收能力，估计结果如表 6 - 12 所示。不论是以 OLS 估计还是以广义差分法估计，估计结果均显示人力资本吸收能力对中国汽车产业 FDI 技术溢出效应有显著正影响，其估计系数分别为 0.351 和 0.242，且均在 1% 的水平下显著。综上可见，R&D 投资对中国汽车产业 FDI 技术溢出效应作用不明显，而 R&D 人力资本对中国汽车产业 FDI 技术溢出效应有显著正影响，中国汽车产业人力资本的增加有助于汽车产业 FDI 技术溢出。

第三节　FDI 对中国内资汽车企业的影响：
溢出效应抑或挤出效应

本节从产业内部不同类型企业层面，实证检验外资汽车企业对中国内资汽车企业的溢出效应。其中外资汽车企业包括所有外商及港澳台商投资的"三资企业",内资汽车企业数据由汽车行业数据减去外资汽车企业对应的指标数据得到。

一　模型构建

在控制其他变量条件下,如果行业中内资企业生产率与行业中外资企业的参与度之间存在显著正相关关系,则意味着外资对该行业中的内资企业存在显著溢出效应。借鉴 Caves(1974)、Globerman(1979)、Blomstrom and Persson(1983)的建模方法,本研究构造了下面的计量模型来测量 FDI 对中国内资汽车企业的溢出效应。

$$\ln LP_d = \alpha + \beta\ln(K/L)_d + \gamma\ln FDI_f + \varepsilon \tag{6.4}$$

其中,LP_d 表示中国内资汽车企业的人均劳动生产率,用内资汽车企业工业增加值与其员工数的比值来衡量;K/L 表示中国内资汽车企业的人均资本,是内资汽车企业固定资产净值与其员工数之比,反映了资本密集程度对中国内资汽车企业劳动生产率的影响;FDI_f 表示外资汽车企业的参与程度,用汽车产业中外资汽车企业的总资产占全行业总资产的比例来衡量。此处,只需判断 γ 的符号即可知外资汽车企业是否对中国内资汽车企业产生技术溢出效应,若其符号显著为正,则意味着外资汽车企业对中国内资汽车企业具有技术溢出效应,否则将不存在溢出效应。

二　数据处理

为了消除价格因素的影响,相应的价值指标均利用对应的价格指数调整为以 1991 年为基期的不变价指数值,其中,内资汽车企业工业增加值指标按照 1991 年为基期的工业品出厂价格指数进行了价格平减,内资汽车企业固定资产净值指标、外资汽车企业总资产指标、汽车行业总资产指标按照 1991 年为基期的固定资产投资价格指数进行了价格平减,相关数据见表 6 - 13 和表 6 - 14 所示。表 6 - 15 给出了各变量的描述统计量。

表 6–13 内资汽车企业 LP_d、K/L 的核算（1994~2010 年）

年份	工业增加值（万元）	固定资产净值（万元）	职工人数（人）	LP_d（元/人）	K/L（元/人）
1994	6452711.67	6315669.31	1842177	35027.64	34283.73
1995	7456805.15	9154113.54	1823092	40901.97	50212.02
1996	7922719.56	13533780.38	1810373	43762.91	74756.86
1997	8185091.49	17248453.65	1814725	45103.76	95047.20
1998	8598715.79	19186858.05	1804125	47661.42	106349.94
1999	8730487.13	20967581.31	1630239	53553.42	128616.61
2000	10218755.50	23995911.26	1627480	62788.82	147442.13
2001	12053930.77	23784281.31	1341887	89828.21	177245.04
2002	19319118.34	26102695.78	1378874	140107.93	189304.43
2003	24375681.62	28868340.60	1392884	175001.52	207255.88
2004	28060643.26	33207820.99	1464560	191597.77	226742.65
2005	25136274.52	33165316.37	1336030	188141.54	248237.81
2006	37773461.66	40022638.22	1411023	267702.66	283642.71
2007	50007729.61	50173924.21	1550703	322484.25	323555.99
2008	61611751.91	59373226.07	1676325	367540.61	354186.84
2009	76730397.02	69482503.34	1795060	427453.10	387076.22
2010	94151545.19	68197317.52	1745250	539473.11	390759.59

表 6–14 外资汽车企业参与程度 FDI_f 的核算（1994~2010 年）

年份	外资汽车企业总资产（万元）	汽车行业总资产（亿元）	FDI_f（%）
1994	4074215.55	44210046.24	9.22
1995	6991484.51	54999466.60	12.71
1996	8908966.40	65310599.60	13.64
1997	17416818.64	80478502.54	21.64
1998	19135037.87	90857193.79	21.06
1999	21509337.02	91254795.22	23.57
2000	21568412.84	101532288.30	21.24
2001	24547495.19	106558661.22	23.04
2002	26037576.13	122514584.18	21.25
2003	34136228.92	149892299.19	22.77
2004	38825862.36	182538909.48	21.27
2005	59181806.12	200619367.55	29.50
2006	76738952.64	240814416.87	31.87
2007	94306823.47	299126251.56	31.53
2008	83147125.33	347169320.50	23.95
2009	104479980.75	413884272.55	25.24
2010	147415768.14	525034749.71	28.08

图 6 - 4 展示了中国内资汽车企业劳动生产率的增长情况，从图中可见，1994～2010 年中国内资汽车企业劳动生产率呈现上升趋势，内资汽车企业劳动生产率从 1994 年的 35027.64 元/人增长到 2010 年的 539473.11 元/人。

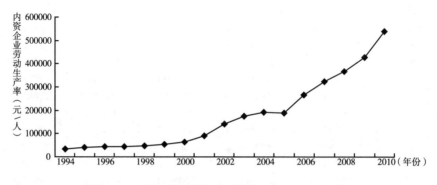

图 6 - 4　内资汽车企业劳动生产率（1994～2010 年）

图 6 - 5 展示了在中国汽车产业发展过程中外资汽车企业的参与程度，如图可见，1994～2010 年外资汽车企业总资产占汽车行业总资产的比重呈现曲折上升趋势，外资汽车企业总资产占汽车行业总资产的比重从 1994 年的 9.22% 上升至 2010 年的 28.08%，这意味着，在中国汽车产业发展过程中，外资汽车企业的参与程度在上升，这必将对中国汽车产业的长期发展产生一定程度的影响。

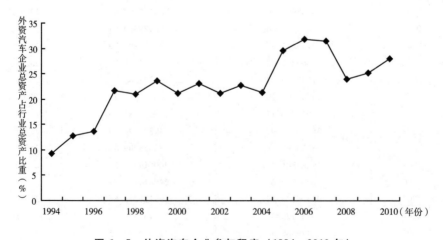

图 6 - 5　外资汽车企业参与程度（1994～2010 年）

那么，中国内资汽车企业劳动生产率的增长与外资汽车企业的参与程度之间存在怎样的关系？也就是说外资汽车企业参与程度的提高是否有助于中国内资汽车企业劳动生产率的进一步增长呢？图 6 - 6 展示了外资汽车企业参与程度与内资汽车企业劳动生产率之间的关系，从中我们可以比较直观地发现，随着外资汽车企业在中国汽车产业发展过程中参与程度的增强，中国内资汽车企业劳动生产率呈现一定程度的上升趋势。

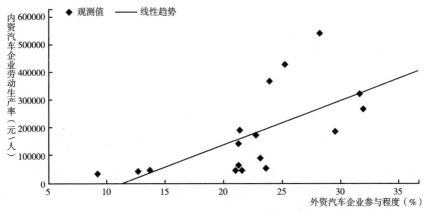

图 6 - 6　外资汽车企业参与程度与内资汽车企业劳动生产率的关系

三　实证分析

为了进一步探寻外资汽车企业参与程度对内资汽车企业劳动生产率的影响，本研究对（6.4）式进行了回归分析，结果如表 6 - 15 所示。采用 OLS 估计结果显示，外资汽车企业参与程度对内资汽车企业劳动生产率的影响显著为负，估计系数为 - 1.443，且在 1% 的水平下显著，这意味着 FDI 对中国内资汽车企业具有显著的挤出效应。但是该模型存在明显的自相关性，D－W 值为 0.932。为消除（降低）自相关性对模型估计结果的影响，进一步加上 AR（1）项，通过广义差分法估计可知原模型确实存在一阶自相关性，调整后的 D－W 值为 1.606，此时外资汽车企业参与程度对内资汽车企业劳动生产率的影响系数仍为负，但不显著。

综上可知，不论是 OLS 法还是广义差分法的估计结果，我们可以判定的是外资汽车企业参与程度对内资汽车企业劳动生产率的影响系数为负，这意味

表 6 – 15　FDI 对中国内资汽车企业技术溢出的估计结果

变量	OLS		广义差分法	
	系数	t 统计值	系数	t 统计值
常数项	– 5.534	– 3.735 ***	– 12.392	– 2.842 **
$\ln(K/L)_d$	1.804	8.238 ***	2.016	5.804 ***
$\ln FDI_f$	– 1.443	– 3.021 ***	– 0.147	– 0.52
AR(1)			0.642	7.232 ***
R-squared	0.919		0.979	
F-statistic	79.662		183.412	
D – W	0.932		1.606	

注：**表示在 5%的水平下显著；***表示在 1%的水平下显著。

着 FDI 进入对中国内资汽车企业发展的挤出效应超过了其溢出效应。外资汽车企业进入中国汽车市场，加剧了中国汽车市场竞争，一方面中国政府给予了外资汽车企业诸多优惠政策，另一方面这些外资汽车企业本身拥有大量的垄断优势，特别是技术垄断优势，这样外资汽车企业在中国汽车市场竞争中占据了绝对优势，从而挤占了国内汽车企业的市场份额。同时外资汽车企业也更容易雇佣到高技能的工人和高素质的管理人才，从而在要素市场上排挤内资汽车企业。可见，外资汽车企业对内资汽车企业的挤出效应对中国汽车产业的可持续发展将是一个障碍。这与类似的研究结论是一致的，王梓薇和刘铁忠（2009）利用汽车整车制造业的总投资、FDI 及总产值等相关数据，采用计量模型研究发现，中国汽车整车制造业 FDI 对国内投资存在明显的挤出效应，FDI 挤占国内投资的 30% ~ 40%，研究认为从产业安全的角度看，汽车整车制造业对 FDI 的流入应进行必要地控制与科学合理地疏导；王天骄（2011）研究发现 FDI 在对整体汽车产业发展贡献的同时，却抑制了内资汽车产业的发展，FDI 的参与对内资汽车产业表现出比较明显的挤出效应。

第四节　FDI 对中国内资汽车企业溢出渠道的实证检验

一　模型构建

以上研究发现，外资汽车企业对中国内资汽车企业的挤出效应超过了其溢出效应，那么，外资汽车企业技术溢出的渠道或者机制是什么？哪些因素导致了外资汽车企业的溢出渠道受阻，致使其对内资汽车企业的溢出效应要低于挤出效应？本节将对此问题展开进一步分析。

在不考虑行业间溢出效应条件下，行业内 FDI 主要通过竞争效应、示范效应和人才流动三种形式对内资产业产生溢出效应。为了探索外资汽车企业对中国内资汽车企业技术溢出的渠道，本研究构建了如下计量模型：

$$\ln LP_d = \alpha + \beta \ln(K/L)_d + \varepsilon \tag{6.5}$$

$$\ln LP_d = \alpha + \beta \ln(K/L)_d + \eta_1 \ln Y_{fshare} + \varepsilon \tag{6.6}$$

$$\ln LP_d = \alpha + \beta \ln(K/L)_d + \eta_2 \ln FDI_{fshare} + \varepsilon \tag{6.7}$$

$$\ln LP_d = \alpha + \beta \ln(K/L)_d + \eta_3 \ln L_{fshare} + \varepsilon \tag{6.8}$$

$$\ln LP_d = \alpha + \beta \ln(K/L)_d + \eta_1 \ln Y_{fshare} + \eta_2 \ln FDI_{fshare} + \eta_3 \ln L_{fshare} + \varepsilon \tag{6.9}$$

其中，LP_d 和 K/L 仍分别表示中国内资汽车企业的劳动生产率和人均资本。（6.5）式仅考察内资汽车企业资本密度对其劳动生产率的影响，（6.6）式通过 Y_{fshare} 变量考察外资汽车企业对中国内资汽车企业技术溢出的竞争效应机制，Y_{fshare} 采用外资汽车企业工业增加值占汽车行业总体工业增加值的比重来衡量。（6.7）式通过 FDI_{fshare} 变量考察外资汽车企业对中国内资汽车企业技术溢出的示范效应机制，FDI_{fshare} 采用汽车产业 FDI 投资额占汽车产业总投资额的比重来衡量。（6.8）式通过 L_{fshare} 变量考察外资汽车企业对中国内资汽车企业技术溢出的人力资本效应机制，L_{fshare} 采用外资汽车企业从业人员数量占汽车行业总体从业人员数量的比重来衡量。（6.9）式是外资汽车企业对中国内资汽车企业技术溢出机制的综合考察。此处，只需判断 η_i 的符号即可知外资汽车企业对中国内资汽车企业技术溢出的渠道，若其符号显著为正，则意味着外资汽车企业对中国内资汽车企业技术溢出是通过该渠道产生的，否则将不存在该溢出渠道。

二　数据处理

为了消除价格因素的影响，相应价值指标均利用对应的价格指数调整为以

1991 年为基期的不变价指数值,其中,外资汽车企业工业增加值指标和汽车行业工业增加值指标按照 1991 年为基期的工业品出厂价格指数进行了价格平减,FDI 投资额指标和汽车产业总投资额指标按照 1991 年为基期的固定资产投资价格指数进行了价格平减。

表 6 - 16 报告了外资汽车企业工业增加值占汽车行业工业增加值的比重情况,可见,1994~2010 年,外资汽车企业工业增加值占汽车行业工业增加值的比重整体上呈上升趋势(参见图 6 - 7)。1994 年外资汽车企业的工业增加值为 157.80 亿元,占全国汽车行业工业增加值(816.04 亿元)的比重为 19.34%。到 2010 年,外资汽车企业的工业增加值为 5692.83 亿元,是 1994 年的 36 倍,占全国汽车产业工业增加值(15107.93 亿元)的比重也上升至 37.68%,这意味着外资汽车企业在中国汽车市场的市场份额在增大,与中国内资汽车企业的市场竞争程度在进一步加剧。

表 6 - 16 Y_{fshare} 的核算(1994~2010 年)

年份	汽车行业工业增加值(亿元)	外资汽车企业工业增加值(亿元)	Y_{fshare}(%)
1994	816.04	157.80	19.34
1995	982.99	237.37	24.15
1996	1078.07	285.71	26.50
1997	1108.00	289.58	26.14
1998	1183.07	323.28	27.33
1999	1307.58	434.61	33.24
2000	1550.88	529.11	34.12
2001	1870.52	665.05	35.55
2002	2632.08	814.46	30.94
2003	3815.82	1378.19	36.12
2004	4115.25	1309.10	31.81
2005	4360.13	1846.56	42.35
2006	6833.01	3055.65	44.72
2007	8676.23	3675.55	42.36
2008	9189.08	3027.96	32.95
2009	11397.47	3724.85	32.68
2010	15107.93	5692.83	37.68

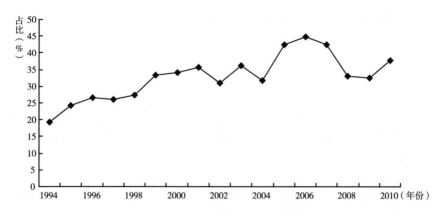

图 6 - 7　外资汽车企业工业增加值占汽车行业工业增加值
比重（1994 ~ 2010 年）

图 6 - 8 展示了外资汽车企业工业增加值占汽车行业工业增加值比重（Y_{fshare}）与内资汽车企业劳动生产率（LP_d）的关系，从中我们可以比较直观地发现，1994 ~ 2010 年，随着外资汽车企业工业增加值占汽车行业工业增加值比重的增加，内资汽车企业劳动生产率也呈现增长趋势。

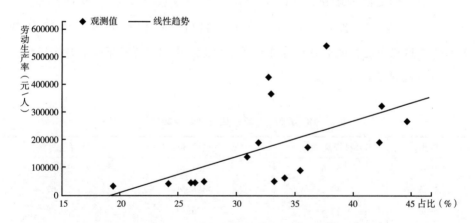

图 6 - 8　外资汽车企业工业增加值占比与内资汽车企业劳动
生产率的关系（1994 ~ 2010 年）

进一步考察外资汽车企业工业增加值占汽车行业工业增加值比重（Y_{fshare}）与内资汽车企业劳动生产率（LP_d）之间的相关性发现，外资汽车企业工业增加值占汽车行业工业增加值比重（Y_{fshare}）与内资汽车企业劳动生产率（LP_d）

之间存在显著正相关关系，两者之间的 Pearson 相关系数为 0.557，且在 5% 的水平下显著，两者之间的 Spearman 相关系数为 0.798，且在 1% 的水平下显著（见表 6 - 17）。

表 6 - 17　LP_d 与 Y_{fshare} 的相关性检验

	系数	显著性水平
Pearson 相关	0.557	0.020**
Spearman 相关	0.798	0.001***

注：** 表示在 5% 的水平下显著；*** 表示在 1% 的水平下显著。

表 6 - 18 报告了汽车产业 FDI 投资额占汽车产业总投资额的比重情况，可见，1994～2010 年，汽车产业 FDI 投资额占汽车产业总投资额的比重整体上呈下降趋势（参见图 6 - 9）。1994 年汽车产业 FDI 投资额为 51.60 亿元，占汽车产业总投资额（131.22 亿元）的比重为 39.32%。到了 2010 年，汽车产业 FDI 投资额的绝对数虽增长迅速，达 282.79 亿元，但是其增长速度远落后于汽车产业总投资额的增长，2010 年全国汽车产业总投资额达 2970.30 亿元，这使汽车产业 FDI 投资额占汽车产业总投资额的比重下滑至 2010 年的 9.52%。这在一定程度上意味着外资汽车企业对中国内资汽车企业技术溢出的示范效应机制在减弱。

表 6 - 18　FDI_{fshare} 的核算 （1994～2010 年）

年份	FDI 投资额（亿元）	汽车产业总投资额（亿元）	FDI_{fshare}（%）
1994	51.60	131.22	39.32
1995	49.21	196.31	25.07
1996	52.34	253.12	20.68
1997	54.17	326.52	16.59
1998	56.94	333.19	17.09
1999	54.49	339.07	16.07
2000	59.31	350.10	16.94
2001	76.31	353.82	21.57
2002	114.73	516.84	22.20

续表

年份	FDI 投资额（亿元）	汽车产业总投资额（亿元）	FDI_{fshare}（%）
2003	151. 15	929. 89	16. 25
2004	158. 09	1262. 72	12. 52
2005	118. 66	1469. 13	8. 08
2006	164. 28	1586. 01	10. 36
2007	199. 14	1831. 48	10. 87
2008	200. 55	1774. 75	11. 30
2009	217. 96	2067. 60	10. 54
2010	282. 79	2970. 30	9. 52

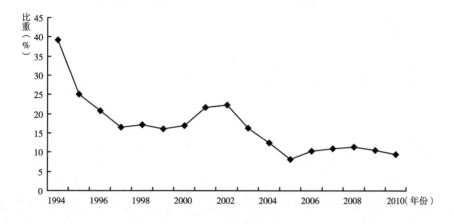

图 6 - 9　FDI 投资额占汽车产业总投资额比重（1994~2010 年）

图 6 - 10 展示了汽车产业 FDI 投资额占汽车产业总投资额的比重（FDI_{fshare}）与内资汽车企业劳动生产率（LP_d）的关系，从中我们可以比较直观地发现，1994~2010 年，随着汽车产业 FDI 投资额占汽车产业总投资额比重的增加，内资汽车企业劳动生产率呈现下降趋势。

进一步考察汽车产业 FDI 投资额占汽车产业总投资额比重（FDI_{fshare}）与内资汽车企业劳动生产率（LP_d）之间的相关性发现，汽车产业 FDI 投资额占汽车产业总投资额比重（FDI_{fshare}）与内资汽车企业劳动生产率（LP_d）之间存在显著负相关关系，两者之间的 Pearson 相关系数为 - 0. 643，Spearman 相关系数为 - 0. 821，且均在 1% 的水平下显著，如表 6 - 19 所示。

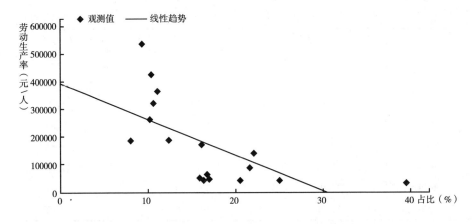

图 6 – 10 汽车产业 FDI 投资额占比与内资汽车企业劳动
生产率的关系 (1994 ~ 2010 年)

表 6 – 19 LP_d 与 FDI_{fshare} 的相关性检验

	系数	显著性水平
Pearson 相关	– 0.643	0.005 ***
Spearman 相关	– 0.821	0.000 ***

注: *** 表示在 1% 的水平下显著。

表 6 – 20 报告了外资汽车企业从业人员占汽车行业总体从业人员的比重情况, 可见, 1994 ~ 2010 年, 外资汽车企业从业人员占汽车行业总体从业人员的比重整体上呈上升趋势 (参见图 6 – 11)。1994 年外资汽车企业从业人员为 102773 人, 占汽车行业总体从业人员 (1959124 人) 的比重为 5.25%。到了 2010 年, 外资汽车企业从业人员增长至 457483 人, 其占汽车行业总体从业人员 (2134256 人) 的比重上升至 21.44%。外资汽车企业从业人员占汽车行业总体从业人员比重的上升, 有利于人力资源在内外资汽车企业之间的双向流动, 从而有助于外资汽车企业先进技术的扩散, 这在一定程度上意味着外资汽车企业对中国内资汽车企业技术溢出的人力资本效应机制增强了。

图 6 – 12 展示了外资汽车企业从业人员数量占全国汽车行业总体从业人员数量比重 (L_{fshare}) 与内资汽车企业劳动生产率 (LP_d) 的关系, 从中我们可以

比较直观地发现，1994～2010 年，随着外资汽车企业从业人员数量占全国汽车行业总体从业人员数量比重的增加，内资汽车企业劳动生产率也呈现增长的趋势。

表 6－20　L_{fshare} 的核算（1994～2010 年）

年份	汽车行业总体从业人员（人）	外资汽车企业从业人员（人）	L_{fshare}（%）
1994	1959124	102773	5.25
1995	1971947	129450	6.56
1996	1943029	140254	7.22
1997	1991581	163366	8.20
1998	1967329	158712	8.07
1999	1641480	176576	10.76
2000	1610883	153846	9.55
2001	1523916	163620	10.74
2002	1576465	191666	12.16
2003	1603411	211674	13.20
2004	1677066	228566	13.63
2005	1654775	332511	20.09
2006	1815175	444073	24.46
2007	1977394	489916	24.78
2008	1961281	417834	21.30
2009	2101565	370430	17.63
2010	2134256	457483	21.44

进一步考察外资汽车企业从业人员数量占全国汽车行业总体从业人员数量比重（L_{fshare}）与内资汽车企业劳动生产率（LP_d）之间的相关性发现，外资汽车企业从业人员数量占全国汽车行业总体从业人员数量比重（L_{fshare}）与内资汽车企业劳动生产率（LP_d）之间存在显著正相关关系，两者之间的 Pearson 相关系数为 0.836，Spearman 相关系数为 0.936，且均在 1% 的水平下显著，如表 6－21 所示。表 6－22 报告了各变量的描述统计量。

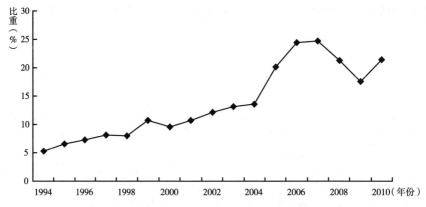

图 6 – 11　外资汽车企业从业人员占汽车行业从业人员的比重（1994 ~ 2010 年）

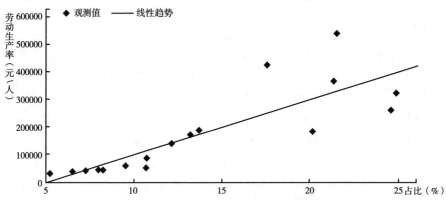

图 6 – 12　外资汽车企业从业人员占比与内资汽车企业劳动
生产率的关系（1994 ~ 2010 年）

表 6 – 21　LP_d 与 L_{fshare} 的相关性检验

	系数	显著性水平
Pearson 相关	0.836	0.000 ***
Spearman 相关	0.936	0.000 ***

注：*** 表示在 1% 的水平下显著。

表 6 – 22　描述统计量

变量	观测值	极小值	极大值	均值	标准差
LP_d	17	35027.64	539473.11	178713.57	155704.53
K/L	17	34283.73	390759.59	201453.86	115742.43
Y_{fshare}	17	19.34	44.72	32.82	6.82
FDI_{fshare}	17	8.08	39.32	16.76	7.65
L_{fshare}	17	5.25	24.78	13.83	6.50

三　实证分析

那么，外资汽车企业对内资汽车企业的技术溢出渠道究竟有哪些？本研究对上述模型（6.5）～（6.9）进行了回归分析，估计结果如表 6－23 所示。在各模型分析中，人均资本和内资汽车企业劳动生产率的回归系数显著为正，表明内资汽车企业人均资本越高，其劳动生产率就越高。

表 6－23　FDI 对中国内资汽车企业技术溢出渠道的估计结果

变量	模型 1	模型 2	模型 3	模型 4	模型 5
常数项	－12.655 （－2.961**）	－12.471 （－2.790**）	－13.578 （－2.519**）	－11.602 （－2.355**）	3.807 （1.259）
$\ln(K/L)_d$	1.998 （5.881***）	2.006 （5.694***）	2.051 （5.080***）	1.877 （4.449***）	0.776 （3.215***）
$\ln Y_{fshare}$		－0.079 （－0.235）			－2.060 （－3.637***）
$\ln FDI_{fshare}$			0.105 （0.439）		0.406 （1.310）
$\ln L_{fshare}$				0.163 （0.589）	1.833 （4.365***）
AR(1)	0.644 （7.816***）	0.644 （7.457***）	0.652 （7.099***）	0.645 （7.301***）	
R-squared	0.978	0.978	0.979	0.979	0.955
F-statistic	291.329	180.122	182.641	184.600	63.771
D－W	1.621	1.581	1.565	1.631	1.268

注：** 表示在 5% 的水平下显著；*** 表示在 1% 的水平下显著。

模型 2 的回归结果表明，外资汽车企业工业增加值占汽车行业总体工业增加值比重越高，则内资汽车企业劳动生产率越低，这意味着外资汽车企业的竞争效应并没有促进其对中国内资汽车企业的技术溢出效应。

模型 3 的回归结果表明，汽车产业 FDI 投资额占汽车产业总投资额比重越高，则内资汽车企业劳动生产率越高，这意味着外资汽车企业的示范效应有助于其对中国内资汽车企业的技术溢出效应。

模型 4 的回归结果表明，外资汽车企业从业人员占汽车行业从业人员比重越高，则内资汽车企业劳动生产率越高，这意味着外资汽车企业的人力资本效应有助于其对中国内资汽车企业的技术溢出效应。

模型 5 的回归结果表明，外资汽车企业工业增加值占汽车行业总体工业增加值比重与内资汽车企业劳动生产率的回归系数显著为负，回归系数为 -2.060，且在 1% 的水平下显著。外资汽车企业从业人员占汽车行业从业人员比重与内资汽车企业劳动生产率的回归系数显著为正，回归系数为 1.833，且在 1% 的水平下显著。汽车产业 FDI 投资额占汽车产业总投资额比重与内资汽车企业劳动生产率的回归系数为正，但仍不显著。

综上可见，外资汽车企业主要通过人力资本效应对内资汽车企业产生技术溢出效应，而与我们的期望相反，外资汽车企业并没有通过竞争效应对内资汽车企业产生技术溢出效应。由于外资汽车企业在技术等方面的垄断优势，使其在中国汽车市场竞争中占据绝对优势，因而内外资汽车企业的这种不对等的竞争不利于外资汽车企业的技术外溢，反而对内资汽车企业具有挤出效应。从模型 5 的回归结果也可以看出，竞争效应回归系数的绝对值（2.060）要大于人力资本效应回归系数的绝对值（1.833），这也进一步论证了上一节中我们得到的"FDI 进入对中国内资汽车企业发展的挤出效应超过了其溢出效应"的结论。这与王天骄（2011）的研究结论类似，王天骄（2011）在对内资汽车产业的研究发现，不论是外资的示范效应还是竞争效应都不能得到 FDI 正向溢出效应的结论，只有 FDI 的人员培训效应才对内资汽车企业表现出正向的溢出效应。但这与胡小娟、温力强（2009）研究结论相反，胡小娟、温力强（2009）以在汽车产业中外资汽车企业的总资产占全行业总资产的比例来表征汽车产业 FDI 的参与程度，以1992 ~ 2006 年汽车产业数据为基础，采用协整模型和误差修正模型研究了 FDI 对中国汽车产业内资企业的溢出效应，发现 FDI 对中国内资汽车产业产生了积极的外溢效应，且 FDI 主要是通过竞争渠道对中国内资汽车产业产生技术溢出效应的。

第五节　FDI 技术溢出、吸收能力与内资汽车企业技术进步

本节从产业内部不同类型企业层面，基于内资汽车企业的吸收能力视角识

别 FDI 溢出的影响因素，研究了内外资汽车企业技术差距、内资汽车企业研发投入、内资汽车企业人力资本投入对 FDI 溢出效应的影响。

一　模型构建

为了进一步考察内资汽车企业吸收能力对 FDI 技术溢出效应的影响，本研究构建了如下模型：

$$\ln LP_d = \alpha + \beta \ln(K/L)_d + \gamma \ln FDI + \eta_1 (\ln TG \cdot \ln FDI) + \varepsilon \tag{6.10}$$

$$\ln LP_d = \alpha + \beta \ln(K/L)_d + \gamma \ln FDI + \eta_2 (\ln RD \cdot \ln FDI) + \varepsilon \tag{6.11}$$

$$\ln LP_d = \alpha + \beta \ln(K/L)_d + \gamma \ln FDI + \eta_3 (\ln HC \cdot \ln FDI) + \varepsilon \tag{6.12}$$

$$\ln LP_d = \alpha + \beta \ln(K/L)_d + \gamma \ln FDI + \eta_1 (\ln TG \cdot \ln FDI) + \\ \eta_2 (\ln RD \cdot \ln FDI) + \eta_3 (\ln HC \cdot \ln FDI) + \varepsilon \tag{6.13}$$

本研究从内外资汽车企业技术差距、内资汽车企业研发投入、内资汽车企业人力资本投入三个方面考察内资汽车企业吸收能力对 FDI 技术溢出效应的影响。其中，技术差距指标（TG）采用外资汽车企业与内资汽车企业平均劳动生产率（工业增加值与员工数的比值）的比值来衡量，该比值越大，则意味着内外资汽车企业之间的技术差距越大；研发投入指标（RD）采用内资汽车企业 R&D 费用占其营业收入的比例来衡量，该比例越高，反映内资汽车企业的学习和吸收能力越强；人力资本投入指标（HC）采用内资汽车企业工程技术人员占其职工人数的比例来衡量，该比例越大，反映内资汽车企业在人力资本上的吸收能力越强；LP_d 和 K/L 仍分别表示中国内资汽车企业的劳动生产率和人均资本；FDI 表示 FDI 投资额占汽车产业总投资额的比重；γ 表示 FDI 溢出效应，若其值大于零，则意味着 FDI 对内资汽车企业产生了技术溢出效应，反之则意味着 FDI 对内资汽车企业产生了挤出效应。此处只需判断 γ 的符号即可知内资汽车企业吸收能力对 FDI 技术溢出效应的影响，若其符号显著为正，则意味着内资汽车企业吸收能力对 FDI 技术溢出产生了显著正影响。

二　数据处理

为了消除价格因素的影响，相应价值指标均利用对应的价格指数调整为以

1991 年为基期的不变价指数值，其中，外资汽车企业工业增加值指标、内资汽车企业工业增加值指标、内资汽车企业营业收入指标均按照 1991 年为基期的工业品出厂价格指数进行了价格平减，内资汽车企业 R&D 费用支出指标按照 1991 年为基期的固定资产投资价格指数进行了价格平减。

表 6 - 24 和图 6 - 13 报告了以劳动生产率为表征的内外资汽车企业技术差距情况，从中可见，1994 ~ 2010 年，内外资汽车企业劳动生产率均得到了较快增长，其中，内资汽车企业劳动生产率从 1994 年的 3.50 万元/人增长到 2010 年的 53.95 万元/人，外资汽车企业劳动生产率从 1994 年的 15.35 万元/人增长到 2010 年的 124.44 万元/人，可见，外资汽车企业的劳动生产率一直要高于内资汽车企业的劳动生产率。但是，从内外资汽车企业技术差距来看，

表 6 - 24　内外资汽车企业技术差距指标 *TG* 的核算（1994 ~ 2010 年）

年份	外资汽车企业			内资汽车企业			技术差距 TG
	工业增加值（万元）	从业人员（人）	劳动生产率（万元/人）	工业增加值（万元）	从业人员（人）	劳动生产率（万元/人）	
1994	1577981.89	102773	15.35	6452711.67	1842177	3.50	4.38
1995	2373660.79	129450	18.34	7456805.15	1823092	4.09	4.48
1996	2857054.42	140254	20.37	7922719.56	1810373	4.38	4.65
1997	2895779.91	163366	17.73	8185091.49	1814725	4.51	3.93
1998	3232789.19	158712	20.37	8598715.79	1804125	4.77	4.27
1999	4346055.90	176576	24.61	8730487.13	1630239	5.36	4.60
2000	5291139.45	153846	34.39	10218755.50	1627480	6.28	5.48
2001	6650466.62	163620	40.65	12053930.77	1341887	8.98	4.52
2002	8144611.29	191666	42.49	19319118.34	1378874	14.01	3.03
2003	13781928.46	211674	65.11	24375681.62	1392884	17.50	3.72
2004	13091003.84	228566	57.27	28060643.26	1464560	19.16	2.99
2005	18465640.44	332511	55.53	25136274.52	1336030	18.81	2.95
2006	30556549.50	444073	68.81	37773461.66	1411023	26.77	2.57
2007	36755511.72	489916	75.02	50007729.61	1550703	32.25	2.33
2008	30279626.99	417834	72.47	61611751.91	1676325	36.75	1.97
2009	37248481.27	370430	100.55	76730397.02	1795060	42.75	2.35
2010	56928292.92	457483	124.44	94151545.19	1745250	53.95	2.31

1994～2010 年，内外资汽车企业技术差距呈现先扩大再缩小的趋势，如图 6-14 所示。1994～2000 年，内外资汽车企业技术差距总体上呈现扩大趋势，外资汽车企业劳动生产率与内资汽车企业劳动生产率的比值从 1994 年的 4.38 上升至 2000 年的 5.48。2001 年中国成功加入 WTO，可以说，自中国加入 WTO 以来，中国汽车工业取得了令人振奋的成就，这些成就不仅表现在汽车产业主要经济指标、汽车产销量、汽车进出口量、汽车保有量等指标的显著增长，更表现在自中国加入 WTO 以来，内外资汽车企业技术差距的缩小，在 2001～2010 年中国加入 WTO 的 10 年里，内外资汽车企业技术差距总体上呈现缩小趋势，外资汽车企业劳动生产率与内资汽车企业劳动生产率的比值从 2001 年的 4.52 下降至 2010 年的 2.31。

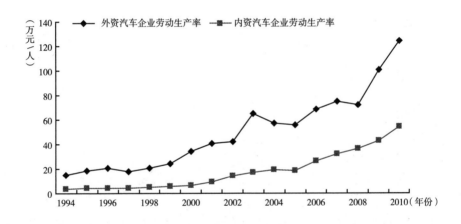

图 6-13 内外资汽车企业劳动生产率增长（1994～2010 年）

图 6-15 展示了内外资汽车企业技术差距（TG）与内资汽车企业劳动生产率（LP_d）的关系，从中我们可以比较直观地发现，1994～2010 年，随着内外资汽车企业技术差距的扩大，内资汽车企业劳动生产率呈现下降的趋势。

进一步考察内外资汽车企业技术差距（TG）与内资汽车企业劳动生产率（LP_d）之间的相关性发现，内外资汽车企业技术差距（TG）与内资汽车企业劳动生产率（LP_d）之间存在显著负相关关系，两者之间的 Pearson 相关系数为 -0.862，Spearman 相关系数为 -0.841，且均在 1% 的水平下显著（参见

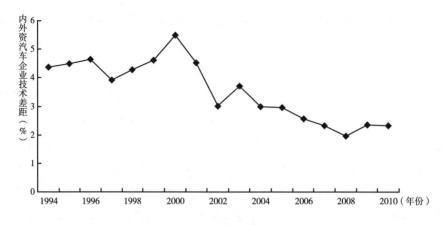

图 6 - 14　内外资汽车企业技术差距（1994 ~ 2010 年）

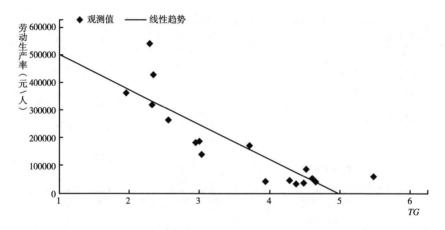

图 6 - 15　内外资汽车企业技术差距与内资汽车企业劳动
生产率的关系（1994 ~ 2010 年）

表 6 - 25），这意味着内外资汽车企业技术差距的扩大不利于内资汽车企业劳
动生产率的提高。

表 6 - 25　LP_d 与 TG 的相关性检验

	系数	显著性水平
Pearson 相关	- 0. 862	0. 000 ***
Spearman 相关	- 0. 841	0. 000 ***

注：*** 表示在1% 的水平下显著。

表6－26 报告了内资汽车企业研发强度指标情况，可见，1994～2010 年，中国内资汽车企业 R&D 费用支出总体呈现上升趋势（参见图6－16），在考察期间内资汽车企业 R&D 费用支出从 1994 年的 38415.12 万元增长至 2010 年的 8953716.63 万元，但是从内资汽车企业研发强度（R&D 费用支出/营业收入）指标来看，1994～2010 年内资汽车企业研发强度增长缓慢，大体在 1.5% 左右徘徊（参见图6－17），仅部分年份的研发强度指标超过了 2%，如 1999 年的研发强度为 2.44%，2008 年为 2.25%，2009 年和 2010 年分别为 2.24% 和 2.00%。

表6－26　内资汽车企业研发强度指标 *RD* 的核算（1994～2010 年）

年份	R&D 费用支出（万元）	营业收入（万元）	研发强度指标 *RD*（%）
1994	38415.12	21252974.91	0.18
1995	49254.65	29553524.35	0.17
1996	54005.02	32070904.55	0.17
1997	61314.66	35691728.44	0.17
1998	519896.47	36405437.98	1.43
1999	924914.64	37948567.95	2.44
2000	782918.77	44594848.97	1.76
2001	672449.78	52009273.83	1.29
2002	1270789.48	75925707.29	1.67
2003	1435302.14	101082132.80	1.42
2004	1903294.47	122655747.65	1.55
2005	2105786.37	121353816.09	1.74
2006	3348761.54	164152712.08	2.04
2007	4193949.94	221012944.71	1.90
2008	6641805.99	295275580.87	2.25
2009	7749982.20	345791138.24	2.24
2010	8953716.63	447621698.78	2.00

注：1995～1997 年 R&D 费用支出 = 营业收入 × 1998～2010 年间年均研发强度 1.775%。

图6－18 展示了内资汽车企业研发强度（*RD*）与内资汽车企业劳动生产率（LP_d）的关系，从中我们可以比较直观地发现，1994～2010 年，随

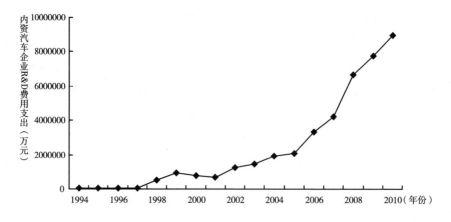

图 6－16　内资汽车企业 R&D 费用支出（1994～2010 年）

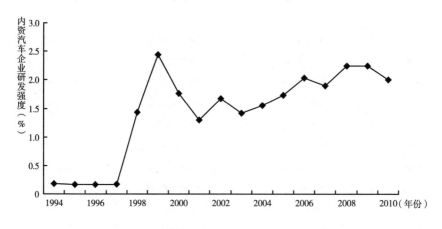

图 6－17　内资汽车企业研发强度（1994～2010 年）

着内资汽车企业研发强度的增强，内资汽车企业劳动生产率呈现上升趋势。

　　进一步考察内资汽车企业研发强度（RD）与内资汽车企业劳动生产率（LP_d）之间的相关性发现，内资汽车企业研发强度（RD）与内资汽车企业劳动生产率（LP_d）之间存在显著正相关关系，两者之间的 Pearson 相关系数为 0.622，Spearman 相关系数为 0.730，且均在 1% 的水平下显著（参见表 6－27），这意味着加大内资汽车企业 R&D 投资力度，增强内资汽车企业研发强度，有助于内资汽车企业劳动生产率的提高。

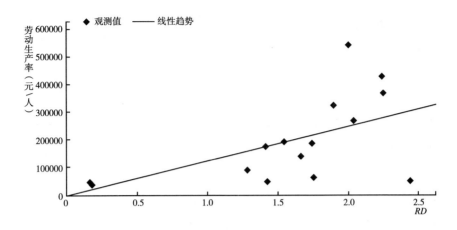

图 6 - 18　内资汽车企业研发强度与内资汽车企业劳动
生产率的关系（1994 ~ 2010 年）

表 6 - 27　LP_d 与 RD 的相关性检验

	系数	显著性水平
Pearson 相关	0.622	0.008 ***
Spearman 相关	0.730	0.001 ***

注：*** 表示在 1% 的水平下显著。

　　表 6 - 28 报告了内资汽车企业人力资本投入指标，可见，1994 ~ 2010 年，中国内资汽车企业工程技术人员增长比较缓慢，从 1994 年的 155271 人增加至 2010 年的 244921，人力资本绝对数量仅增长了 0.6 倍。从内资汽车企业工程技术人员占其从业人员比重的相对指标来看，1994 ~ 2010 年该指标呈现上升趋势（参见图 6 - 19），从 1994 年的 8.43% 增长至 2010 年的 14.03%。但是，我们可以发现，内资汽车企业工程技术人员占其从业人员比重指标在考察期内具有阶段性规律：1994 ~ 2000 年该指标趋于稳定，基本上在 8% ~ 9% 区间徘徊，而中国加入 WTO 之后的 2001 ~ 2010 年间，该指标呈现较大的增长幅度，从 2001 年的 10.21% 增长至 2010 年的 14.03%。这意味着，虽然中国加入 WTO 对中国汽车产业发展带来了较大的冲击，但是，中国内资汽车企业增加了在人力资本方面的投入，从而增强其自身研发能力和对先进技术的吸收能力，有助于抵御外资汽车企业的冲击和提高中国内资汽车企业劳动生产率。

表 6 – 28   内资汽车企业人力资本投入指标 *HC* 的核算 （1994 ~ 2010 年）

年份	工程技术人员（人）	从业人员（人）	人力资本投入指标 *HC*（%）
1994	155271	1842177	8.43
1995	151019	1823092	8.28
1996	152138	1810373	8.40
1997	151450	1814725	8.35
1998	152177	1804125	8.43
1999	141418	1630239	8.67
2000	147124	1627480	9.04
2001	136941	1341887	10.21
2002	146808	1378874	10.65
2003	148319	1392884	10.65
2004	172924	1464560	11.81
2005	152046	1336030	11.38
2006	168924	1411023	11.97
2007	188732	1550703	12.17
2008	203975	1676325	12.17
2009	223618	1795060	12.46
2010	244921	1745250	14.03

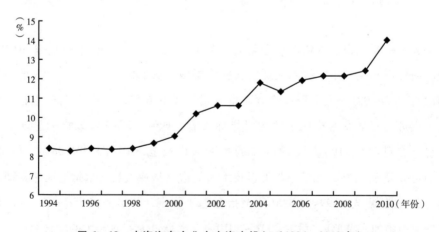

图 6 – 19   内资汽车企业人力资本投入 （1994 ~ 2010 年）

图 6 – 20 展示了内资汽车企业人力资本投入 （*HC*） 与内资汽车企业劳动生产率 （*LP*_d） 的关系，从中我们可以比较直观地发现，1994 ~ 2010 年，随着内资汽车企业人力资本投入的增加，内资汽车企业劳动生产率呈现上升趋势。

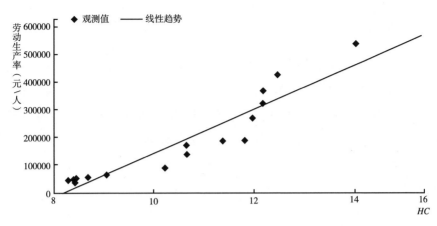

图 6 – 20　内资汽车企业人力资本投入与内资汽车企业劳动
生产率的关系（1994～2010 年）

　　进一步考察内资汽车企业人力资本投入（HC）与内资汽车企业劳动生产率（LP_d）之间的相关性发现，内资汽车企业人力资本投入（HC）与内资汽车企业劳动生产率（LP_d）之间存在显著正相关关系，两者之间的 Pearson 相关系数为 0.942，Spearman 相关系数为 0.977，且均在 1% 的水平下显著（参见表 6 – 29），这意味着加大内资汽车企业人力资本投资力度有助于内资汽车企业劳动生产率的提高。表 6 – 30 报告了各变量的描述统计量。

表 6 – 29　LP_d 与 HC 的相关性检验

	系数	显著性水平
Pearson 相关	0.942	0.000 ***
Spearman 相关	0.977	0.000 ***

注：*** 表示在 1% 的水平下显著。

表 6 – 30　描述统计量

变量	观测值	极小值	极大值	均值	标准差
LP_d	17	35027.64	539473.11	178713.57	155704.53
K/L	17	34283.73	390759.59	201453.86	115742.43
FDI	17	8.08	39.32	16.76	7.65
TG	17	1.97	5.48	3.56	1.06
RD	17	0.17	2.44	1.44	0.79
HC	17	8.28	14.03	10.42	1.85

三 实证分析

本节从产业内部不同类型企业层面，基于内资汽车企业的吸收能力视角识别 FDI 溢出的影响因素，研究内外资汽车企业技术差距、内资汽车企业研发投入、内资汽车企业人力资本投入对 FDI 溢出效应的影响。分别对模型（6.10）~（6.13）进行估计得到表 6-31 的估计结果。从 4 个模型的可决系数 R^2 以及 D-W 值可以看出，模型模拟结果良好。通过模型估计得到的基本结论如下：

表 6-31　内资汽车企业吸收能力对 FDI 溢出效应影响的估计结果

变量	模型 1	模型 2	模型 3	模型 4
常数项	-10.434 （-1.835*）	-13.654 （-2.212**）	-3.116 （-0.516）	-2.732 （-0.398）
$\ln(K/L)_d$	1.803 （4.196***）	2.057 （4.441***）	1.225 （2.631**）	1.195 （2.262**）
$\ln FDI$	0.229 （0.956）	0.103 （0.413）	-1.862 （-2.226**）	-1.571 （-1.629#）
$\ln TG \cdot \ln FDI$	-0.131 （-1.437^）			-0.076 （-0.860）
$\ln RD \cdot \ln FDI$		0.003 （0.072）		0.008 （0.268）
$\ln HC \cdot \ln FDI$			0.785 （2.407**）	0.694 （1.901*）
AR(1)	0.643 （6.192***）	0.656 （5.668***）	0.6577 （6.001***）	0.665 （4.593***）
R-squared	0.982	0.979	0.986	0.987
F-statistic	150.181	125.634	193.524	115.779
D-W	1.509	1.543	1.978	2.006

注：^表示在 20% 的水平下显著；#表示在 15% 的水平下显著；*表示在 10% 的水平下显著；**表示在 5% 的水平下显著；***表示在 1% 的水平下显著。

（1）人均资本对内资汽车企业劳动生产率增长有显著的促进作用。在 4 个模型中，人均资本和内资汽车企业劳动生产率的回归系数显著为正，表明内资汽车企业人均资本越高，其劳动生产率就越高。这意味着资本要素在中国内资汽车企业发展过程中起到举足轻重的作用，是中国内资汽车企业进一步发展的物质基础。可见，进一步加大内资汽车企业资本投入力度，提高资本利用效率，有助于内资汽车企业劳动生产率的提高和技术进步。

（2）汽车产业大规模外资引进对中国内资汽车企业发展的挤出效应超过了其溢出效应。在各模型中 $\ln FDI$ 表示 FDI 溢出效应，若其值大于零，则意味着 FDI 对内资汽车企业产生了技术溢出效应；反之则意味着 FDI 对内资汽车企业产生了挤出效应。从模型回归结果来看，在模型 1 和模型 2 中，FDI 和内资汽车企业劳动生产率的回归系数为正，但均没有通过任何显著性检验；在模型 3 和模型 4 中，FDI 和内资汽车企业劳动生产率的回归系数显著为负，在模型 3 中 FDI 和内资汽车企业劳动生产率的回归系数为 -1.862，且在 5% 的水平下显著，在模型 4 中 FDI 和内资汽车企业劳动生产率的回归系数为 -1.571，且在 15% 的水平下显著。综合可见，FDI 对中国内资汽车企业劳动生产率的挤出效应超过了其溢出效应，这与本章 6.4 节的研究结论是一致的，其原因在于内外资汽车企业在技术等方面的不对称性导致在汽车市场上竞争的非平等性，从而阻碍了外资汽车企业基于竞争渠道的对中国内资汽车企业的技术外溢效应。

（3）内外资汽车企业技术差距的扩大不利于 FDI 技术溢出。模型 1 的回归结果表明，FDI 和内外资汽车企业技术差距（TG）的交互项与内资汽车企业劳动生产率的回归系数为负，回归系数为 -0.131，且在 20% 的水平下显著。模型 4 的回归结果也表明，FDI 和内外资汽车企业技术差距（TG）的交互项与内资汽车企业劳动生产率的回归系数为负，回归系数为 -0.076，但没有通过任何显著性检验。综上可以判断，FDI 和内外资汽车企业技术差距（TG）的交互项与内资汽车企业劳动生产率是负相关的，这表明内外资汽车企业技术差距的扩大不利于 FDI 技术溢出，从而阻碍了内资汽车企业劳动生产率增长。这是因为内外资汽车企业技术差距的扩大，增加了内资汽车企业学习和模仿外资汽车企业的难度，导致了内资汽车企业自身吸收能力的不足，从而减小了 FDI 的技术溢出效应，不利于内资汽车企业劳动生产率提高和技术进步。这和类似的研究结果是一致的，赵增耀和王喜（2007）采用外资汽车企业与民营汽车企业平均劳动生产率（工业增加值/员工数）的比值表示技术差距，利用 1998~2005 年的时间序列数据分析发现，民营汽车企业与外资汽车企业技术差距的扩大不利于 FDI 的技术溢出。王天骄（2011）在对中国内资汽车产业 FDI 溢出效应影响因素的研究发现，内资汽车产业技术差距与 FDI 对中国内资汽车产业溢出效应的作用不明显。

（4）增加内资汽车企业研发投入对 FDI 的技术溢出作用不明显。模型 2 和模型 4 的回归结果表明，FDI 和内资汽车企业研发投入（RD）的交互项与内资汽车企业劳动生产率的回归系数为正，回归系数分别为 0.003 和 0.008，且均没有通过任何显著性检验。可见，增加内资汽车企业研发投入对 FDI 的技术溢出有一定程度的促进作用，但作用不明显。增加内资汽车企业的研发投入，提高内资汽车企业的研发强度，有助于增强内资汽车企业的吸收能力，但是从中国内资汽车企业研发投入和研发强度现状来看，2010 年中国内资汽车企业 R&D 经费支出额为 8953716.63 万元，占其营业收入的比重为 2%，1994~2010 年内资汽车企业研发强度增长缓慢，大体在 1.5% 左右徘徊，这与国外企业研发强度相比是偏低的，正是中国内资汽车企业研发投入相对不足，研发强度相对偏低，导致了内资汽车企业对国外先进技术和管理经验的吸收能力不足，从而使增加内资汽车企业研发投入对 FDI 的技术溢出作用不明显。因此，应当进一步增加内资汽车企业 R&D 经费支出，提高其研发强度，从而增强其吸收能力以促进 FDI 的技术溢出，最终促进中国汽车产业的技术进步。这与王天骄（2011）的研究结论是一致的，王天骄（2011）在对中国内资汽车产业 FDI 溢出效应影响因素的研究发现，内资汽车产业研发投入与 FDI 对中国内资汽车产业溢出效应的作用不明显。而赵增耀、王喜（2007）用研发费用占总销售收入比例表示研发强度指标，利用 1998~2005 年的时间序列数据研究发现，民营汽车企业研发强度的提高有助于 FDI 的技术溢出。

（5）增加内资汽车企业人力资本投入有助于 FDI 的技术溢出。模型 3 和模型 4 的回归结果表明，FDI 和内资汽车企业人力资本投入（HC）的交互项与内资汽车企业劳动生产率的回归系数显著为正，回归系数分别为 0.785 和 0.694，且分别在 5% 和 10% 的水平下显著。可见，增加内资汽车企业人力资本投入对 FDI 的技术溢出具有显著促进作用。增加内资汽车企业工程技术人员占其职工人数比例，有助于提高内资汽车企业对国外先进技术和管理经验的吸收能力，从而有助于 FDI 技术溢出，最终促进中国汽车产业的技术进步。这与类似的研究结论是一致的，赵增耀和王喜（2007）用技术人员占企业员工比例表示人力资本指标，用 1998～2005 年的时间序列数据研究发现，民营汽车企业人力资本的增加有助于 FDI 的技术溢出；王天骄（2011）在对中国内资汽车产业 FDI 溢出效应影响因素的研究发现，内资汽车产业人力资本投资有助于 FDI 对中国内资汽车产业的溢出效应。

本节从产业内部不同类型企业层面，基于内资汽车企业的吸收能力视角识别 FDI 溢出的影响因素，研究了内外资汽车企业技术差距、内资汽车企业研发投入、内资汽车企业人力资本投入对 FDI 溢出效应的影响。研究发现，汽车产业大规模外资引进对中国内资汽车企业发展的挤出效应超过了其溢出效应，内外资汽车企业技术差距的扩大不利于 FDI 的技术溢出，增加内资汽车企业人力资本投入有助于 FDI 的技术溢出，增加内资汽车企业研发投入对 FDI 的技术溢出作用不明显。

第六节　本章小结

本章主要基于内资汽车企业吸收能力视角研究了 FDI 技术溢出与汽车产业技术进步之间的关系。

首先，本章对中国汽车产业 FDI 现状进行了分析，阐述了中国汽车产业合资合作的现状及其存在的问题，分析了跨国汽车公司对华战略，并反思了"以市场换技术"战略。

其次，从产业层面研究 FDI 对中国整体汽车产业发展的影响，实证检验了 FDI 对中国整体汽车产业是具有溢出效应还是具有挤出效应，研究发现汽车产业 FDI 投资对中国整体汽车产业具有显著的溢出效应，R&D 投资对中国汽车产业 FDI 的技术溢出效应作用不明显，这一方面是因为 R&D 资本存在估算技术难题，另一方面是因为中国 R&D 研发强度相对偏低，而 R&D 人力资本对中国汽车产业 FDI 技术溢出效应具有显著正影响。

再次，从产业内部不同类型企业层面，实证检验了外资汽车企业对中国内资汽车企业的溢出效应，研究发现 FDI 进入对中国内资汽车企业发展的挤出效应超过了其溢出效应。通过对 FDI 对中国内资汽车企业溢出渠道的实证研究发现，外资汽车企业主要通过人力资本效应对内资汽车企业产生技术溢出效应，外资汽车企业并没有通过竞争效应对内资汽车企业产生技术溢出效应。内外资汽车企业竞争效应回归系数的绝对值（2.060）要大于人力资本效应回归系数的绝对值（1.833）。可见，外资汽车企业在技术等方面的垄断优势，使其在中国汽车市场竞争中占据绝对优势，因而内外资汽车企业的这种不对等的竞争不利于外资汽车企业的技术外溢，反而对内资汽车企业具有挤出效应。

最后，从产业内部不同类型的企业层面看，基于内资汽车企业的吸收能力视角识别了 FDI 溢出的影响因素，研究了内外资汽车企业技术差距、内资汽车企业研发投入、内资汽车企业人力资本投入对 FDI 溢出效应的影响。研究发现，汽车产业大规模外资引进对中国内资汽车企业发展的挤出效应超过了其溢出效应，内外资汽车企业技术差距的扩大不利于 FDI 的技术溢出，增加内资汽车企业人力资本投入有助于 FDI 的技术溢出，增加内资汽车企业研发投入对 FDI 的技术溢出作用不明显。

第七章　中国汽车产业技术进步主要来源的甄别

上几章的研究表明，自主研发对中国汽车产业技术进步产生了显著正影响，国外技术引进也对中国汽车产业生产率增长具有显著的促进作用，FDI 技术溢出通过人力资本效应也对中国内资汽车企业产生了显著正影响。可见，自主研发、技术引进和 FDI 技术溢出都是中国汽车产业技术进步的来源，那么，中国汽车产业技术进步的主要来源是什么？是自主研发、技术引进还是 FDI 溢出？对中国汽车产业技术进步主要来源进行甄别，有助于政策决策者做出提升中国汽车产业技术进步、促进中国汽车产业发展，使中国从汽车大国向汽车强国转变的政策决定。若中国汽车产业技术进步的主要来源是自主研发，则应当做进一步增大研发强度，进一步提高自主研发水平，进一步提升自主创新能力；若中国汽车产业技术进步的主要来源是技术引进，则应当做进一步加大对国外先进技术投资力度；若中国汽车产业技术进步的主要来源是 FDI 技术溢出，则应当做进一步加大汽车产业外资引进力度。本章将从自主研发、技术引进和 FDI 技术溢出三个方面，对中国汽车产业技术进步的主要来源进行甄别。

第一节　模型构建

为了甄别中国汽车产业技术进步的主要来源，本研究构建了如下计量模型。考虑到 R&D 具有创新能力和吸收能力的两面性（Cohen & Levinthal，1989），本研究在模型构建中通过 R&D 与技术引进的交互作用、R&D 与 FDI

溢出效应的交互作用来考察 R&D 的吸收能力。

$$\ln LP = \alpha + \beta\ln(K/L) + \gamma\ln RD + \lambda\ln FK + \eta\ln FDI + \mu(\ln RD \cdot \ln FK) + \rho(\ln RD \cdot \ln FDI) + \varepsilon \tag{7.1}$$

其中，LP 表示汽车产业劳动生产率，采用汽车产业工业增加值与其从业人员的比值来衡量，反映汽车产业的技术进步水平；K/L 表示汽车产业人均资本，采用汽车产业固定资产净值与其从业人员的比值来衡量；RD 表示汽车产业 R&D 经费支出额占汽车产业营业收入的比重，即汽车产业的研发强度；FK 表示汽车产业国外技术引进投资额占汽车产业总投资的比重；FDI 表示汽车产业外商直接投资额占汽车产业总投资的比重。那么，参数 β 表示汽车产业人均资本对汽车产业技术进步的贡献；参数 γ、λ 和 η 分别表示自主研发、技术引进和 FDI 技术溢出对汽车产业技术进步的贡献；参数 μ 和 ρ 分别表示 R&D 吸收能力与技术引进和 FDI 技术溢出的乘积对汽车产业技术进步的贡献。此处，只用判断这些参数的正负号及其变化幅度，就可以判定自主研发、技术引进和 FDI 技术溢出等因素对汽车产业技术进步的影响。

第二节 数据处理

所有基础数据均来自历年的《中国汽车工业年鉴》（1995～2011）、《中国统计年鉴》（1995～2011）以及汽车工业协会统计网站。为了消除价格因素的影响，相应价值指标均利用对应的价格指数调整为以 1991 年为基期的不变价指数值。

表 7-1 报告了 1994～2010 年汽车产业劳动生产率、人均资本、研发强度、技术引进以及 FDI 占总投资比重的数据。从图 7-1 可以看出，1994～2010 年中国汽车产业劳动生产率和人均资本均处于稳定增长趋势，且两者之间呈现极为相似的增长趋势，劳动生产率从 1994 年的 4.17 万元/人增长到 2010 年的 70.79 万元/人，人均资本从 1994 年的 3.77 万元/人增长到 2010 年的 45.38 万元/人。可见，考察期内中国汽车产业取得了一定的技术进步。这种技术进步与汽车产业的大规模资本投资是离不开的。从图 7-2 可见，1994～2010 年中国汽车产业研发强度在 1%～2% 区间徘徊，考察期内年均研

发强度为 1.63%，仅在 2008 年汽车产业的研发强度超过了 2%，研发强度为 2.07%，可见，考察期内中国汽车产业的研发投资相对不足，研发强度有待进一步增强。图 7 - 3 报告了汽车产业技术引进和 FDI 占总投资比重情况，可见，1994~2010 年，汽车产业技术引进占总投资的比重和 FDI 占总投资的比重均呈现双双回落的趋势，技术引进投资占比从 1994 年的 57.94% 下降至 2010 年的 4.51%，FDI 投资占比从 1994 年的 39.33% 下降至 2010 年的 9.52%，由此可见，在考察期内中国汽车产业减少了直接技术引进和 FDI 投资的费用，而更注重对自身的自主创新能力的建设。

表 7 - 1　汽车产业自主研发、技术引进及 FDI 数据（1994~2010 年）

年份	劳动生产率（万元/人）	人均资本（万元/人）	研发强度（%）	技术引进/总投资（%）	FDI/总投资（%）
1994	4.17	3.77	1.59	57.94	39.33
1995	4.98	5.59	1.66	68.33	25.07
1996	5.55	8.40	1.54	25.04	20.68
1997	5.56	11.15	1.38	32.94	16.59
1998	6.01	12.99	1.39	26.90	17.09
1999	7.97	17.01	1.84	26.86	16.07
2000	9.63	19.41	1.90	18.83	16.94
2001	12.27	21.29	1.38	13.40	21.57
2002	16.70	21.99	1.45	12.58	22.20
2003	23.80	23.39	1.32	12.08	16.25
2004	24.54	25.75	1.42	17.65	12.52
2005	26.35	29.58	1.66	15.42	8.08
2006	37.64	34.05	1.77	14.39	10.36
2007	43.88	37.62	1.80	7.88	10.87
2008	46.85	43.50	2.07	6.99	11.30
2009	54.23	44.74	1.93	6.64	10.54
2010	70.79	45.38	1.62	4.51	9.52

图 7 - 4 展示了汽车产业人均资本与劳动生产率之间的关系，从中我们可以比较直观地发现，随着汽车产业人均资本的增长，中国汽车产业劳动生产率呈现极为明显的上升趋势。

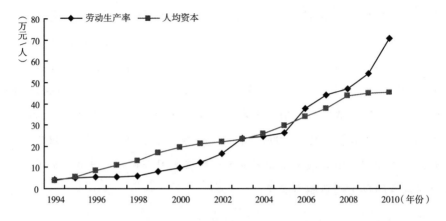

图 7 - 1　汽车产业劳动生产率和人均资本（1994~2010 年）

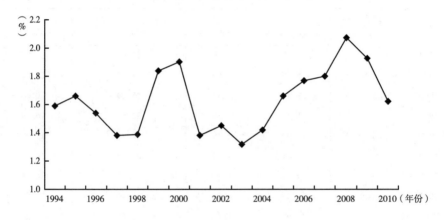

图 7 - 2　汽车产业研发强度（1994~2010 年）

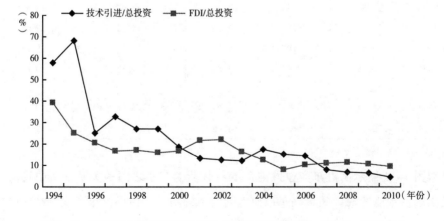

图 7 - 3　汽车产业技术引进和 FDI 占总投资比重情况（1994~2010 年）

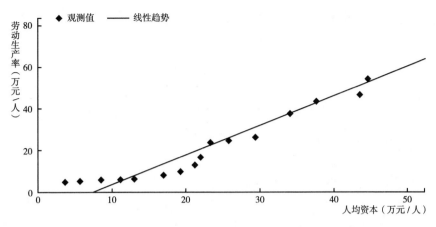

图 7 - 4　人均资本与劳动生产率的关系（1994～2010 年）

进一步考察汽车产业人均资本与劳动生产率之间的相关性发现，汽车产业人均资本与劳动生产率之间存在显著正相关关系，两者之间的 Pearson 相关系数为 0.949，Spearman 相关系数为 1.000，且均在 1% 的水平下显著（如表 7 - 2 所示）。

表 7 - 2　劳动生产率与人均资本的相关性检验

	系数	显著性水平
Pearson 相关	0.949	0.000 ***
Spearman 相关	1.000	0.000 ***

注：*** 表示在 1% 的水平下显著。

图 7 - 5 展示了汽车产业研发强度与劳动生产率之间的关系，从中我们可以比较直观地发现，随着汽车产业研发强度的增强，中国汽车产业劳动生产率呈现一定程度的上升趋势。

进一步考察汽车产业研发强度与劳动生产率之间的相关性发现，汽车产业研发强度与劳动生产率之间存在比较显著的正相关关系，两者之间的 Pearson 相关系数为 0.432，且在 10% 的水平下显著，两者之间的 Spearman 相关系数为 0.390，且在 15% 的水平下显著（如表 7 - 3 所示）。

图 7 - 6 展示了汽车产业技术引进占总投资比重与劳动生产率之间的关系，从中我们可以比较直观地发现，随着汽车产业技术引进占总投资比重的增加，中国汽车产业劳动生产率呈现一定程度的下降趋势。

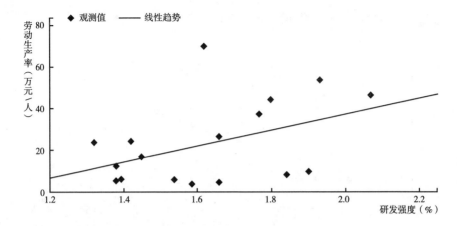

图 7 – 5 研发强度与劳动生产率的关系 （1994～2010 年）

表 7 – 3 劳动生产率与研发强度的相关性检验

	系数	显著性水平
Pearson 相关	0.432	0.083 ∗
Spearman 相关	0.390	0.122#

注：#表示在 15% 的水平下显著； ∗ 表示在 10% 的水平下显著；

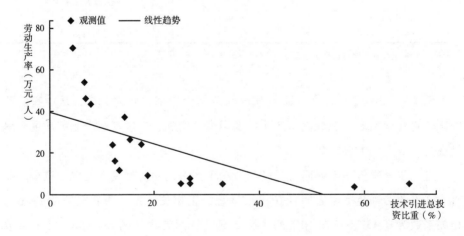

图 7 – 6 技术引进占总投资比重与劳动生产率的关系 （1994～2010 年）

进一步考察汽车产业技术引进占总投资比重与劳动生产率之间的相关性发现，汽车产业技术引进占总投资比重与劳动生产率之间存在比较显著的负相关关系，两者之间的 Pearson 相关系数为 - 0. 668，Spearman 相关系数为 - 0. 917，且均在 1% 的水平下显著（如表 7 - 4 所示）。

表 7 - 4 劳动生产率与技术引进占总投资比重的相关性检验

	系数	显著性水平
Pearson 相关	- 0. 668	0. 003 ***
Spearman 相关	- 0. 917	0. 000 ***

注: *** 表示在 1% 的水平下显著。

图 7 - 7 展示了汽车产业 FDI 占总投资比重与劳动生产率之间的关系，从中我们可以比较直观地发现，随着汽车产业 FDI 占总投资比重的增加，中国汽车产业劳动生产率呈现一定程度的下降趋势。

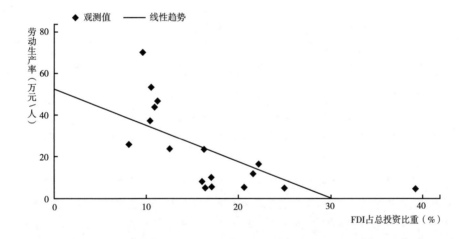

图 7 - 7 FDI 占总投资比重与劳动生产率的关系（1994 ~ 2010 年）

进一步考察汽车产业 FDI 占总投资比重与劳动生产率之间的相关性发现，汽车产业 FDI 占总投资比重与劳动生产率之间存在比较显著的负相关关系，两者之间的 Pearson 相关系数为 - 0. 661，Spearman 相关系数为 - 0. 836，且均在 1% 的水平下显著（见表 7 - 5）。

表 7 - 6 报告了各变量的描述统计量，表 7 - 7 报告了对数化处理之后的相关数据（1994 ~ 2010 年）。

表7-5 劳动生产率与 FDI 占总投资比重的相关性检验

	系数	显著性水平
Pearson 相关	-0.661	0.004 ***
Spearman 相关	-0.836	0.000 ***

注：*** 表示在1%的水平下显著。

表7-6 描述统计量（1994~2010年）

变量	观测值	极小值	极大值	均值	标准差
LP	17	4.17	70.79	23.58	20.35
K/L	17	3.77	45.38	23.86	13.57
RD	17	1.32	2.07	1.63	0.23
FK	17	4.51	68.33	21.67	17.63
FDI	17	8.08	39.33	16.76	7.65

表7-7 对数化处理后的相关数据（1994~2010年）

年份	$\ln LP$	$\ln(K/L)$	$\ln RD$	$\ln FK$	$\ln FDI$	$\ln RD \cdot \ln FK$	$\ln RD \cdot \ln FDI$
1994	1.4279	1.3271	0.4637	4.0594	3.6720	1.8825	1.7028
1995	1.6054	1.7210	0.5068	4.2243	3.2217	2.1410	1.6328
1996	1.7138	2.1282	0.4318	3.2205	3.0292	1.3905	1.3079
1997	1.7156	2.4114	0.3221	3.4947	2.8088	1.1256	0.9047
1998	1.7934	2.5642	0.3293	3.2921	2.8385	1.0841	0.9347
1999	2.0757	2.8338	0.6098	3.2906	2.7770	2.0065	1.6933
2000	2.2649	2.9658	0.6419	2.9355	2.8297	1.8841	1.8162
2001	2.5072	3.0582	0.3221	2.5953	3.0713	0.8359	0.9892
2002	2.8154	3.0906	0.3716	2.5321	3.1001	0.9408	1.1519
2003	3.1697	3.1523	0.2776	2.4916	2.7881	0.6917	0.7741
2004	3.2003	3.2484	0.3507	2.8707	2.5273	1.0066	0.8862
2005	3.2715	3.3871	0.5068	2.7357	2.0894	1.3865	1.0589
2006	3.6281	3.5278	0.5710	2.6665	2.3380	1.5225	1.3349
2007	3.7815	3.6275	0.5878	2.0643	2.3860	1.2134	1.4025
2008	3.8470	3.7728	0.7275	1.9445	2.4248	1.4147	1.7642
2009	3.9932	3.8009	0.6575	1.8931	2.3552	1.2448	1.5486
2010	4.2597	3.8151	0.4824	1.5063	2.2534	0.7267	1.0871

第三节 实证分析

一 基于时间序列数据的实证分析

基于 1994 ~ 2010 年的时间序列数据,采用 OLS 对模型 (7.1) 回归得到如下估计结果 (参见表 7 - 8)。

表 7 - 8 估计结果 1 (1994 ~ 2010 年)

变量	模型 1	模型 2	模型 3	模型 4	模型 5	模型 6
常数项	- 2.559 (- 2.995 **)	- 3.403 (- 2.437 **)	- 1.774 (- 1.914 *)	- 3.048 (- 2.046 *)	- 2.816 (- 0.893)	16.698 (0.681)
$\ln(K/L)$	1.745 (6.871 ***)	2.036 (4.954 ***)	1.615 (6.835 ***)	1.805 (5.695 ***)	1.947 (2.878 **)	- 0.225 (- 0.482)
$\ln RD$		- 0.506 (- 1.353)			- 0.498 (- 1.100)	- 2.936 (- 1.082)
$\ln FK$			- 0.148 (- 1.360)		- 0.027 (- 0.140)	- 0.392 (- 1.800#)
$\ln FDI$				0.114 (0.456)	- 0.086 (- 0.260)	0.047 (0.095)
$\ln RD \cdot \ln FK$						0.753 (1.737#)
$\ln RD \cdot \ln FDI$						0.323 (0.294)
AR(1)	1.015 (4.133 ***)	0.642 (7.212 ***)	0.920 (3.850 ***)	1.047 (3.985 ***)	0.635 (5.536 ***)	0.982 (24.181 ***)
AR(2)	- 0.409 (- 2.143 *)		- 0.360 (- 1.975 *)	- 0.427 (- 2.099 *)		
R-squared	0.982	0.973	0.985	0.982	0.973	0.992
F-statistic	198.701	145.282	161.283	138.378	73.284	139.110
D - W	1.834	1.414	1.809	1.803	1.453	1.662

注: #表示在 15% 的水平下显著; * 表示在 10% 的水平下显著; ** 表示在 5% 的水平下显著; *** 表示在 1% 的水平下显著;括号内为 t 统计值。

　　估计结果显示，汽车产业人均资本与劳动生产率的回归系数显著为正，这进一步论证了汽车产业资本投资对汽车产业技术进步的重要作用。与我们预期不一致的是，研发强度与劳动生产率的回归系数为负，但均没有通过任何显著性检验，这一方面与本研究对研发资本存量的估计有关，另一方面也说明了中国汽车产业研发投资不足，研发强度尚不能很好地促进中国汽车产业技术进步。

　　此外，与我们预期不一致的还有，国外技术引进投资与劳动生产率的回归系数为负，模型3和模型5的回归系数没有通过任何显著性检验，但模型6的回归结果显示，回归系数为 -0.392，且在15%的水平下显著。通过对研发强度与技术引进交叉项的回归发现，研发强度与技术引进交叉项与劳动生产率的回归系数为正，回归系数为0.753，且在15%的水平下显著。国外技术引进与汽车产业劳动生产率的回归系数为负，而国外技术引进和研发强度的交叉项与汽车产业劳动生产率的回归系数为正，这说明，R&D吸收能力在外国技术引进过程中起了关键作用，如果不加大国内汽车企业的研发投资，增强其对国外先进技术的吸收能力，只是一味地从国外引进先进技术，并不能促进中国汽车产业技术进步；只有在引进国外先进技术的同时，增加汽车产业自身研发强度，提高国内汽车产业的吸收能力，才能实现汽车产业技术进步。

　　估计结果还显示，FDI对中国汽车产业劳动生产率的影响不明显，研发强度与FDI的交叉项与劳动生产率的回归系数虽为正，但是没有通过任何显著性检验。

　　为了进一步论证上述估计结果的稳健性，本研究还分别采用包含与不包含截距项的一阶差分模型进行了估计，估计结果见表7-9。估计结果表明，研发强度与劳动生产率的回归系数为负，且在模型8中通过了10%的水平性检验；国外技术引进与劳动生产率的回归系数显著为负，在模型7和模型8中分别通过了10%和5%的水平性检验；研发强度和技术引进的交叉项与劳动生产率的回归系数显著为正，在模型7和模型8中分别通过了10%和5%的水平性检验；FDI及其与研发强度的交叉项与劳动生产率的关系仍然不明显。这与普通OLS估计结果是一致的。

表 7 - 9　估计结果 2 （1994 ~ 2010 年）

变量	模型 7:一阶差分模型		模型 8:一阶差分模型(不含截距项)	
	系数	t 统计值	系数	t 统计值
常数项	0.204	4.361 ***		
$\ln(K/L)$	- 0.083	- 0.308	0.602	1.071
$\ln RD$	- 3.039	- 1.194	- 5.565	- 2.223 *
$\ln FK$	- 0.389	- 1.886 *	- 0.511	- 2.918 **
$\ln FDI$	0.050	0.107	- 0.182	- 0.406
$\ln RD \cdot \ln FK$	0.768	1.897 *	1.008	2.881 **
$\ln RD \cdot \ln FDI$	0.334	0.323	0.973	1.087
AR(1)			0.831	3.981 ***
R-squared	0.470		0.423	
D - W	1.536		2.031	

注：＊表示在 10% 的水平下显著；＊＊表示在 5% 的水平下显著；＊＊＊表示在 1% 的水平下显著。

　　综上可知，当前中国汽车产业研发强度偏低，导致其尚不能显著促进汽车产业技术进步，但是研发强度显示了其吸收能力特性，增加研发强度能够显著提升国外技术引进对中国汽车产业技术进步的影响力。

二　基于面板数据的实证分析

　　上述基于时间序列数据的实证分析，会因时间序列较短（17 年）且自变量较多（6 个）而导致诸多计量问题，从而影响回归结果的稳健性，从上述估计结果也可以看出，当估计模型中同时包含自主研发及其吸收能力、技术引进、FDI 等因素之后，得到的研究结论与上述章节所得研究结论有所出入，如第六章中本研究发现 FDI 对中国汽车产业产生了显著技术溢出效应，而此处发现 FDI 对中国汽车产业技术进步的影响不明显等。为了解决基于时间序列数据实证分析过程中存在的计量问题，得到更稳健的结论，本节采用面板数据模型进行计量检验。

　　运用面板数据模型对本章的研究主题进行计量检验时，首先需要估算汽车产业五大分行业的 FDI 数据，因为在《中国汽车工业年鉴》及一些门户网站中并没有提供汽车产业及其分行业的 FDI 数据。在第六章中，本研究以汽车工业增加值在全国 GDP 中的占比为权重，估算出了中国汽车产业 FDI 投资额。在此基础上，本节以汽车五大行业工业总产值占汽车产业总产值的占比为权重，估算汽车五大行业的 FDI 数据。也就是说，汽车分行业 FDI 等于该行业工业总产值占汽车产业工业总产值的比重乘以汽车产业 FDI。

汽车分行业 FDI 数据估计结果如表 7 - 10 所示。1998 ~ 2010 年，在整个汽车产业中汽车行业的比重最大，汽车行业工业总产值占整体汽车产业工业总产值的比重约为 57%，其次为汽车摩托车配件行业，其比重约为 23%，改装汽车、摩托车以及车用发动机的比重最低，其比重约为 10%。这种情形反映在汽车分行业 FDI 方面即为，1998 ~ 2010 年，汽车行业及汽车摩托车配件行业的 FDI 远远超过了改装汽车、摩托车以及车用发动机行业的 FDI（参见图 7 - 8）。

表 7 - 10　汽车分行业 FDI 估算

单位：%，亿元

时间	汽车		改装汽车		摩托车		车用发动机		汽车摩托车配件	
	比重	FDI	比重	FDI	比重	FDI	比重	FDI	比重	FDI
1998	0.50	15.80	0.10	3.09	0.17	5.29	0.04	1.11	0.20	6.32
1999	0.51	15.52	0.09	2.76	0.17	5.12	0.03	1.06	0.19	5.92
2000	0.55	17.97	0.10	3.19	0.15	4.97	0.03	0.98	0.17	5.57
2001	0.57	23.86	0.09	3.68	0.13	5.31	0.02	0.94	0.19	8.12
2002	0.57	36.12	0.10	6.17	0.09	5.55	0.03	1.73	0.21	13.30
2003	0.63	51.15	0.08	6.16	0.07	5.61	0.03	2.38	0.19	15.75
2004	0.61	48.89	0.07	5.77	0.08	6.07	0.03	2.47	0.21	17.09
2005	0.55	32.72	0.06	3.71	0.08	4.52	0.05	2.95	0.26	15.39
2006	0.53	43.12	0.06	4.72	0.06	5.24	0.04	3.62	0.30	24.19
2007	0.54	51.11	0.06	5.65	0.06	5.93	0.05	4.60	0.29	27.07
2008	0.55	48.21	0.06	5.60	0.06	5.26	0.05	4.18	0.28	24.03
2009	0.61	59.05	0.06	6.09	0.04	3.66	0.04	4.33	0.25	24.04
2010	0.63	76.18	0.05	5.54	0.03	3.87	0.05	5.67	0.25	30.42

基于第五章的分析，为了能更好地解决相关性、内生性以及共线性等计量问题，此处基于 1998 ~ 2010 年汽车五大行业的面板数据，构建了如下的一阶差分模型以甄别中国汽车产业技术进步的主要来源：

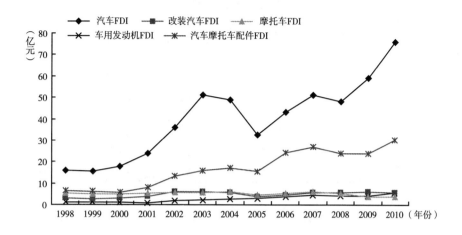

图 7 - 8　汽车分行业 FDI（1998 ~ 2010 年）

$$\Delta\ln TFP_{it} = \delta + \alpha\Delta\ln RD_{it} + \beta\Delta\ln FK_{it} + \gamma\Delta\ln FDI_{it} + \\ \lambda(\Delta\ln RD_{it} \cdot \Delta\ln FK_{it}) + \eta(\Delta\ln RD_{it} \cdot \Delta\ln FDI_{it}) + \varepsilon_{it}$$

(7.2)

上式中，*TFP* 表示汽车产业全要素生产率；*RD* 表示汽车产业研发投入；*FK* 表示汽车产业国外技术引进投资；*FDI* 表示汽车产业外商直接投资；为了考察 R&D 创新能力和吸收能力的两面性（Cohen & Levinthal，1989），在模型构建中我们通过 R&D 投资与国外技术引进投资和 FDI 投资的交互作用来考察 R&D 吸收能力。式中 λ 和 η 分别表示 R&D 对技术引进和 FDI 的吸收能力。如果 λ 和 η 在统计上不显著，则表明汽车产业没能通过 R&D 投资途径有效地吸收国外先进技术和 FDI，从而对生产率增长没有促进作用。如果 λ 和 η 显著为正，则表明汽车产业 R&D 投资与国外技术引进投资或者 FDI 之间存在互补效应，R&D 投资成功地吸收了国外先进技术和 FDI，从而有利于生产率增长。如果 λ 和 η 显著为负，则表明汽车产业 R&D 投资与国外技术引进投资或 FDI 之间存在替代效应，对生产率增长有损害作用。

为了消除价格因素的影响，相应价值指标均利用对应的价格指数调整为以 1991 年为基期的不变价指数值。表 7 - 11 报告了各变量的描述统计量。

表7-11　描述统计量（1998~2010年）

变量	观测值	极小值	极大值	均值	标准差
$\ln TFP$	60	-0.748	0.782	0.034	0.247
$\ln RD$	60	-1.501	1.640	0.214	0.425
$\ln FK$	60	-4.275	3.042	0.039	1.113
$\ln FDI$	60	-0.441	0.613	0.084	0.214
$\ln RD \cdot \ln FK$	60	-54.418	41.205	2.947	14.426
$\ln RD \cdot \ln FDI$	60	-5.248	8.031	1.540	2.885

　　表7-12报告了一阶差分模型的估计结果。估计结果显示，FDI与汽车产业全要素生产率之间的回归系数显著为正，回归系数为0.5763，且在5%的水平下显著，这意味着外资进入对中国汽车产业发展产生了显著技术溢出效应，能够显著促进中国汽车产业生产率增长和技术进步，这与本研究第六章的研究结论是一致的。此外，一阶差分模型的估计结果还表明，R&D、技术引进、R&D和FDI交互项与汽车产业全要素生产率之间的回归系数均为负，且在20%的水平下显著，虽然显著性水平较低，但是我们仍可以基本上判定的是：当前中国汽车产业R&D投资强度偏低，单纯的技术引进不能促进汽车产业技术进步，偏低的R&D投资与FDI之间存在替代效应，对汽车产业生产率增长有一定程度的损害作用。

表7-12　一阶差分模型的估计结果

变量	估计的参数	系数	t统计值	P值
$\Delta \ln RD$	α	-0.1661	-1.4431^	0.1501
$\Delta \ln FK$	β	-0.2074	-1.3835^	0.1677
$\Delta \ln FDI$	γ	0.5763	2.1654**	0.0312
$\Delta \ln RD \cdot \ln FK$	λ	0.0138	1.1426	0.2542
$\Delta \ln RD \cdot \ln FDI$	η	-0.0269	-1.3244^	0.1865
R-squared	0.3599	D-W	2.3377	
Adjusted R-squared	0.3480	样本数	300	

　　注：^表示在20%的水平下显著；**表示在5%的水平下显著。

三 基于 VAR 模型的实证分析

上述研究并没能对中国汽车产业技术进步的主要来源进行较好的甄别，为了进一步甄别中国汽车产业技术进步的主要来源，此处基于 VAR 模型来分析人均资本、自主研发、技术引进、FDI 技术溢出、R&D 对技术引进和 FDI 技术溢出的吸收能力等因素对汽车产业技术进步造成的影响。为了分析这些因素对汽车产业技术进步的长期影响和短期影响及其贡献率，本研究将各变量以自然对数的形式纳入 VAR 模型，样本区间为 1994～2010 年。

首先利用脉冲响应函数分析人均资本等因素的变动对汽车产业技术进步的影响。对所有数据进行了协整检验发现均存在协整关系，这意味着各变量与汽车产业技术进步之间具有长期的均衡关系。此外，如图 7－9 可见，VAR 单位根均落在单位圆之内，这说明，本研究构建的 VAR 模型是稳健的。

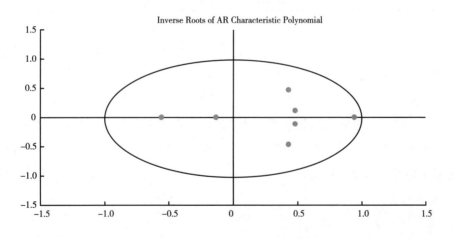

Inverse Roots of AR Characteristic Polynomial

图 7－9　VAR 单位根分布

本研究建立 7 变量的 VAR 模型，表 7－13 报告了 7 个变量的脉冲响应函数，图 7－10 至图 7－15 分别展示了人均资本、自主研发、技术引进、FDI 技术溢出、R&D 对技术引进和 FDI 技术溢出的吸收能力施加一个正的单位大小的冲击时，得到的关于汽车产业技术进步的脉冲响应函数图。其中，横坐标表示的是冲击作用的滞后期间数，单位为年份，纵坐标表示的是汽车产业劳动生产率（万元/人），曲线表示脉冲响应函数，代表了汽车产业技术进步对人均

资本、自主研发、技术引进、FDI 技术溢出、R&D 对技术引进和 FDI 技术溢
出的吸收能力等六大因素的冲击的反应。

表 7 – 13　脉冲响应函数

期	LP	K/L	RD	FK	FDI	RDFK	RDFDI
1	0.1210	0.0000	0.0000	0.0000	0.0000	0.0000	0.0000
2	0.1395	0.0423	– 0.0150	0.0466	0.0458	0.0093	– 0.0605
3	0.1212	0.0480	– 0.0085	0.0409	0.0275	0.0097	– 0.0461
4	0.1019	0.0435	– 0.0073	0.0369	0.0141	0.0071	– 0.0352
5	0.0888	0.0322	– 0.0081	0.0241	0.0036	0.0055	– 0.0252
6	0.0807	0.0249	– 0.0087	0.0179	0.0004	0.0041	– 0.0198
7	0.0764	0.0211	– 0.0089	0.0138	0.0004	0.0038	– 0.0178
8	0.0729	0.0204	– 0.0085	0.0133	0.0017	0.0036	– 0.0173
9	0.0695	0.0203	– 0.0079	0.0131	0.0023	0.0036	– 0.0170
10	0.0657	0.0199	– 0.0072	0.0131	0.0023	0.0035	– 0.0164

　　如图 7 – 10 所示，在本期给汽车产业人均资本一个正冲击之后，汽车产业
劳动生产率在第 1 期就有一个正的影响，在第 3 期这种影响达到最大（人均资
本对劳动生产率的响应是 0.048），之后逐渐开始稳定增长。这表明汽车产业
人均资本的某一冲击会给汽车产业技术进步带来同向的冲击，且这一冲击具有
显著的促进作用和较长的持续效应。这意味着增加汽车产业资本投资对汽车产
业技术进步具有重大影响。

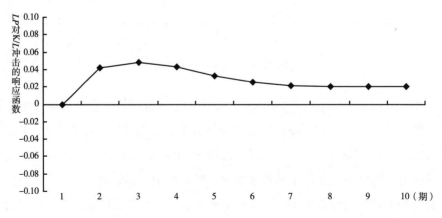

图 7 – 10　人均资本冲击对汽车产业劳动生产率的影响

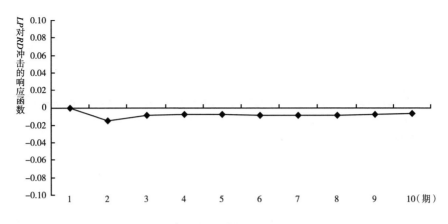

图 7 - 11　自主研发冲击对汽车产业劳动生产率的影响

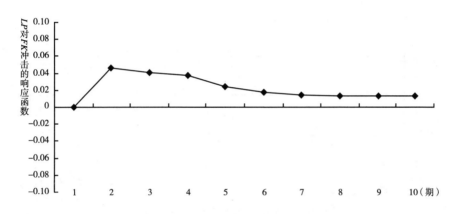

图 7 - 12　技术引进冲击对汽车产业劳动生产率的影响

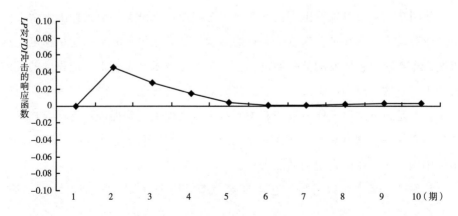

图 7 - 13　FDI 冲击对汽车产业劳动生产率的影响

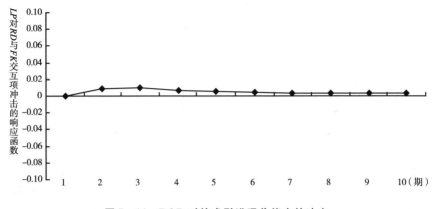

图 7 - 14   R&D 对技术引进吸收能力的冲击

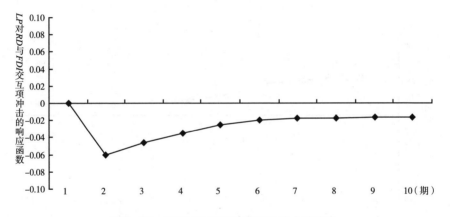

图 7 - 15   R&D 对 FDI 溢出吸收能力的冲击

从图 7 - 11 中可以看出，在本期给汽车产业自主研发一个正冲击之后，汽车产业劳动生产率在第 2 期就受到负的影响，之后这种负的影响趋于稳定。这表明汽车产业自主研发的某一冲击会给汽车产业技术进步带来一定程度的反向的冲击，且这一反向冲击具有较长的持续效应。这可能与当前中国汽车产业研发投资不足，自主研发能力较弱有关，自主研发尚未达到促进汽车产业技术进步的门槛水平，这意味着应当进一步加大对中国汽车产业的 R&D 投资力度，增强中国汽车产业的自主创新能力。

从图 7 - 12 中可以看出，在本期给汽车产业技术引进一个正冲击之后，汽车产业劳动生产率在第 2 期就受到正的影响，之后出现增长放缓趋势，在第 6 期开始趋于稳定增长。这表明汽车产业技术引进的某一冲击会给汽车产业技术进步带来同向的冲击，且这一冲击具有显著的促进作用和较长的持续效应。这意味着增加汽车产业技术引进投资对汽车产业技术进步具有重大影响。

如图 7 - 13 所示，在本期给汽车产业 FDI 一个正冲击之后，汽车产业劳动生产率在第 2 期就受到正的影响，并达到最高点，亦即 FDI 对劳动生产率的响应是 0.0458，随后这种正影响逐步降低，直至第五期时在较低的水平上趋于稳定。这表明汽车产业 FDI 的某一冲击会给汽车产业技术进步带来同向的冲击，但是这一冲击效应在经过一段时间之后变得很微弱。这意味着增加汽车产业 FDI 对汽车产业技术进步具有一定程度的影响，同时需要注意的是，应当提升自身吸收能力，从而增强 FDI 对汽车产业技术进步的正向冲击效应。

如图 7 - 14 所示，在本期给汽车产业 R&D 与技术引进交叉项一个正冲击之后，汽车产业劳动生产率在第 2 期就受到正的影响，且在第 3 期达到最高点，亦即 R&D 对技术引进的吸收能力对劳动生产率的响应是 0.0097，随后这种正影响逐步降低，并在较低的水平上趋于稳定。这表明汽车产业 R&D 与技术引进交叉项的某一冲击会给汽车产业技术进步带来同向的冲击，但是这一冲击效应在经过一段时间之后变得很微弱。这意味着 R&D 对技术引进的吸收能力对汽车产业技术进步具有一定程度的影响，但是 R&D 吸收能力的影响非常有限，这可能与当前中国汽车产业 R&D 强度偏低有关，因此，应当加大汽车产业 R&D 投资力度，提升自身吸收能力，从而增强 R&D 对技术引进的吸收能力对汽车产业技术进步的正向冲击效应。

如图 7 - 15 所示，在本期给汽车产业 R&D 与 FDI 交叉项一个正冲击之后，汽车产业劳动生产率在第 2 期就受到负的影响，且达到最高点，即 R&D 对 FDI 技术溢出的吸收能力对劳动生产率的响应是 - 0.0605，随后这种负影响逐步减弱，并在第 6 期的时候趋于稳定，但是仍处于比较明显的负影响水平上。这表明汽车产业 R&D 与 FDI 交叉项的某一冲击会给汽车产业技术进步带来反向的冲击，意味着 R&D 对 FDI 技术溢出的吸收能力对汽车产业技术进步具有一定程度的负影响，当前 R&D 对 FDI 技术溢出的吸收能力并不能促进中国汽车产业的技术进步，这可能与当前中国汽车产业 R&D 强度偏低有关，从而导致 R&D 吸收能力不足，因此，应当加大汽车产业 R&D 投资力度，提升自身吸收能力。

表 7 - 14 给出了人均资本的 7 个变量的累积脉冲响应函数，图 7 - 16 至图 7 - 21 分别展示了各变量施加一个正单位大小的冲击后，得到的关于汽车产业技术进步累积脉冲响应函数图。

表 7 - 14　累积脉冲响应函数

期	LP	K/L	RD	FK	FDI	RDFK	RDFDI
1	0.1210	0.0000	0.0000	0.0000	0.0000	0.0000	0.0000
2	0.2605	0.0423	- 0.0150	0.0466	0.0458	0.0093	- 0.0605
3	0.3817	0.0903	- 0.0235	0.0876	0.0733	0.0190	- 0.1066
4	0.4836	0.1338	- 0.0308	0.1245	0.0874	0.0261	- 0.1418
5	0.5724	0.1661	- 0.0389	0.1485	0.0910	0.0315	- 0.1671
6	0.6531	0.1910	- 0.0476	0.1664	0.0914	0.0356	- 0.1869
7	0.7294	0.2120	- 0.0565	0.1801	0.0918	0.0394	- 0.2047
8	0.8023	0.2324	- 0.0650	0.1935	0.0934	0.0430	- 0.2220
9	0.8718	0.2526	- 0.0729	0.2066	0.0957	0.0467	- 0.2390
10	0.9375	0.2726	- 0.0801	0.2197	0.0981	0.0502	- 0.2553

从图 7 - 16 至图 7 - 21 可以看出，人均资本、技术引进、FDI、R&D 对技术引进吸收能力的某一冲击会给汽车产业技术进步带来同向的冲击。首先，在第 10 期时，人均资本冲击引起的汽车产业技术进步的累积响应最大，其累积响应为 0.2726；其次为技术引进冲击引起的汽车产业技术进步的累积响应，其累积响应为 0.2197；再次为 FDI 冲击引起的汽车产业技术进步的累积响应，其累积响应为 0.0981；最后为 R&D 对技术引进吸收能力冲击引起的汽车产业技术进步的累积响应，其累积响应为 0.0502。而自主研发、R&D 对 FDI 技术溢出吸收能力的某一冲击会给汽车产业技术进步带来反向的冲击，其中，在第 10 期时，自主研发冲击引起的汽车产业技术进步的累积响应为 - 0.0801，R&D 对 FDI 技术溢出吸收能力冲击引起的汽车产业技术进步的累积响应为 - 0.2553。

综上可知，我们利用脉冲响应函数分析了人均资本等六大因素的变动对汽

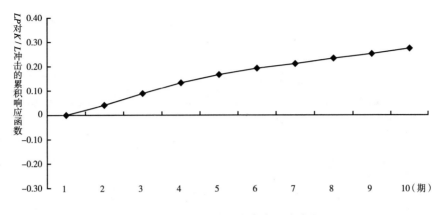

图 7 - 16　人均资本对汽车产业的冲击

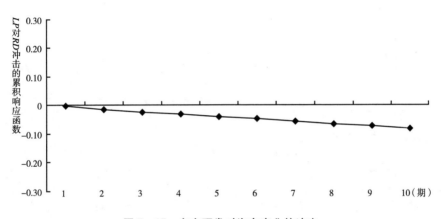

图 7 - 17　自主研发对汽车产业的冲击

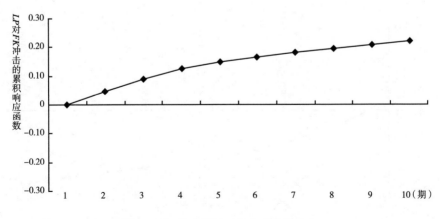

图 7 - 18　技术引进对汽车产业的冲击

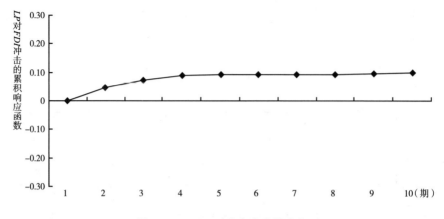

图 7 – 19　FDI 对汽车产业的冲击

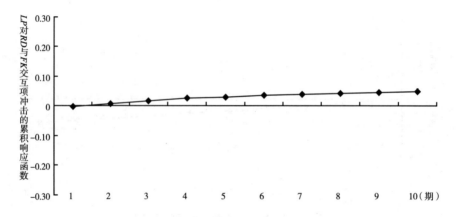

图 7 – 20　R&D 对技术引进吸收能力的冲击

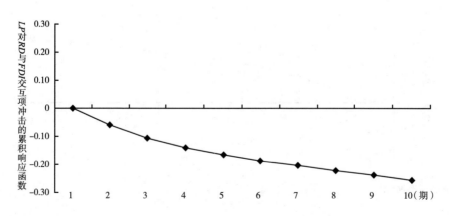

图 7 – 21　R&D 对 FDI 溢出吸收能力的冲击

车产业技术进步的动态影响，研究发现：人均资本、技术引进、FDI、R&D 对
技术引进吸收能力的某一冲击会给汽车产业技术进步带来同向的冲击；而自主
研发、R&D 对 FDI 技术溢出吸收能力的某一冲击会给汽车产业技术进步带来
反向的冲击；自主研发、R&D 对 FDI 技术溢出吸收能力的某一冲击之所以会
给汽车产业技术进步带来反向的冲击，其主要原因可能在于当前中国汽车产业
R&D 投资不足，研发强度偏低，致使自主研发尚未达到促进汽车产业技术进
步的门槛水平，同时其较低的研发强度也导致其吸收能力偏弱，从而未能充分
吸收 FDI 技术溢出效应以促进中国汽车产业技术进步。但是，以上研究尚不能
对中国汽车产业技术进步的主要来源进行甄别，为此，接下来我们通过方差分
解方法分析人均资本等变量冲击对中国汽车产业技术进步变化的贡献率，进一
步评价不同变量冲击的重要性，从而达到进一步甄别中国汽车产业技术进步主
要来源的目的。

表 7 - 15 报告了人均资本的 7 个变量的方差分解结果。图 7 - 22 至图 7 -
27 分别展示了人均资本、自主研发、技术引进、FDI 技术溢出、R&D 对技术
引进和 FDI 技术溢出的吸收能力对汽车产业劳动生产率的贡献率。其中，横坐
标表示滞后期数（单位：年），纵坐标表示人均资本等各变量对汽车产业劳动
生产率的贡献率（单位：%）。

表 7 - 15　方差分解结果

期	S. E.	LP	K/L	RD	FK	FDI	RDFK	RDFDI
1	0.1210	100.0000	0.0000	0.0000	0.0000	0.0000	0.0000	0.0000
2	0.2101	77.2599	4.0585	0.5099	4.9266	4.7516	0.1959	8.2975
3	0.2566	74.0807	6.2202	0.4520	5.8474	4.3341	0.2742	8.7916
4	0.2847	73.0215	7.3887	0.4326	6.4314	3.7675	0.2849	8.6735
5	0.3021	73.4622	7.6979	0.4562	6.3429	3.3586	0.2855	8.3968
6	0.3150	74.1483	7.7078	0.4960	6.1569	3.0902	0.2795	8.1214
7	0.3257	74.8396	7.6266	0.5391	5.9366	2.8901	0.2748	7.8933
8	0.3352	75.3767	7.5683	0.5728	5.7622	2.7308	0.2712	7.7181
9	0.3437	75.7754	7.5451	0.5971	5.6263	2.6018	0.2691	7.5852
10	0.3513	76.0668	7.5481	0.6142	5.5266	2.4960	0.2676	7.4807

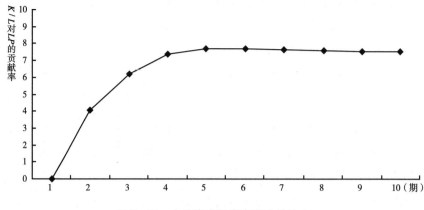

图 7 – 22　人均资本对汽车产业的冲击

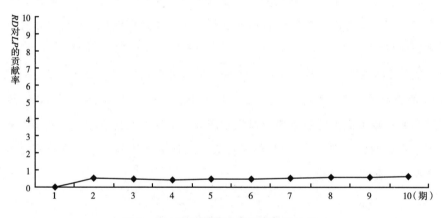

图 7 – 23　自主研发对汽车产业的冲击

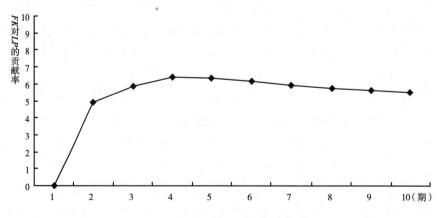

图 7 – 24　技术引进对汽车产业的冲击

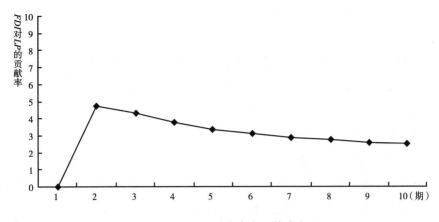

图 7 - 25　FDI 对汽车产业的冲击

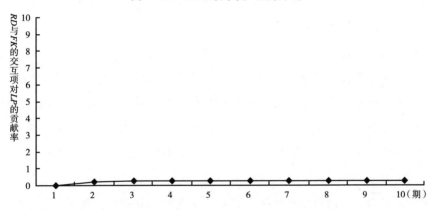

图 7 - 26　R&D 对技术引进的吸收能力的冲击

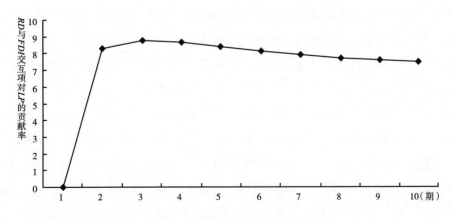

图 7 - 27　R&D 对 FDI 溢出的吸收能力的冲击

在不考虑汽车产业劳动生产率自身贡献率的情况下，人均资本对汽车产业劳动生产率的平均贡献率为7.0%，且在第6期时贡献率达到最大，最大贡献率为7.7%；自主研发对汽车产业劳动生产率的贡献率逐渐增加，在第10期时贡献率达到最大，最大贡献率为0.6%，其平均贡献率为0.52%；技术引进对汽车产业劳动生产率的平均贡献率约为5.8%，且在第4期时贡献率达到最大，最大贡献率为6.4%；FDI对汽车产业劳动生产率的平均贡献率约为3.3%，且在第2期时贡献率达到最大，最大贡献率为4.8%；R&D对技术引进的吸收能力对汽车产业劳动生产率的平均贡献率约为0.27%，且在第5期时贡献率达到最大，最大贡献率为0.29%；R&D对FDI技术溢出的吸收能力对汽车产业劳动生产率的平均贡献率约为8.1%，且在第3期时贡献率达到最大，最大贡献率为8.8%。

综上可见，在不考虑汽车产业劳动生产率自身贡献率的情况下，对中国汽车产业技术进步贡献率从大到小的变量分别为：R&D对FDI技术溢出的吸收能力、人均资本、技术引进、FDI、自主研发和R&D对技术引进的吸收能力，其贡献率分别为8.1%、7.0%、5.8%、3.3%、0.52%和0.27%。可知，中国汽车产业技术进步的主要来源分别是：技术引进、FDI和自主研发。

通过方差分解方法分析人均资本等变量冲击对中国汽车产业技术进步变化的贡献率得知，中国汽车产业技术进步的主要来源分别是：技术引进、FDI和自主研发。这意味着，作为后起汽车工业大国，引进国外先进技术、吸收FDI对中国汽车产业技术进步起了十分重要的作用，但是我们也应当注意到，自主研发对汽车产业技术进步的贡献率相对较低，而R&D吸收能力对吸收国外先进技术，特别是对吸收FDI技术溢出效应起了显著作用，这一方面说明，当前中国汽车产业的自主研发能力较弱，对汽车产业技术进步的作用有限，另一方面说明，应当进一步加大对汽车产业R&D经费支出力度，提高汽车产业研发强度，增强自主研发能力，促进R&D创新能力及其吸收能力对汽车产业技术进步的贡献。可见，中国汽车产业的发展应在开放中确立大国竞争优势（刘世锦，2011），一方面对外开放，加大对国外先进技术和FDI的引进力度，另一方面对内发展，加大汽车企业研发投资力度，增强自主创新能力。从当前现状来看，加大研发投资力度，增强自主创新能力是中国汽车产业发展的重中之重。

第四节 本章小结

本章主要从自主研发、技术引进和 FDI 技术溢出三个方面，对中国汽车产业技术进步的主要来源进行了识别。首先，基于 1994～2010 年的时间序列数据实证研究发现，R&D 吸收能力在外国技术引进过程中起到了关键性作用。其次，基于 1998～2010 年汽车五大行业的面板数据，构建一阶差分模型实证研究发现，FDI 对中国汽车产业发展产生了显著技术溢出效应，能够显著促进中国汽车产业生产率增长和技术进步。最后，基于 VAR 模型的实证研究，利用脉冲响应函数发现，人均资本、技术引进、FDI、R&D 对技术引进吸收能力的某一冲击会给汽车产业技术进步带来同向的冲击；而自主研发、R&D 对 FDI 技术溢出吸收能力的某一冲击会给汽车产业技术进步带来反向的冲击；通过方差分解方法分析人均资本等变量冲击对中国汽车产业技术进步变化的贡献率发现，中国汽车产业技术进步的主要来源分别是：技术引进、FDI 和自主研发。

第八章　促进中国汽车产业技术
进步的对策建议

第一节　中国汽车产业发展的对策建议

为推动汽车企业的自主创新，政府应当取消针对自主品牌实施的歧视性政策和限制，宣传和动员全国人民支持自主品牌，提高国人对自主品牌的认知度。与此同时，一方面要调整政策，从而为中国汽车产业的发展创造良好的市场氛围；另一方面要强化管理，从而促使中国汽车企业加快自主开发的步伐，只有两者结合才能尽快改变中国汽车产业自主开发的被动局面。

一　合资合作建议

在全球化新形势下，中国汽车产业合资合作面临国内外环境变化的新挑战和新机遇。首先，从国际环境来看，新兴国家的崛起、模块化生产方式和新能源汽车产业化，改变了合资合作的发展方向。进入 21 世纪以来，全球汽车市场的重心逐渐由传统发达国家市场向日益活跃的新兴国家市场转移。截至 2010 年，新兴市场汽车产量占全球汽车总产量的份额已接近 1/2。四大老牌汽车强国美国、日本、德国和法国市场份额萎缩，2006 年这四大汽车强国的汽车产量约占全球产量的 50%，2010 年市场份额已经降至 30%。金融危机后，经过全球汽车产品和资本市场新的一轮洗牌，传统的北美、日本汽车集团实力有所衰退，以德国为代表的欧系汽车集团进一步壮大，韩系力量加快发展并挤进世界汽车主力阵容，新兴市场汽车公司开始崛起并登上世界竞争的舞台。在此背景下，世界汽车制造中心、运营中心和研发中心的布局也会渐渐发生变化。中国和印度低成本研发人才优势开始显现，在部分领域（如中低端车型）可能会形成较高水平的研发能力。借助收购的国际品牌和先进技术，新兴国家的本土企业（如印度的塔塔）也有可能逐步发展成具有世界影响力的汽车企业。因此，在美国和欧洲通过再工业化战略重点推动汽车设计开发、核心部件及模块研发等高附加值业务向本国集中的同时，以中国和印度为代表的新兴汽车制造中心也将通过研发资源的重组获得难得的发展机遇。

为了应对全球化对产业规模大幅提高的挑战，各大跨国公司普遍采用平台共享战略，借助通用零部件更大规模的生产，摊销不断增多的车型数量和不断缩短的产品生命周期而导致的高昂开发成本。模块化生产方式是在汽车产品的制造过程中，把汽车零部件及总成按其在汽车上的功能组合在一起，形成一个高度集中的、完整的功能单元，以供总装厂根据市场需求的多样化情况进行总装。订制化生产是把消费和生产紧密结合起来，以提高汽车厂商对消费者需求变化的反应时间。平台化、模块化和订制化生产方式深化了汽车产业的分工协作，使跨国公司强化对全球生产体系控制的同时，也给新兴国家企业提供了更多参与竞争的空间和机会。模块化生产的优势在于新产品可以在零部件企业当中分散地开发与生产，大幅度降低了研究开发与生产制造成本，汽车产业后发国家可以采取基于新技术的跨越式发展，这对后发国家企业是十分有利的。面对新的全球化分工形势，汽车产业后发国家既可以选择做模块供应商，也可以利用模块产品的中间市场组织生产整车产品，通过在新的模块化生产方式下探索新的发展模式，逐渐形成独特的整车或零部件开发及生产体系，在新的竞争环境中谋求发展。

国际金融危机后，在环境保护和能源安全的压力下，发达国家针对各种新能源技术的研发力度不断加大。世界主要汽车厂商如通用、大众、丰田、雷诺－日产等加大对电动汽车的研发力度。目前全球电动汽车产业尚面临诸多发展瓶颈，其中的技术瓶颈主要体现在电池技术和电机驱动系统两个方面。解决技术瓶颈的主要手段就是不断进行技术研发，但是在新的竞争环境下，新能源汽车的技术研发与以往有明显不同。一是时间快慢成为研发者需要考虑的重要因素，技术的领先者能够获得竞争的主动权和领先者的高回报。二是多条技术路线决定了研发的高投入、高风险和高不确定性。三是电动汽车技术瓶颈的突破需要传统汽车制造商与电子和电器制造商进行跨行业利益协作。以上三点决定了电动汽车研发比以往更自觉地运用战略联盟的形式。对后发国家来说，能否参与全球新能源汽车产业联盟不仅取决于其汽车产业本身的实力，而且取决于包括动力电池、电机和电控等相关领域的技术和产业能力，以及基础设施的服务能力。新能源汽车的逐步产业化会改变全球汽车产业的竞争格局，同时也会显著改变合资合作的范围和方式。

其次，从国内环境来看，市场增速趋缓、自主品牌遇到困难和新能源汽车产业化发展，对合资合作态势产生了新的影响。经过30余年的发展，特别是加入WTO以来，中国汽车产业的合资合作进入了稳定发展阶段。但在中国汽车市场增速放缓的趋势下，推动中外双方合资合作的可交换价值正在减少，合资合作的内在动力机制正在酝酿变化。对中方来说，合资合作的初衷在于利用自身的大国市场优势，通过鼓励跨国公司之间的积极竞争，加快跨国公司向中国的技术转移、改进管理、降低成本和创新产品，从中低级别家用车起步，分阶段向产业价值链高端过渡。但目前来看，通过合资合作方式利用合资企业技术溢出效应获取技术，不过是一种被动的技术引进方式，不能满足中国汽车产业技术进步的需要。而且随着中国汽车产业技术水平的提高，发达国家汽车产业相对中国汽车产业的技术势差逐渐缩小，技术引进，特别是我们最需要的关键技术引进的成本将越来越高，困难将越来越大，合资企业技术进步的速度与适应激烈的市场竞争需求之间的矛盾愈发突出。对外方来说，其建立合资合作企业的根本目的还是获取中国汽车市场份额，随着中国市场需求增速的放缓，外方企业合资合作的动力也在下降。

按照形成过程，中国自主品牌企业可以分为三类。一是国内骨干汽车企业集团成立的自主品牌汽车子公司，如上海汽车乘用车公司、一汽轿车、北汽股份有限公司、广汽乘用车等。二是从一开始就选择自主创新模式的汽车企业，如奇瑞、吉利、比亚迪等。三是合资企业的自主品牌，如广汽本田的"理念"、东风日产的"启辰"以及上海通用五菱的"宝骏"等。目前来看，第一、第二类自主品牌开发能力弱，新产品推出明显落后于国外大公司。而合资自主品牌产品一般定位较低，主要追求性价比，不可避免地和现有自主品牌形成竞争。国际金融危机发生后，跨国车企将更多产能布局到中国，这加剧了国内汽车产业的竞争激烈程度。中国自主品牌汽车产品尽管市场上已经能够三分天下占其一，然而其可以凭借的国内市场和低成本的优势正在减弱，国际金融危机的冲击使自主品牌汽车品牌力弱、技术储备不足、规模经济性不强的弱点暴露无遗。但是，自主品牌汽车适应本土化、获得国内政策支持和依托国内制造业整体实力的优势仍然存在，并且可以充分利用金融危机后全球汽车业重组的机会获取国际资源来充实壮大自己。2010 年吉利收购了福特控股的沃尔沃汽车，标志着中国资本向全球汽车产业反向融合的开始。

国际金融危机引发的行业重组，以及绿色、低碳的发展趋势，使全球汽车产业步入了一个全新的时代。新能源汽车代表着汽车产业未来的发展方向，而开发新的动力技术将需要采用不同于以往的开放合作模式。在主要跨国汽车集团纷纷通过战略联盟的形式寻找同行业和跨行业技术合作伙伴的条件下，封闭式的技术创新已经不可能适应这一轮技术创新的内在要求。坚持自主品牌，走全球开放合作创新之路，是中国新能源汽车发展更可行的战略选择。例如，戴姆勒与比亚迪在电动汽车领域共同开发新能源汽车，在中国共同设立技术中心，共同开发、设计和测试电动汽车，是这一战略的最好体现。中国电动车在关键技术研发、基础设施建设、产业化应用等方面与发达国家起步时间相差不多，但在发展中差距正在拉大。为了推动电动车产业化加快发展，2011 年的《外商投资产业指导目录》把新能源汽车发动机制造、新能源汽车关键零部件制造列入外商投资的重点领域，鼓励外商投资企业进入相关领域，以加速新能源汽车技术和汽车关键零部件的研发与制造。以上政策出台，表明了中国政府在新能源汽车领域开放合作的态度。

最后，新的发展阶段对合资合作参与全球创新、参与全球市场和参与解决全球汽车产业共性问题提出了更高要求。中国汽车产业将提高自主创新能力作为开放式发展的中长期目标，由参与全球制造向参与全球研发和创新转变，对合资合作的技术创新提出了更高的要求。改革开放以来，中国汽车产业走过了30 年的合资合作道路。在这 30 年中，跨国公司在华投资对中国汽车产业的发展壮大做出了不可替代的贡献，在合资合作战略的推动下，中国实现了成为汽车大国的目标，但距离汽车强国的目标还比较远。中国汽车产业的研发能力正在形成，但还不是新技术的输出地；中国汽车自主品牌在国内已经占据一席之地，但具有较高溢价的全球知名品牌还未出现。在未来相当长的时间内，合资合作仍将是中国汽车产业发展的主要模式，但这一模式如何服从并服务于建设"创新型国家"的要求，推动中国汽车产业从简单加工型向知识型、技能型转变，从参与全球制造向参与全球研发和创新转变这一方向发展，最终实现从产业链低端向高端升级，从买技术向卖技术、输出技术升级，是在全球化新形势下中国汽车产业对合资合作发展提出的新命题和新挑战。

在全球采购、全球生产和全球市场的新形势下，中国汽车产业从国内层面走向全球层面，对合资合作"走出去"发展提出了更高的要求。由于中国的汽车市场广大且处在成长期，能够支持以满足国内市场为主的大规模整车组装生产。但有国际竞争力的整车产品出口是中国加入 WTO 的初衷之一，在经历一个适当的发展阶段后，建立在产业竞争力上的一定规模的汽车整车出口，以及提高中国汽车产业产值占全球汽车出口市场上的份额，是中国汽车产业发展追求的主要目标之一。从国际化视角来看，中国汽车的出口额只占全球汽车贸易金融的 2%，而且主要是低端市场，这说明，中国汽车产业"走出去"发展任重道远。合资企业受合资协议的约束，对产品出口有严格的限制。根据对等协议，中方引进的汽车产品，外方不能再进口，中方也不能出口。但应该看到，20 年前定的规矩现在已经逐步在打破，这说明，新合资时代合资合作在"走出去"方面，要有创新、有变化、有发展。

在资源、环境和绿色、低碳经济的约束下，汽车产业节能环保上的突破，既是破解汽车社会发展瓶颈的内在需求，也是对汽车可持续发展的全球化贡献，对合资合作企业节能环保提出了更高要求。随着规模不断扩大，中国汽车产业面临的资源环境压力也越来越大了，这既是对中国汽车产业整体发展的挑战，也对合资合作生产节能环保汽车提出了更高的要求。随着国家节能减排政策的相继出台，以及消费者对汽车节能和环保要求的提高，中国汽车产业应该利用跨国公司规模、资金、技术的优势，发展新能源汽车和中低排量节能型汽车，不断地开发新的车型，更新汽车技术，以市场为导向优化汽车产品结构，推进汽车产业的升级。新合资时代需要推动中国汽车产业合资合作的战略转型，即从单纯的"资金 + 技术"合资模式向全方位、多层次、宽领域的开发式合作模式转变，合资合作的领域从传统汽车整车产业向国家重点培育的关键零部件产业和新能源汽车产业转变，合资合作的重点从简单加工型向价值链高端环节转变，从数量、规模型合资合作向质量、效益型合资合作转变。

中国从汽车大国转变为汽车强国，实施由大变强的发展战略，对中国汽车产业合资合作提出了转型升级的新要求。从技术、资本和人才角度来看，中国仍然需要坚持汽车产业的合资合作发展，但在主导权问题上应有更理性的认识。从国际经验来看，任何一个国家和地区，任何一家企业，都不可能在所有技术领域都保持全球领先的地位。与竞争对手建立战略联盟和伙伴关系，将有限资源首先用于巩固自己的技术特长，在相对薄弱的技术领域与竞争对手开展合作，从而显著降低开发成本和生产成本，这对企业而言无疑是合理的战略选择。从自主创新能力培育的角度来看，内资汽车企业在一定时期内还需要通过与跨国汽车公司开展合资合作来提供资金保障。虽然经过了二三十年的合资合作，但是从总体上看，国内几大国有汽车集团仍然没有建立基于自主研发和自主品牌的稳定盈利模式和自主发展机制，一旦合资企业经营状况陷入困境，就会影响整个集团的财务状况，自主品牌发展也会后劲乏力。人才支持也使合资合作的重要性日益显现。虽然没有准确的统计数据，但是我们仍然可以肯定，近十年来民族汽车企业的快速发展，在很大程度上得益于与合资企业之间的人才流动。以致业内有一种说法，合资企业是内资企业的人才培养基地。当然，如果没有一个良好的激励机制，这些从合资企业吸引来的人才就会用不好，也留不住。

汽车产业发展的主导权是合资合作过程中争论较多的问题，对此我们应该有理性的认识。"产业主导权"指掌控一个国家和地区某个产业的发展方向、发展路径和发展成果的支配性力量。产业政策、市场需求、知识产权、股权结构、市场结构、价值链分布等，都可能成为影响甚至左右产业发展方向和路径的重要力量。控股权只是其中之一，其重要性虽高，但不是唯一的，在很多情况下，也不是决定性的。例如，一汽大众公司的外方股权只有40%，但拥有60%股权的一汽集团很难说就掌握了合资企业的话语权。话语权需要谈判，归根结底取决于自身实力。将主导权完全等同于股权，实际上是把问题过于简单化了，也存在以偏概全的问题。当然，这并不是说股权对企业主导权毫无意义。在一定时期内，在一定条件下，控股权对掌握主导权有一定积极意义。比如我们前面所说的学习效应（包括技术和管理）、资金效应和人才效应，这些都需要以控股权作为基础。问题在于我们要尽快缩短学习和追赶的时间以及经验积累的时间。当我们真正具有能够与跨国汽车公司平起平坐的竞争实力时，股权的重要性自然就会削弱。产业政策等制度设计应该围绕如何缩短能力差距，特别是创新能力的差距而展开。无限期地以股权比例等为企业提供政策保护伞，只能使受保护对象产生政策依赖的心理，削弱国内企业自主创新的能力。

在新的发展阶段，中国应当推动合资合作的转型，发展合资合作的新形态。在新合资时代里，中国汽车产业的合资合作应该被赋予新的内涵和新的构成要件。相比原有的合资合作，新合资合作模式应该能够推动以下几个方面的转型：

（1）从以整车制造为主的旧模式向覆盖全产业链为主的新模式转变。从汽车价值链上看，全球汽车产业正呈现服务化趋势。相比而言，我们在制造环节与跨国汽车公司的差距已经大大缩短，而在汽车服务领域里的差距依然巨大。目前，国家对汽车服务领域里的相关政策限制还比较多，监管手续繁杂，激励机制不够健全，合资性质的汽车金融服务公司的业务范围和经营模式相对跨国汽车金融服务而言还显得比较狭窄和单一，迫切需要从以整车制造为主的旧模式向覆盖全产业链为主的新模式转变。

（2）以中方被动应对和垂直分工为主要特征的旧模式向以主动出击和水平分工为主要特征的新模式转变。随着国内汽车产业逐渐走向成熟以及中方企业综合实力的不断增强，中外双方的合作模式开始由合作初期的垂直分工模式向水平分工模式转变。这当然得益于中方企业综合实力，特别是技术实力、配套能力和管理能力的全面增强。中方合作伙伴不再处于价值链低端和从属地位，而是开始在新产品的适应性开发、新技术应用、新工艺改进、合资自主品牌等方面与外方伙伴进行对等的商讨与合作。这是一种向"强强联合"方向发展的长期趋势，是更有利于合资双方利益最大化的趋势。

（3）从立足于国内市场、以"请进来"为主的旧模式，向基于全球视野、"请进来"与"走出去"相结合的新模式转变。对合资企业而言，在"请进来"的过程中逐渐培育"走出去"的能力，将"请进来"与"走出去"这两种不同战略方向的竞争与发展战略进行有机结合，实现全球战略利益的最大化，是未来合资双方必须破解的难题。对跨国汽车公司而言，"走出去"比"请进来"具有更大挑战性，因为这不仅涉及跨国汽车公司在合资企业中的利益，更关系到跨国汽车公司母公司的全球竞争战略的重大调整。新合资时代合资合作在"走出去"方面，要有创新、有变化、有发展。

（4）从传统六大国有汽车集团与跨国汽车公司进行单一化的资本联合为主的旧模式，向中外各种类型企业之间、多种联合纽带为主的新模式转变。随着奇瑞、吉利、长城、比亚迪等以乘用车为主的民营汽车企业，以及江淮、陕汽、北汽福田等以商用车为主的汽车企业的成长壮大，它们与国外汽车企业之间的合资合作将成为中国汽车合资合作版图的另外一道风景线。除此之外，随着跨国汽车公司在新兴业务领域与国内非传统汽车企业之间开展新兴业务的合资合作，未来合资合作在我们面前呈现的，将是一幅传统跨国汽车集团、非传统汽车企业、民营汽车企业、高技术企业之间阡陌交错、多姿多彩的图景。

（5）由传统内燃机整车制造为主要领域的旧模式，向新能源汽车及其核心部件等新兴领域为主要领域的新模式转变。中国汽车工业的合资合作是围绕传统内燃机整车制造组装而展开的，相应的产业政策也基本上是针对内燃机整车制造。近年来，上述这种局面随着新能源汽车的逐渐兴起正在发生变化。在一系列国家重大战略规划与激励性财税政策的激励下，国内节能与新能源汽车产业方兴未艾，跨国家、跨行业电动汽车产业联盟如雨后春笋般涌现，新能源汽车及其核心部件正成为合资合作快速发展的新领域。

（6）由传统的以资本纽带为主要合作方式的旧模式，向以联合开发、战略联盟等多种合作方式共存的新模式转变。放眼未来，资本联合将不再是唯一的中外企业合作纽带。以项目为导向的联合开发、以共享利益为基础的战略联盟和以产学研用相结合的商业化应用等多种合作方式，将逐渐上升为中外企业之间的主要联结纽带。组建战略联盟以推动新技术和新产业发展，在中国汽车产业发展中已经由理念变为现实，如新能源汽车联盟、汽车轻量化联盟等，都呈现非常好的发展态势。可以预见，这种产业联盟和创新联盟将成为未来中国汽车产业重要的中外合作形式。

为了应对新的挑战，中国需要针对汽车产业的合资合作制定新的激励性政策，结合前述中国汽车产业合资合作模式的转型需求，未来的合资合作政策可以考虑在以下几个方面进行适当调整与完善。

一是推动由经济性管制为主的政策向以社会性管制为主的政策转变。放眼未来，以限制性、经济性管制为主要特征的合资合作政策将有望更多地融入激励性因素，更注重激励性政策的作用，更注重将产业整体利益与合资企业利益、中外双方母公司的利益结合起来，实现激励相容。未来的合资合作政策应该更注重社会性管制内容，特别是应将解决节能、排放、安全、资源回收等外部性问题作为合资合作政策的首要方向。要结合财税、研发、标准、采购等各种政策工具，形成政策合力。特别要解决好社会性管制政策实施中的中央与地方关系。因为从以往政策实践来看，在机动车能耗、排放、安全、资源再利用等问题上，存在中央与地方激励不相容的问题。

二是实施分类指导，用好用活股权比例等准入政策。由于目前大多数合资企业尚未进入全面战略合作的阶段，因此，当前及今后一个时期，股权比例政策仍然有其合理性，但要将其用好、用活，避免绝对化和长期化。用好用活股权比例政策，要求政策的存续与调整应视中方企业是否真正具备足够的竞争力，特别是是否具备技术实力而定。否则，一味不讲条件地取消股权比例限制，就可能造成大量外资企业结束合资、选择单飞的不利局面；一味强调股权比例政策的绝对化和长期化，又会造成合资公司的中方企业因缺少生存压力的激励，而抑制自身的自主创新动力。用好用活股权比例政策，要求对现有合资企业进行分类指导。例如，对老整车合资企业，可以考虑在第二合资期结束时再由中外双方一起商讨股权比例。对新成立的整车合资企业，可考虑在其第一合资期结束时再讨论股权比例调整问题。

三是要为包括合资和民营企业在内的各类企业发展提供更公平的竞争政策。应当将合资合作政策放到公平竞争的市场环境中去筹划。以往国内汽车产业合资合作政策存在超国民待遇和欠国民待遇并存的问题。如合资汽车企业可以在《外商投资产业指导目录》开发区内生产型企业外资政策等框架下享受企业所得税、进口设备税负减免等各种"显性"优惠政策。2010 年 10 月 18 日国务院发布了《国务院关于统一内外资企业和个人城市维护建设税和教育费附加制度的通知》，决定对外商投资企业、外国企业及外籍个人征收城市维护建设税和教育费附加，统一内外资企业城市维护建设税和教育费附加制度，宣告了外资企业在华享受 16 年的"超级国民待遇"寿终正寝。另外，由于地方政府往往从地方经济利益出发给予合资企业较低土地出让价格和能源价格、地方税收返还等"隐性"优惠政策，合资企业事实上形成了对内资企业的政策高地。不过，合资企业在国家重大研发项目、产业联盟等领域还面临一些欠国民待遇问题。要让合资企业更好地发展，就应该让合资企业更公平地参与市场竞争。毕竟，合资企业的利益既不等于合资企业中的中方利益，也不等于合资企业中的外方利益，而是融合了中外双方共同利益的集合体。

四是形成完整的、覆盖全产业链的战略合作激励政策。要改变以往侧重于整车制造组装的局面，政策着力点要向全产业链的战略合作延伸，并给予相应的激励政策扶持。例如，应鼓励中外双方合资成立汽车金融服务公司，在促使其为国内消费者提供更高效和完善的融资服务之外，可以适度放宽其经营业务范围，使其向融资租赁、保险等业务领域延伸，以有利于中方企业近距离地从中学习到外方在各种汽车金融业务领域里的先进经验。另外，还要深化在车联网等智能化应用等领域的合资合作。在各地智能交通和车联网等产业规划中，要鼓励外资企业全面进入，利用内资企业在移动通信基础设施等方面的网络优势，将车载智能系统等纳入国家鼓励发展的重点领域，并给予财税、研发资助等政策优惠。

五是鼓励合资企业全面融入战略联盟，充实和完善创新激励政策。要鼓励合资企业全面参与国内车身轻量化、新能源汽车、替代燃料汽车、车载智能系统等领域的各种技术联盟和产业联盟，积极发挥合资企业在技术、人才和标准等方面的优势，使技术联盟和产业联盟不断做大做强。政府可以给予战略联盟资金、税收、场地、信息等方面的优惠政策。在政府采购活动中，也可以允许合资企业以战略联盟的名义参与投标活动。要鼓励合资企业成立独立的研发机构，与国内汽车企业、大学和科研机构开展各种形式的科研合作，瞄准一些重要的基础性技术和先进适用技术，以项目及产业化为依托，开展联合开发活动，促进研发成果的产业化，并可以使合资企业在联合开发活动发挥骨干作用。要鼓励合资企业组建独立研发机构（有可能是非传统汽车生产企业），从事全球最先进技术的研发并为中外广大客户提供技术解决方案。

六是鼓励合资企业参与产业重组，完善外资并购审查制度。要在完善产业优化重组和企业退出机制的基础上，鼓励合资企业全面参与汽车产业重组。国家应考虑在外汇、税收、信贷、清算、人员安置等方面给予其政策扶持。同时，要完善外资并购的审查制度，对控股性的兼并收购活动，要加强从公平竞争、产业安全、债权债务和外汇管理等角度进行合理审查。

二　创新人才培养建议

人才是发展中国汽车工业的最重要因素之一，在自主创新以及国际技术扩散的过程中，人才不仅是自主创新的主体，而且还是国际技术扩散的执行者和重要载体。解决汽车产业人才短缺问题的方案是一个系统过程，不仅需要进行汽车行业内的人力资源规划，更需要构建一套完整的人才培养体系。具体而言，创新人才培养可以从以下几个方面着手。一是加强对创新型企业家队伍和科技人才队伍的建设。创新是企业家的本质，因此，加强创新型企业家的培养应当是中国汽车产业自主创新能力的重要内容。此外，中国汽车产业的发展还依赖广大科技人才的培养，措施如下：第一，加强产学研结合，重视汽车企业与高等院校、研究院所之间的交流，促进人才流动；第二，依托汽车创新项目，促进汽车技术人才、管理人才和销售人才的全面融合；第三，以技术创新能力为核心，构建科学的汽车人才绩效评价体系和激励机制；第四，积极引进国外汽车领域优秀人才。二是加强人才培养和储备。汽车行业培养和储备人才的计划是全方位的，不仅涉及高层次的技术开发与企业管理人员，还包括低层的技师。解决人才问题的关键在于对人才的长期培养，而这又离不开职业教育和职业培训，其中，高校汽车学科发展和人才培养是中国汽车技术人才储备的基础，因此，要加强高校专业知识教育，加强高校的硬件建设，加强学习的实践性，还要进一步提高研究生的创新能力。

三　研发经费投入建议

近年来，世界上许多国家和地区纷纷把汽车产业作为重点产业加以扶持，且欧盟各国政府为鼓励汽车企业自主创新，在汽车研发经费上给予了大力支持。中国汽车自主品牌同国外汽车品牌的研发差距是相当明显的，虽然近年来中国汽车工业不断增加了研发经费投入，使研发经费投资总量不断提高，但是中国汽车工业的研发强度仍偏低，且远低于发达国家，偏低的研发强度尚不能满足中国汽车工业自主创新的需要。因此，要提高中国汽车产业技术进步和自主创新能力，亟待加大中国汽车产业研发经费投入力度。

企业是参与市场竞争的主体，支撑汽车自主品牌发展的最重要因素是企业的研发能力。虽然中国汽车开发能力的提高将来主要还是依靠市场机制，但是巨额的研发投入对正处于成长中的中国汽车企业来说是很难承受的。因此，政府给予一定的金融和财税支持是非常必要的。研究表明，当一国或产业的R&D强度小于1%时，则该国或产业的技术研发处于使用技术阶段；当一国或产业的R&D强度介于1%～2%时，则该国或产业的技术研发处于改进技术阶段；当一国或产业的R&D强度大于2%时，则该国或产业的技术研发处于技术创新阶段。根据中国汽车产业R&D现状，当前中国汽车产业的R&D强度处于1%～2%之间，可见中国汽车产业的技术研发处于改进技术阶段。因此，在中国汽车产业发展过程中，政府在研发经费投资上起到举足轻重的作用，政府资金投入是中国汽车产业研发经费投入的主要来源之一。

需要注意的是，在增加研发经费投入的同时，还应当注重研发经费使用效率和效益的提升。一是要建立健全科技资源配置的统筹协调机制，通过财政投入引导，建立多渠道的科技投入机制。二是要建立财政科技投入稳定增长的机制。政府要把对汽车工业自主创新的投入列为预算保障的重点，年初预算编制和预算执行中的超收分配，都要体现法定增长的要求。三是要加强研发经费的监管，提高研发经费的使用效率和效益。建立和完善适应科学研究规律和科技工作特点的科技经费管理制度，提高财政资金使用的规范性、安全性和有效性；逐步建立科技经费的预算绩效评价体系，建立健全相应的预算评估、财务审计和监管管理机制。

第二节　中国汽车产业自主创新战略研究

一　提高中国汽车产业自主创新能力的必要性

提高中国汽车产业自主创新能力是必要的，其原因包括以下几个方面：一是汽车产业已经成为中国国民经济的重要支柱产业，二是汽车产业具有强大的关联效应和带动效应，三是加强自主创新能力建设是提高中国汽车工业核心竞争力的必由之路。

汽车产业已经成为中国国民经济的重要支柱产业

汽车产业的发展水平是衡量一个国家工业化水平、经济实力和科技创新能力的重要标志。经过半个多世纪的发展，汽车工业已经成为中国国民经济的重要支柱产业。2001 年中国汽车工业总产值为 4433 亿元，占工业总产值比重的 10.17%，占 GDP 比重的 4.10%。经过十年的快速发展，到 2010 年中国汽车工业总产值达 30249 亿元，占工业总产值比重的 18.80%，占 GDP 比重的 7.50%，如表 8 - 1、图 8 - 1、图 8 - 2 所示。

表 8 - 1   2001～2010 年中国汽车工业总产值增长情况

年份	汽车工业总产值（亿元）	工业总产值（亿元）	GDP（亿元）	占工业总产值比重（%）	占 GDP 的比重（%）
2001	4433	43581	108068	10.17	4.10
2002	6225	47431	119096	13.12	5.23
2003	8357	54946	135174	15.21	6.18
2004	9463	65210	159587	14.51	5.93
2005	10223	77231	183619	13.24	5.57
2006	13938	91311	215884	15.26	6.46
2007	17242	110535	266411	15.60	6.47
2008	18781	130260	315275	14.42	5.96
2009	23438	135240	341401	17.33	6.87
2010	30249	160867	403260	18.80	7.50

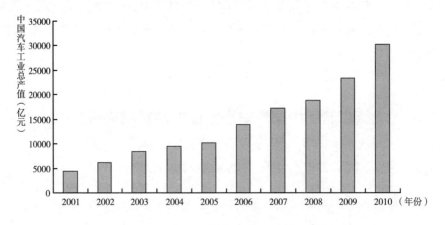

图 8 - 1   2001～2010 年中国汽车工业总产值增长趋势

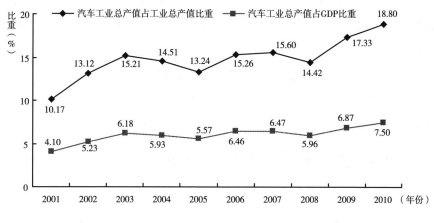

图 8 – 2 2001～2010 年中国汽车工业总产值所占比重趋势

汽车产业具有强大的关联效应和带动效应

汽车产业是典型的资本、技术和劳动力密集型产业，具有高投入、高产出、规模效益递增、产业关联大、科技含量高、经济带动力强的突出特点。汽车产业的发展对中国经济持续增长具有强大的推动力，将有力地拉动相关产业的发展，具有强大的关联效应和波及效应。相关研究表明，汽车产业可以带动机械制造业、黑色金属冶炼加工业、橡胶制品业、纺织业、皮革羽绒及其制品业、电器机械和器材制造业、电子及设备制造业、仪器仪表、文化办公机械等上游产业的发展，同时还可以推动道路、运输、旅游、金融和保险等下游产业的发展。汽车产业的强关联效应和强带动效应给国民经济发展造成了重大的影响。

加强自主创新能力建设是提高中国汽车工业核心竞争力的必由之路

当前，汽车企业之间的竞争越来越多地取决于技术开发力量的强弱。中国汽车企业曾经寄希望于通过与国外汽车巨头的合资来加快技术的提升，然而事实证明，这条路走得并不顺畅。首先，合资企业中的外方对其核心技术是相当保密的，并且在进入中国市场时就进行了专利申请。其次，中国最大的几家汽车企业已用大部分的资产进行合资，自主创新的积极性不够，而中小型内资企业虽然对部分先进技术具备一定的模仿和开发能力，但是由于自身实力有限，其消化吸收再创新的潜力尚未完全发挥，往往只能长期跟在外资企业后面采取模仿跟随战略，在核心技术层面创新能力不足。最后，过于强调生产集中度的产业指导原则使中国汽车工业长期处于产业链的低端，生产制造的规模再大，也无非是用廉价的劳动力等资源为他人创造繁荣。因此，中国汽车工业唯有调整思路，加强自主创新能力建设，才能将后发优势转变为竞争优势，实现中国汽车工业从模仿跟随到局部突破再到全面赶超的快速发展。

二　中国汽车产业自主创新的三大要素

自主品牌、自主知识产权的技术和产品、可持续创新能力是中国汽车产业实现自主创新需具备的三大要素（参见图 8-3）。其中，可持续创新能力包括四个方面：创新环境、创新体系、R&D 投入和创新型人才。

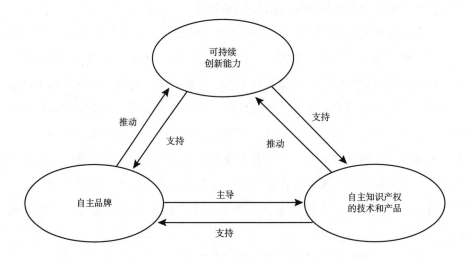

图 8-3　自主创新的三大要素及其内在关系

（1）自主品牌

近年来，随着中国汽车工业的持续快速发展，学术界和企业界对什么是自主品牌以及如何打造中国汽车自主品牌有过不少的争论和讨论，但是对自主品牌的内涵尚没有十分清晰的认识。自主品牌要具备两个基本要素：一是自主，二是品牌。所谓自主，主要是指要具有对品牌完全的掌控能力和决定性权力，也就是说在知识产权方面要绝对地拥有该品牌。同时，还需要具备对品牌进行有效延续的能力，也就是说要掌握自主核心技术，有能力决定和主导品牌的未来走向。汽车品牌是一种独特的符号和设计，通过品牌人们可以有效地辨认其汽车产品及其服务，将其与竞争对手的产品和服务区别开来。同时，品牌能够有效地促进消费者购买该汽车产品，并维持和巩固各种交易关系，让消费者感到满意，直至产生品牌忠诚。因此，一个自主设计的自主品牌只有通过企业的长时间培育并通过市场的检验，才能成为真正意义上的自主品牌。所以，自主品牌是对品牌所有、品牌发展、品牌历史和品牌核心价值的综合概括，是指在拥有自主知识产权的前提下，通过自主开发，在消费者心目中形成独有的特征，并能有效地促进消费者购买其产品，乃至产生品牌忠诚的符号、形象或者设计。

进入 20 世纪 90 年代之后，国内汽车公司和工业集团纷纷和国外知名品牌汽车公司成立了合资企业。诚然，在中国汽车工业发展相对落后的情况下，和国外汽车巨头成立合资企业无疑是一条通向快速发展的捷径。然而，由于自主品牌的缺失，中方缺乏与国外合资方讨价还价的底气，不但要支付昂贵的品牌使用费、技术转让费、工业产权费、设计改进费等，而且在生产、管理和销售领域都逐渐丧失了控制能力。随之而来的是中方企业产品开发能力的退化，导致中方在合资道路上依赖外方的程度越来越严重。而国外合资正好相反，在中国汽车工业严格准入政策的保护下，他们只需直接改装进口散件就可以获取超常的利润。因此，可以说有品牌才有话语权，建立自主品牌是提升自主开发能力的必要条件，品牌是市场竞争的利器，是中国汽车产业发展的基础。

（2）自主知识产权的技术和产品

是否拥有产品的工业产权以及技术转让权，是一家企业是否真正拥有自主知识产权的标志。企业自主知识产权可以通过自主开发、联合开放或者委托开发等多种途径获得，但是在开发过程中企业必须拥有主动权。各国之所以重视知识产权保护，是因为知识产权作为一种利益工具，可以通过制度安排的方式形成保护企业自主创新的机制。自主创新往往伴随着高风险，若创新成果得不到有效保护，就没有企业愿意进行自主创新了。对汽车产业而言，知识产权竞争是汽车企业之间竞争的重要手段，而且是否拥有自主知识产权的技术和产品也是衡量中国汽车产业自主创新战略成功与否的关键。

（3）可持续创新能力

首先，和谐的创新环境是可持续创新的保障。要提高中国汽车工业的自主创新能力，和谐的创新环境是根本保障。只有通过不断深化体制和机制的改革，解决企业技术创新的各种障碍和问题，增强企业自主创新的动力和决心，完善政策调控和舆论引导，营造全国上下协同的和谐创新环境，才能使中国汽车工业朝着正确的方向快速发展。

其次，创新体系是可持续创新能力的支撑。汽车自主研发需要市场、资金、技术和零部件配套体系等必要条件的支撑。中国现在拥有几千家汽车整车的零部件企业，拥有数目众多的独立和附属于各汽车企业的研发机构以及上百所开设汽车专业的高等院校，但是个体企业和研发机构的实力还相对较弱。为此，有必要对中国的汽车企业和研发机构进行资源整合，在研发资金投入有限的情况下，实行合作开发、成果共享的方法能够有效地降低技术开发风险。因此，建立分工合作、运行高效的创新体系是重中之重。

再次，创新型人才是可持续创新能力的关键。增强自主创新能力，归根结底是"人"的问题，要依靠有创造力、高素质和高水平的人才。提高自主创新能力、建设创新型国家，必须与大力实施科教兴国战略和人才强国战略紧密结合。

最后，R&D 经费投入是创新的必要条件。创新是一个非常复杂的过程，需要具备相应的众多条件。当创新具备相应的环境和条件之后，R&D 投入就成了不断产生创新成果的基本来源。R&D 是一种创造性的工作，旨在通过增加知识储备，用知识开发出新技术、新工艺和新产品。

三 中国汽车产业自主创新的 SWOT 分析

下面用 SWOT 方法分析中国汽车企业自主创新的优势和劣势以及其面临的机会与威胁，从而为中国汽车产业自主创新战略选择提供充分的依据。

（一）优势

这主要表现在以下几个方面：后发优势；一批中小型内资企业已经初步具有实力并得到了市场的认可；商用车自主研发实力较强。

（1）后发优势

所谓后发优势，是指在先进国家和地区与后进国家和地区并存的情况下，后进国家和地区所具有的内在的、客观的有利条件。中国汽车产业的自主创新主要拥有技术上和制度上的两大优势，其中技术上的后发优势是指后发国家与先进国家存在巨大的科技水平差距，后发国家可以通过技术模仿、引进，来获得技术创新，很多技术模仿、引进不需要花费成本，因为超过专利保护期的技术引进根本不需要购买成本。后发优势只是一种潜在的实现追赶的必要条件，要使技术上的后发优势得到充分利用和发挥，政府还需利用制度上的后发优势创造一个有利的制度和政策环境。制度的后发优势是指发展中国家在建设自主创新体系过程中可以借鉴发达国家行之有效的机制和政策，如产权制度和专利制度等，通过借鉴和改造，可以节约制度创新的成本和时间，从而有利于加快后发国家自主创新机制的改革。近年来，中国国民经济发展迅猛，为汽车产业自主创新，走后发优势之路创造了很多有利条件。作为自主创新的主体，中国汽车企业只要善于发现并利用后发优势，以韩国和日本汽车产业发展为榜样，以自主创新为动力，在竞争激烈的市场上就会占有一席之地。

（2）一批中小型内资企业已经初步具有实力并得到了市场的认可

从 2001 年开始，华晨、哈飞、吉利和奇瑞相继获得生产和销售轿车的正式许可。由于国内市场的快速发展及其低成本的制造能力，这批规模相对较小的内资企业在私人消费者市场中找到了生存空间。近几年，它们在各自领域通过不同的模式开始进行自主知识产权产品创新的尝试，并在国际和国内市场上均取得了一定成绩。由于这批机制灵活、敢于创新的中小型汽车企业的努力打拼，近年来中国汽车产业拥有自主知识产权的产品数量也在逐步增加。近年来，随着设计水平的提高，中国汽车企业已开始涉足汽车核心技术的开发，如奇瑞、吉利等公司纷纷推出了具有自主知识产权的发动机产品，在一定程度上真正地把"中国制造"变成了"中国创造"。

（3）商用车自主研发实力较强

商用车是汽车工业的重要组成部分，在世界汽车行业中占据越来越重要的地位。在中国汽车工业发展史上，商用车的发展历史最长、基础最好、自主品牌最多、出口创汇最高。凭借几十年的自主发展，中国商用车不仅拥有品牌优势，还形成了独特的研发优势。近几年来，随着中国汽车市场的发展，这种厚积薄发的优势得以显现。在商用车领域，不论是载货车还是客车，自主品牌的市场占有率一直具有绝对优势，东风、解放等商用车企业的发展速度也较快。由于拥有自主研发能力和低成本优势，中国自主品牌的商用车性价比远高于国外品牌。不论是载货车还是客车，其市场份额均占有领先优势，并且已经形成了若干富有竞争力的自主品牌。只要国内商用车生产企业坚持自主研发，保持性价比优势，其市场竞争力在短期内是国外品牌无法撼动的。

（二）劣势

这主要表现在以下几个方面：基础研究力量薄弱；企业集中于市场低端，利润率较低；产业组织结构不利于创新。

（1）基础研究力量薄弱

在国内自主开发能力建设方面，普遍存在重硬件设施而轻基础研究的倾向。中国汽车企业之所以在外围创新领域表现地十分活跃，而在关键和核心技术领域难有作为，是因为汽车行业具有相对模块化的产品结构，这为中国企业的进入创造了价值链的可分性，独立技术供应商的出现、迅速发展且需求结构呈现多层次的国内市场条件，使企业可以降低劳动力成本，并将其掌握市场信息的潜在优势转化为显性优势。但是在一些关键和核心技术领域，基础研究薄弱成为中国汽车企业进入的最大障碍，使其难以发挥潜在优势。虽然中国汽车企业在外围创新领域取得了较好的创新绩效，但是我们必须认识到，相对于关键和核心技术的创新，外围创新有两个特点：一是外围创新所创造的竞争优势的维持时间较短，一个创新性的产品设计会很快被其他厂商模仿；二是外围创新所创造的竞争优势的缺口较小，也就是说，外围创新导致的创新领先者和跟随者之间的差距较小。而建立在一个强大的基础研发上的竞争优势则持续时间较长，且竞争优势缺口较大。

（2）企业集中于市场低端，利润率较低

跨国汽车公司早已纷纷占据利润较高的高端市场，且其汽车品牌经历国际市场多年的锤炼，市场竞争力较强，中国内资企业短期内要想参与高端市场的竞争不太现实，加之低端市场技术进入门槛相对较低，众多内资汽车企业均选择从低端起步进行创新，导致低端市场竞争加剧，利润进一步降低。另外，制造和改装等技术门槛较低且处于价值链低端的行业利润率低于全行业的平均水平，而零部件行业，尤其是核心及关键零部件的利润水平相对较高，这恰恰是中国汽车工业的弱项。

（3）产业组织结构不利于创新

一方面，中国汽车骨干企业大多是国有性质，国有企业决策者、经营者、劳动者之间的权、责、利关系往往比较模糊，按劳付酬、多劳多得的分配制度难以有效贯彻，使具有创新能力的高级人才缺乏创新的动力。各管理部门的经济利益直接取决于其权力的大小，一些管理者重视的是如何攫取权力，而很少关注企业的自主创新，这导致了管理效率低下和决策浪费现象严重，使中国汽车企业不能充分发挥出企业自主创新的潜力。

另一方面，全国的几百家整车厂分布于 20 余个省份，隶属于机械、交通、航空、兵器等 9 个部门和系统，牵扯到众多的利益。企业之间互成体系，互相封闭，恶性竞争和低水平重复建设现象严重。这种散、小且封闭的产业组织结构非常不利于企业之间联合进行共性技术的合作创新，不利于自主创新体系的建设。只有中央政府才有能力理顺这些关系，合理调整中间利益，充分调动企业的积极性。因此，中国政府应当借鉴韩国经验，对进行自主创新的企业进行重点扶持和政策倾斜，使国内汽车业走规模化和集团化的发展道路。

（三）机遇

这主要表现在以下几个方面：良好的自主创新氛围；宏观经济向好，汽车市场潜力巨大；自主品牌市场潜力巨大。

（1）良好的自主创新氛围

自主创新得到中国国家领导人的高度重视，党和国家领导人多次在多个重要场合强调，加快提高中国科技自主创新能力对中国全面建设小康社会、加快推进现代化进程的重要意义。围绕中国汽车产业要不要自主发展，业界已经争论了多年，2006 年之后，中国汽车工业必须走自主创新之路已成为共识。

（2）宏观经济向好，汽车市场潜力巨大

从经济环境来看，中国国民经济的快速发展导致的居民汽车消费需求的快速增长为发展汽车工业自主品牌带来了巨大的市场机遇。近年来，为了振兴汽车工业，政府相继出台了若干鼓励国内汽车消费的优惠政策，比如为刺激汽消费，出台了汽车下乡补贴以及汽车以旧换新补贴等政策。这些优惠政策的出台产生了良好的刺激效应，2011 年中国汽车销量超过 1850 万辆，再次刷新了全球历史纪录。随着中国经济的发展和全面小康社会的建设，可以预测，未来中国汽车消费市场潜力是巨大的。

（3）自主品牌市场潜力巨大

今后若干年促进中国乘用车需求增长的因素众多。一是经济持续发展使高收入家庭户快速增加，越来越多的家庭会具备购车能力，私人汽车保有量占汽车总保有量的比重将会大幅提升，从而为中国乘用车市场的扩大奠定了坚实的基础。二是乘用车价格水平的下降、新产品上市速度的加快、进口汽车关税的逐年下降、国内汽车市场竞争的加剧、汽车消费信贷体系的不断健全、消费环境的改善都将对汽车价格的下降造成直接影响，从而刺激消费者的购买欲望。三是生活方式的改变对休闲旅游的影响，消费个性化对产品多样化的影响，中小型企事业单位数量增加对特定用途车辆发展的影响，都会使乘用车产品品种更丰富，这将为一些具有专业化竞争力的企业提供新的发展空间。

（四）挑战

这主要表现在以下几个方面：一些企业对自主创新认识不足；国民畸形的消费心理和消费文化。

（1）一些企业对自主创新认识不足

当前，中国不少汽车企业对自主创新的认识仍存在一些误区，主要表现在以下几个方面：一是片面强调技术引进，忽视了技术吸收；二是过分强调当前利益，忽视了长远利益；三是过分重视跟踪模仿，忽视了自主开发。

（2）国民畸形的消费心理和消费文化

由于中国汽车工业产品自主开发的历史较短，本土汽车产品缺乏品牌效应，所以国内汽车消费者更倾向于购买国外品牌。个人消费者在汽车消费观念上，也普遍存在脱离国情、超越中国社会经济发展水平的高消费倾向，不是像欧洲以及日本那样把汽车作为度假休闲的交通工作和上下班的代步工具，而是把汽车当成了身份和地位的象征。另外，有些地方政府为了撑门面、追求高格调而制定了对小排量经济型车的限制性政策法规，而小排量经济型车恰恰是以自主品牌为主导的,因此严重地限制了中国汽车自主品牌的发展。

根据以上分析,本研究列出了中国汽车产业自主创新发展战略的 SWOT 矩阵(参见表 8 - 2)。

表 8 - 2   中国汽车产业自主创新发展战略的 SWOT 矩阵

	S——优势	W——劣势
	1. 后发优势 2. 一批中小型内资企业已经初步具有实力且得到市场认可 3. 商用车自主研发实力较强	1. 基础研究力量薄弱 2. 未掌握核心和关键技术 3. 集中于市场低端,利润率低 4. 产业组织结构不利于创新
O——机遇	SO 战略	WO 战略
1. 良好的自主创新氛围 2. 国民经济的稳定发展 3. 巨大的国内市场潜力	1. 利用后发优势,加快自主创新的速度,实施积极的技术开发战略 2. 树立和维护良好的品牌形象 3. 加大技术领域的投入力度	1. 加大基础研究投入力度 2. 建立产学研合作创新体系 3. 鼓励企业间合作,建立行业公共技术研究平台和公共数据库
T——威胁	ST 战略	WT 战略
1. 企业对自主创新的认识仍存在不少误区 2. 国民畸形的消费心理和消费文化	1. 鼓励竞争,扶持进行自主创新的内资企业做大做强 2. 加强企业消化吸收能力,促进跨国公司技术转移 3. 建立优化企业自主创新能力评价体系,使自主创新优惠政策能真正向自主创新企业倾斜	1. 加强对引进技术的消化和吸收 2. 营造有利于自主品牌的消费环境 3. 维护公平的市场竞争秩序,减少对合资企业的过度保护 4. 改革国有企业领导人政绩考评机制

从 SWOT 矩阵可以看出,中国汽车产业的最大优势在于中国巨大的市场前景,这是决定汽车行业总体发展战略取向的关键因素。可见,增长型战略应是中国汽车产业的基本战略;技术创新能力是汽车产业竞争力的主要来源,虽然我们在传统技术方面与先进国家的差距依然很大,但是汽车技术的变革为我们实施扭转型战略提供了突破口;产业组织结构不合理是中国汽车工业自主创新的关键限制,扶优汰劣、发展自主品牌企业集团是自主创新防御性战略的关键所在。

四 中国汽车产业自主创新面临的问题

自主创新强调以自主知识产权占领未来发展的战略制高点,这对企业核心竞争力的形成至关重要。但是，我们不能把自主创新理解为关起门来创新，而是要把能用得上的资源尽量都用上，在借鉴汽车先进国家的经验和技术的基础上，根据中国国情，走出一条具有中国特色的自主创新之路。汽车创新说到底是以技术的创新为核心的，自主创新并非意味着汽车所有的零部件都要自己设计研发，而是要对关键零部件和关键技术拥有自主知识产权，提升自己创造技术的能力。在经济全球化背景下，中国汽车的自主创新离不开国际市场和国际汽车的发展潮流，要密切关注汽车先进国家的创新发展，以开放的思路进行自主创新。

当前，虽然中国汽车产业在自主创新基础条件方面取得了较大改善，但其自主创新能力仍较弱。总体来说，中国汽车产业自主创新仍面临如下几大问题：

（1）自主创新力度不够

世界各大汽车巨头纷纷与中国汽车公司合资合作，导致中国汽车企业过分依赖国外技术，忽视自主开发，以致中方自主研发能力滞后，创新能力不强。这主要表现在以下两个方面。首先，中国汽车产业除了研发经费投入不足之外，对核心技术的开发也不足，只是对工艺进行创新，生产的新车型主要是依靠国外技术。其次，零部件及相关产业发展水平落后，产业的配套能力较低。虽然国内有几千家汽车及摩托车零部件和配件厂，但是像大众、福特、通用等在中国的合资汽车制造厂，还有许多汽车零部件都需要从海外大量进口。创新能力不足使得中国汽车产品的出口结构中高附加值的产品比重较小，而进口汽车中附加值较高的产品比重较大。

（2）市场并未换到技术

中国汽车产业实施"以市场换技术"策略的初衷是"技术引进—消化吸收—自主创新"，借此促进中国汽车产业技术的全面形成并参与国际竞争。虽然这项政策对满足国内汽车需求、迅速提高产能、提升工艺技术水平有积极作用，但是这一政策换来的结果是市场是别人的，品牌是别人的，汽车开发技术也是别人的。尽管中国也从中培养了部分的技术人员，但是离我们的初衷甚远。

（3）自主品牌发展不平衡

当前中国国产汽车品牌主要分为两大类：一是国外品牌，二是自主品牌。其中，国外品牌的所有权均归跨国公司，内资汽车企业仅有其使用权。

自主品牌又可以分为两种：一是使用引进技术的自主品牌，二是使用自主开发技术的自主品牌。中国在轿车领域的大多数自主品牌规模较小、技术含量偏低，但是部分自主品牌也得到了市场认可，如比亚迪和奇瑞等。中国自主品牌汽车发展不平衡主要表现在，国内自主品牌主要集中在中低档商用车和微型车领域，而在高档商用车和中高档乘用车领域，国内自主品牌鲜有涉及。

（4）研发经费投资水平偏低且研发人员匮乏

中国汽车产业 R&D 经费投资水平偏低和研发人员匮乏是导致中国汽车工业自主创新能力薄弱的主要原因之一。国外对技术研发非常重视，每年投入巨大的研发费用，其研发强度（研发投入占销售额比例）均在 3% 以上，而中国汽车工业的研发强度尚处于 1% ~ 2% 的水平。此外，当前在欧美发达国家和地区中，汽车研发人才占汽车全行业总人数的比例基本上都在 30% 以上，而中国汽车企业研发人员匮乏，中国汽车研发人才占汽车全行业总人数的比例尚不足 10%。

五　中国汽车产业自主创新战略分析

一直以来，中国汽车产业在战略选择上采取了比较优势战略。虽然这种战略使中国汽车产业在规模和产量上保持着快速增长，但是比较优势只是考虑了劳动力对国际分工的作用，而忽略了资本、技术和自然资源对国家贸易和分工的影响。作为后发工业国家，中国汽车产业发展应当采用后发优势战略来获取竞争优势，后发优势战略对中国汽车产业发展具有重要的借鉴意义。相对比较优势而言，后发优势更强调学习过程，通过向技术领先国家的学习，逐步实现产业技术进步的目的。

对发展中国家的企业应采取何种创新战略，学者们从不同角度进行了激烈的辩论。不少学者认为，包括中国在内的发展中国家应当采用"3I"战略，即模仿（Imitation）—改进（Improvement）—创新（Innovation）。但是一些学者也提出了不同的观点，认为当前的知识经济革命为发展中国家提供了一次千载难逢的跨越发展的契机，中国应当以自主创新为主、模仿创新为辅。本研究认为，对自主创新战略的选择应当根据具体的技术特性而定，当前我们不能消极的按照比较优势原则介入国际分工，而应当采取后发优势战略，通过对要素素质的提升，参与较高水平的国际分工，并以后发优势改造和提升比较优势，增强国际竞争力。在此思路下，中国汽车产业自主创新应当采取"强化基础—跟随学习—局部超越"这一循序渐进的发展战略（参见图8-4）。

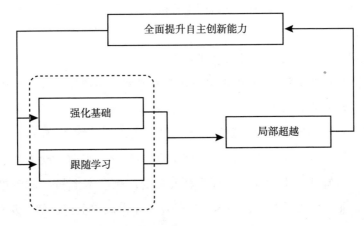

图8-4　中国汽车产业自主创新战略选择

（一）强化基础

强化基础指的是加强 R&D 投入、人才投入、相关及支持性产业和基础研究。事实上，汽车技术的发展是一个循序渐进的过程，如果没有坚实的基础科研实力，汽车产业实现跨越式发展就无从谈起。从汽车产业目前的情况来看，中国已经形成了自己完整的汽车工业生产制造体系，也拥有自己的研发力量，但是在核心和关键技术上却进步较小。这一方面是由于中国汽车工业真正的自主创新起步较晚，且大企业集团缺乏主动性；另一方面是由于国外汽车公司对中国进行技术封锁。但是技术落后的根本原因在于基础研究薄弱，以致无力支持中国汽车产业自主创新能力的提升，甚至无法消化吸收外方的关键核心技术，因此可以说，离开了基础研究，自主创新只能是无本之木。

汽车基础技术研究是一门偏重实验的科学，试验仪器和设备非常重要。在研发的整个体系中，硬件建设的投入成为制约基础研究水平的一个重要因素。但是，国内有实力可以大量投入研发的企业毕竟是极少数，大部分的企业将主要精力都放在了能够很快转化为产品的技术上，或者基本上就是在做一些国产化的工作，对基础技术的研究则很少涉及。而高校和科研院所在基础研究上也投入不足，在研究方向的选择上偏向实用化、快速转化能力强的项目，这导致国内整体的基础研究比较薄弱，某些研究深入一定层面后缺乏支持，很难推进。可见，中国汽车工业要进行自主创新，实现跨越式发展的战略，必须有一个强大的技术支撑体系，尤其要有坚实的基础研究体系。

（二）跟随学习

对中国汽车企业来讲，通过跟随国际先进汽车企业，学习和模仿其造车的经验，从而在学习和模仿中争取创新是一种现实可行的选择，也是未来通过创新攀上巅峰的必由之路。作为后发者，"模仿—创新"是绝大多数汽车企业提高其核心竞争力的捷径，通过模仿可以跟踪最先进的技术发展趋势，实现低风险和低成本创新。"模仿—创新"是一种学习的过程，也是一种强烈的实践性学习，模仿者必须进行二次创新，先模仿后创新或者在模仿中实现创新。

模仿在"领先创新"技术基础上容易实现局部技术改进，可以针对市场需求和消费者偏好进行优化而容易成功；能促进企业员工学习，对发挥团队战斗力有积极作用；能够有效避免"领先创新"的许多弯路，容易获得技术上的跳跃式发展等。但是，长期采用模仿的办法并不能为企业真正培育出自己的核心技术能力。模仿除了受法律的限制之外，还可能遇到其他有形或者无形的障碍，如创新者用排他性合同来控制资源的供给等。因此，"模仿"只是中国汽车企业"入道"的办法，而"创新"才是中国汽车产业发展并获得长期竞争优势的根本途径。

（三）局部超越

基于后发优势的技术发展蛙跳理论（Brezis et al.，1993）认为，当后发国家技术积累到一定程度时，可以抓住某些技术突破的契机，实现技术的跨越式进步，从而给予后起国家在本领域实现技术进步跳跃式发展的机会。根据该理论，中国汽车产业要想实现跨越式赶超，一方面要注重技术的学习和积累，在传统优势技术方面要向先进国家靠拢；另一方面要重视新技术带来的机遇，从而实现赶超。

六 中国汽车产业自主创新的路径选择

总体来说，中国汽车产业自主创新应当走开放创新之路、集成创新之路、合作创新之路和跨越式创新之路。

（一）走开放创新之路

开放创新要求从多角度整合创新资源。当前，开放创新已经成为企业应对激烈的市场竞争，打破企业与企业之间、企业与高等院校之间、企业与研究机构之间创新壁垒的一种行之有效的手段。开放创新不等同于模仿创新。这是因为，与模仿创新不同，企业进行开放创新时已经具备了较强的技术创新能力，企业进行开放创新的目的在于通过对技术领先国家先进技术的吸收，在原有技术基础上创造新的技术，或者是在原有市场的基础上创造新的市场空间。此外，需要强调的是，自主创新并不排斥开放创新，因为对国外先进技术的引进、消化、吸收和改进是自主创新的重要组成部分。对中国汽车产业而言，应在坚持自主创新道路上实行开放创新策略，充分利用通过外资等渠道产生的技术溢出效应。

（二）走集成创新之路

创新的特质总要反映出适应市场和消费者需求的特质。在成功的创新中，创新的演进过程总要和需求的演变过程相契合。市场和消费需求的演变，为自主创新提供了机会，抓住这个机会就能适应市场和消费者需求的演变，并引导市场和消费者需求的演变，这样自主创新就能成功。事实上，奇瑞、江淮等内资汽车企业一开始就把标杆定位在了汽车行业的先进水平上，从重大产品出发，以市场需求为导向，通过各种技术的集成和整合，实现汽车产品技术含量的大幅度提升，从而生产出叫好又叫卖的汽车产品。

（三）走合作创新之路

在全球经济一体化的背景下，任何一家企业都不能脱离产业群体而孤立发展。中国作为后起汽车工业国家，为了增强汽车工业技术进步和自主创新能力，还必须走合作创新之路。中国汽车产业走合作创新之路的主要目的是积累技术实力、培养技术人才，为中国汽车产业自主创新能力建设打好基础，可以说，合作创新也是自主创新的有益补充。具体而言，中国汽车产业走合作创新之路的主要方式包括：一是与国际汽车研究机构或企业合作，与之建立研发联盟；二是与国际汽车集团（跨国公司）合作，与之分享技术平台和技术资源。由于汽车产业创新发展需要与不少产业领域进行技术协同攻关，因此，中国汽车产业发展还需要与国内关联产业进行合作创新，由汽车产业提出创新思路和技术标准，再把创新系统中的技术难题分解给协作企业，由协作企业进行技术攻关，彼此之间结成联合创新体系，从而带动汽车等相关产业的技术升级。

（四）走跨越式创新之路

奇瑞公司对技术创新的步骤进行了总结，认为后发工业国家企业进行技术创新要遵循"三步走"的步骤：首先是"跟着走"，亦即模仿创新；其次是"牵着走"，亦即合作创新；最后是"自己走"，亦即跨越式创新。可见，实现跨越式创新是企业进行自主创新的最终目的和最终归宿。企业实现跨越式创新的重要标志是企业具备了自主设计高端产品的能力。奇瑞公司经过多年的自主创新，依靠自主品牌，逐步实现了汽车产品出口的跨越式发展，从 2001 年开始，继奇瑞公司第一批轿车出口叙利亚之后，奇瑞轿车出口量迅速攀升，稳居全国汽车出口量第一。

当前，中国汽车企业自主创新之路大致可以归纳为以下几种模式：

第一种是上汽模式，即通过合作中的技术外溢获取技术、获得自主创新能力，加上通过收购获得成熟技术，走出一条集成自主创新之路。目前，上海汽车旗下的荣威品牌已是国内市场上的后起之秀，前景不可限量。与之相同的如北京汽车，也是通过收购萨博品牌旗下的几个车型专利获得技术优势，期冀决胜市场。

第二种是吉利模式。冒险家李书福和他的吉利通过 8 年筹划，终于如愿将心仪已久的国际大牌车企沃尔沃连品牌带技术一起收归囊中，完成站在巨人肩膀上的惊人跳跃。尽管不能预测未来，但这不失为一条获取研发能力的捷径。

第三种是华晨模式。华晨在创业之初，便走上了一条借用外脑搞研发的路子。通过与世界级别的汽车设计研发公司的合作，华晨以委托设计、自身滚动积累的方式培育了其核心研发能力。正是通过这种模式，华晨汽车在合作中培养了一大批的技术管理骨干，形成了技术研发上的核心竞争优势。

第四种是完全自主研发模式。代表车企有奇瑞、比亚迪和长安、哈飞等国内车企。他们以自行研制和开发为主导，并适当借鉴和利用外部力量，进行包括车身、动力、底盘、电器、工艺等方面的研制和开发，形成独立的自我品牌，并拥有完善的知识产权。事实证明，这也是一条可以获得成功的道路。奇瑞、比亚迪和长安、哈飞等车企近年来的迅速崛起，便是这种研发模式最好的背书。

第三节　中国汽车产业利用 FDI 技术溢出效应的对策建议

研究表明，FDI 技术溢出是中国汽车产业技术进步的重要渠道，因此要继续提高国际技术扩散的规模和速度，一方面要加大开放力度，不断拓宽国际技术扩散的道路，另一方面要强化知识产权保护，为国际技术扩散方提供外在保障；此外还需要进一步加大直接技术引进的力度。为了使中国汽车产业摆脱"技术引进—技术落后—技术再引进"的循环，在利用国际技术扩散的同时，关键是要提高中国对国外先进技术的吸收能力。中国汽车产业技术吸收能力的培养可以从以下两个方面进行：一是加大对汽车产业 R&D 投入力度，增加汽车产业研发强度；二是加大教育投入力度，创新宽松的人才环境，吸收优秀留学人才回国，从而提高汽车产业人力资本投资水平。

第九章　结论

在中国从汽车大国走向汽车强国的过程中，逐渐出现的不少问题引起了产业内外的广泛讨论，主要表现在以下两个方面：一是"以市场换技术"的引资思路以及合资模式给中国内资汽车企业技术进步造成了怎样的影响；二是加强自主研发是不是中国汽车企业实现技术进步、发展自主知识产权汽车工业的唯一路径。本研究认为，在开放经济条件下，对中国汽车企业而言，其技术进步路径主要包括以下三大方面：自主创新、直接技术引进、国际技术扩散。其中国际技术扩散主要包括基于 FDI 的技术溢出和基于进口贸易的技术溢出。本研究遵循了"理论分析、实证检验、政策建议"的研究思路。基于汽车产业进口贸易数据的限制，本研究仅探讨了自主创新、直接技术引进、FDI 技术溢出三大路径对中国汽车产业技术进步的影响。

第一节　主要结论

基于中国汽车产业发展现实问题以及理论研究背景的综合考虑，本研究选择"自主创新 vs 技术引进——中国汽车产业技术进步评价"作为研究题目，得到以下主要结论：

（一）中国汽车工业技术进步明显，且存在明显的行业异质性和所有制异质性

本研究采用 DEA-Malmquist 生产率指数方法，分别从分行业和所有制视角

对中国汽车产业的全要素生产率进行了测度分析。研究发现：

（1）从整体上看，1994～2010 年中国汽车产业技术进步明显，年均 TFP 增长率为 9.1%，中国汽车产业 TFP 增长主要得益于纯技术进步增长，技术效率的贡献较低，其中纯技术进步年均增长率为 7.1%，技术效率年均增长率仅为 1.9%。进一步对技术效率分解发现，中国汽车产业技术效率改进主要得益于规模效率增长，而纯技术效率的改进效果比较缓慢，其中规模效率年均增长率为 1.3%，而纯技术效率年均增长率为 0.6%。从时间趋势上来看，自中国加入 WTO 之后，中国汽车产业 TFP 增长率均为正，且每年都保持着较高的增长率，2000～2010 年中国汽车产业 TFP 年均增长率为 18.44%。

（2）从分行业角度来看，1994～2010 年，汽车行业的 TFP 增长率最高，年均 TFP 增长率为 15.8%；其次为摩托车和车用发动机行业，年均 TFP 增长率为 9.2%；再次为改装汽车行业，年均 TFP 增长率为 6.3%；最后为汽车摩托车配件行业，年均 TFP 增长率为 5.3%。

（3）从技术效率来看，中国汽车产业处于技术非效率状态，年均技术效率值为 0.895，这意味着，在现有技术进步的条件下，中国汽车产业技术效率还有 10.5% 的提升空间。因此，应当进一步提高中国汽车产业的技术效率，使之向技术前沿面靠拢。

（4）从所有制性质来看，外商投资企业的 TFP 增长率最高，年均增长率为 23.4%；其次为国有企业，年均 TFP 增长率为 20.6%；其他依次为：港澳台商投资企业、联营企业、股份有限公司、中外合资企业、合资经营企业、有限责任公司、合作经营企业、股份合作企业、集体企业，私营企业排在倒数第二位，年均 TFP 增长率为 0.9%；最后为中外合作企业，年均 TFP 增长率为 -1.6%。

（二）自主创新对汽车产业技术进步具有显著促进作用

首先，通过构建 C - D 生产函数，发现 R&D 产出弹性显著为正。规模报酬不变情形下的 R&D 产出弹性为 0.6354，且在 1% 的水平下显著；规模报酬可变情形下的 R&D 产出弹性为 0.6460，且在 1% 的水平下显著。R&D 产出弹性高出物质资本产出弹性 10 余个百分点。这意味着加大 R&D 投资力度对中国汽车产业发展具有重要的现实意义。

其次，通过构建模型实证检验 R&D 投资以及国外技术引进投资对汽车企业生产率的影响发现，R&D 对中国汽车产业生产率增长具有显著促进作用。

（三）技术引进对汽车产业技术进步具有显著促进作用；R&D 吸收能力对直接技术引进的作用为负

通过构建模型实证检验 R&D 投资以及国外技术引进投资对汽车企业生产率的影响发现，技术引进对中国汽车产业生产率增长具有显著促进作用；R&D 的吸收能力较低，导致 R&D 与国外技术引进的交互项对中国汽车产业生产率增长具有显著的负影响。这意味着中国汽车产业发展应当大力增加其 R&D 投入，增强 R&D 的创新能力和吸收能力。

（四）FDI 对中国整体汽车产业具有显著的技术溢出效应；R&D 投资对 FDI 技术溢出效应作用不明显；而 R&D 人力资本对 FDI 技术溢出效应具有显著正影响

在对汽车产业 FDI 进行估算的基础上，通过构建模型实证检验发现，FDI 的产出弹性为 0.782，且在 1% 的水平下显著，这意味着汽车产业 FDI 投资对中国整体汽车产业具有显著的溢出效应。

通过研发强度指标来衡量的 R&D 吸收能力对汽车产业 FDI 技术溢出效应的作用不是很明显。其原因有两个。一是在于对 R&D 资本测算存在技术难题。这一方面来自于汽车产业 R&D 资本的折旧率问题；另一方面来自于 R&D 资本的双重计算问题，由于物质资本投入包括 R&D 资本投入，因此，如果将 R&D 资本作为一个独立的生产要素和物质资本投入同时放入生产函数，R&D 资本就会被重复计算，而受产业数据的限制，要想对汽车产业 R&D 资本投入双重计算问题进行校正又是一个技术难题。二是中国汽车产业研发强度偏低导致其吸收能力较弱，致使中国汽车企业 R&D 投资不能对 FDI 技术溢出效应起到显著促进作用。从中国汽车企业研发强度现状来看，1994~2010 年汽车企业研发强度增长缓慢，研发强度指标一直在 1.5%~2% 区间徘徊，这与国外企业研发强度相比是偏低的。正是中国汽车企业研发投入相对不足和研发强度相对偏低，导致了中国汽车企业对国外先进技术和管理经验的吸收能力不足，从而使汽车企业研发投入对 FDI 的技术溢出作用不明显。

通过以工程技术人员占汽车工业职工人数比重的人力资本指标来衡量 R&D 吸收能力，研究发现，不论是以 OLS 估计还是以广义差分法估计，估计结果均显示人力资本吸收能力对中国汽车产业 FDI 技术溢出效应具有显著的正影响，其估计系数分别为 0.351 和 0.242，且均在 1% 的水平下显著。可见，中国汽车产业人力资本的增加有助于汽车产业 FDI 的技术溢出。

（五）FDI 对内资汽车企业的挤出效应超过了其溢出效应；外资汽车企业主要通过人力资本效应对内资汽车企业产生技术溢出效应；内外资汽车企业技术差距的扩大不利于 FDI 技术溢出，增加内资汽车企业人力资本投入有助于 FDI 技术溢出，而增加内资汽车企业研发投入对 FDI 技术溢出作用不明显

本研究采用汽车产业中外资汽车企业的总资产占全行业总资产的比例来衡量外资汽车企业的参与程度。不论是用 OLS 法还是用广义差分法，研究均发现，外资汽车企业参与程度对内资汽车企业劳动生产率的影响系数为负，这意味着 FDI 的进入对中国内资汽车企业发展的挤出效应超过了其溢出效应。外资汽车企业进入中国汽车市场，加剧了中国汽车市场的竞争。一方面中国政府给予了外资汽车企业诸多优惠政策，另一方面这些外资汽车企业本身拥有大量的垄断优势，特别是技术垄断优势，这样外资汽车企业在中国汽车市场竞争中占据绝对优势，从而挤占了国内汽车企业的市场份额。同时外资汽车企业也更容易雇佣到高技能的工人和高素质的管理人才，从而在要素市场上排挤内资汽车企业。可见，外资汽车企业对内资汽车企业的挤出效应对中国汽车产业的可持续发展是一个障碍。

在不考虑行业间溢出效应的条件下，行业内 FDI 主要通过竞争效应、示范效应和人才流动三种形式对内资产业产生溢出效应。为了探索外资汽车企业对中国内资汽车企业技术溢出的渠道，本研究构建计量模型检验发现，外资汽车企业工业增加值占汽车行业总体工业增加值比重与内资汽车企业劳动生产率的回归系数显著为负，回归系数为 −2.060，且在 1% 的水平下显著；外资汽车企业从业人员占汽车行业从业人员比重与内资汽车企业劳动生产率的回归系数显著为正，回归系数为 1.833，且在 1% 的水平下显著；汽车产业 FDI 投资额占汽车产业总投资额比重与内资汽车企业劳动生产率的回归系数为正，但仍不显著。可见，外资汽车企业主要通过人力资本效应对内资汽车企业产生技术溢出效应，而与我们期望的相反，外资汽车企业并没有通过竞争效应对内资汽车企业产生技术溢出效应。外资汽车企业在技术等方面的垄断优势使其在中国汽车市场竞争中占据绝对优势，因而内外资汽车企业的这种不对等的竞争不利于外资汽车企业的技术外溢，反而对内资汽车企业具有挤出效应。

本研究从内外资汽车企业技术差距、内资汽车企业研发投入、内资汽车企业人力资本投入三个方面考察内资汽车企业吸收能力对 FDI 技术溢出效应的影响。研究的主要发现包括以下几个方面。①FDI 和内外资汽车企业技术差距的交互项与内资汽车企业劳动生产率是负相关的，这表明内外资汽车企业技术差距的扩大不利于 FDI 的技术溢出，从而阻碍了内资汽车企业劳动生产率的增长。这是因为内外资汽车企业技术差距的扩大，增加了内资汽车企业学习和模仿外资汽车企业的难度，导致了内资汽车企业自身吸收能力的不足，从而减小了 FDI 的技术溢出效应，不利于内资汽车企业劳动生产率的提高和技术的进步。②FDI 和内资汽车企业研发投入的交互项与内资汽车企业劳动生产率的回归系数为正，回归系数分别为 0.003 和 0.008，且均没有通过任何显著性检验。可见，增加内资汽车企业研发投入对 FDI 的技术溢出有一定程度的促进作用，但作用不明显。增加内资汽车企业的研发投入，提高内资汽车企业的研发强度，有助于增强内资汽车企业的吸收能力，但是从中国内资汽车企业研发投入和研发强度现状来看，1994～2010 年内资汽车企业研发强度增长缓慢，在 1.5% 左右徘徊，这与国外企业研发强度相比是偏低的，正是中国内资汽车企业研发投入相对不足，研发强度相对偏低，导致了内资汽车企业对国外先进技术和管理经验的吸收能力不足，从而使增加内资汽车企业研发投入对 FDI 的技术溢出作用不明显。③FDI 和内资汽车企业人力资本投入的交互项与内资汽车企业劳动生产率的回归系数显著为正，回归系数分别为 0.785 和 0.694，且分别在 5% 和 10% 的水平下显著。可见，增加内资汽车企业人力资本投入对 FDI 的技术溢出具有显著的促进作用。

（六）中国汽车产业技术进步的主要来源分别是：技术引进、FDI 溢出和自主研发

本研究从自主研发、技术引进和 FDI 技术溢出三个方面，对中国汽车产业技术进步的主要来源进行识别。首先，基于 1994～2010 年的时间序列数据实证研究发现，R&D 吸收能力在外国技术引进过程中起了关键作用。其次，基于 1998～2010 年汽车五大行业的面板数据而构建一阶差分模型的实证研究发现，FDI 对中国汽车产业发展产生了显著技术溢出效应，能够显著促进中国汽车产业生产率的增长和技术的进步。最后，基于 VAR 模型的实证研究，利用脉冲响应函数发现，人均资本、技术引进、FDI、R&D 对技术引进吸收能力的某一冲击会给汽车产业技术进步带来同向的冲击；而自主研发、R&D 对 FDI 技术溢出吸收能力的某一冲击会给汽车产业技术进步带来反向的冲击；通过方差分解方法分析人均资本等变量冲击对中国汽车产业技术进步变化的贡献率发现，中国汽车产业技术进步的主要来源分别是：技术引进、FDI 和自主研发。本研究认为，当前中国汽车产业升级的关键是要挖掘和培育内部动力，而非依赖技术引进和 FDI 的溢出效应，因此，中国汽车产业的自主创新能力建设亟待加强。

第二节　本研究的不足之处

在开放经济条件下，后发国家的汽车企业技术进步路径主要包括以下三大方面：自主创新、直接技术引进、国际技术扩散。其中国际技术扩散主要包括基于 FDI 的技术溢出和基于进口贸易的技术溢出。基于汽车产业进口贸易数据的限制，本研究仅探讨了自主创新、直接技术引进、FDI 技术溢出三大路径对中国汽车产业技术进步的影响，而忽略了进口贸易技术溢出对中国汽车产业技术进步的影响。事实证明，进口贸易是后发工业国家实现产业技术进步和产业转型升级的一个重要渠道，这主要是因为进口贸易对后发工业国家具有以下两个方面的作用。一是后发工业国家通过对高质量多品种的中间品的进口，降低了其自身对这些中间品的研发设计成本，从而增强了本国的技术存量，增加了本国最终产品的生产效率。二是后发工业国家通过对高质量多品种的中间品的进口，可以借助反求工程等手段对这些产品进行模仿创新，从而在"看中学"的过程中积累知识，进一步提高本国最终产品的生产效率。

此外，在基于产业层面及产业内不同类型企业层面研究 FDI 技术溢出对汽车产业技术进步的影响过程中，我们遇到了汽车产业层面 FDI 数据缺失的难题。在实证研究过程中，本研究假定全国 FDI 在行业之间的分布是以行业增加值在 GDP 中的占比为基础的，从而对汽车产业 FDI 数据进行了估算。因此，本研究的不足之处还表现在，汽车产业 FDI 数据的缺失使本研究关于 FDI 技术溢出与汽车产业技术进步关系研究的精确度不够高。

参考文献

包群、赖明勇、阳小晓：《外商直接投资、吸收能力与经济增长》，生活·读书·新知三联书店，2006。

包群、赖明勇：《中国外商直接投资与技术进步的实证研究》，《经济评论》2002 年第 6 期，第 63～66 页。

陈芳、穆荣平：《中国汽车行业创新能力测度研究》，《科研管理》2011 年第 10 期，第 71～78 页。

陈汉林、徐佳：《FDI 对中国汽车工业的技术溢出问题研究》，《湖北大学学报（哲学社会科学版）》2011 年第 4 期，第 82～86 页。

陈劲、蒋子军、陈珏芬：《开放式创新视角下企业知识吸收能力影响因素研究》，《浙江大学学报（人文社会科学版）》2011 年第 5 期，第 71～82 页。

陈涛涛、白晓晴：《外商直接投资溢出效应与内外资企业能力差距》，《金融研究》2004 年第 8 期，第 59～69 页。

初叶萍：《跨国公司直接投资对中国汽车工业的影响研究》，华中科技大学博士学位论文，2004。

樊纲：《发展的道理》，生活·读书·新知三联书店，2002。

高凌云、王永中：《R&D 溢出渠道、异质性反应与生生产率：基于 178 个国家面板数据的经验研究》，《世界经济》2008 年第 2 期，第 65～73 页。

高展军、李垣：《企业吸收能力研究阐述．科学管理研究》2005 年第 6 期，第 66～69 页。

郭熙保、胡汉昌:《后发优势新论——兼论中国经济发展的动力》,《武汉大学学报(哲学社会科学版)》2004 年第 3 期,第 351~357 页。

郭熙保:《后发优势:跨越式发展的重要动力》,《光明日报》2002 年 3 月 26 日。

国务院发展研究中心产业经济研究部:中国汽车工程学会、大众汽车集团(中国):《中国汽车产业发展报告(2011)》,社会科学文献出版社,2011。

国务院发展研究中心产业经济研究部、中国汽车工程学会、大众汽车集团(中国):《中国汽车产业发展报告(2012)》,社会科学文献出版社,2012。

国务院发展研究中心产业经济研究部、中国汽车工程学会、大众汽车集团(中国):《中国汽车产业发展报告(2013)》,社会科学文献出版社,2013。

何洁:《外国直接投资对中国工业部门外溢效应的进一步精确量化》,《世界经济》2000 年第 12 期,第 29~36 页。

胡鞍钢:《中国大战略》,浙江人民出版社,2003。

胡汉昌、郭熙保:《后发优势战略与比较优势战略》,《江汉论坛》2002 年第 9 期,第 25~30 页。

胡小娟、温力强:《FDI 对中国汽车产业内资企业溢出效应的实证研究》,《湖南大学学报(社会科学版)》2009 年第 3 期,第 59~63 页。

黄凌云、杨雯:《外国直接投资技术溢出效应、吸收能力与经济增长》,《经济评论》2007 年第 5 期,第 72~75 页。

黄乃文、杨永聪:《"市场换技术"成功了吗?——基于中国汽车产业的经验研究》,《科技管理研究》2012 年第 14 期,第 26~30 页。

黄亚生:《"以市场换技术"违背了市场经济原则》,《改革内参(决策版)》2007 年第 13 期,第 16~19 页。

简新华等:《后发优势、劣势与跨越式发展》,《经济学家》2002 年第 6 期,第 30~36 页。

柯广林、华阳:《FDI 技术溢出效应实证分析——以中国的汽车工业为例》,《科技情报开发与经济》2006 年第 3 期,第 124~126 页。

赖明勇、包群、彭水军、张新:《外商直接投资与技术外溢:基于吸收能力的研究》,《经济研究》2005 年第 8 期,第 95~105 页。

赖明勇、包群、阳小晓：《中国外商直接投资吸收能力研究》，《南开经济研究》2002 年第 3 期，第 45～50 页。

李平、张庆昌：《国际间技术溢出对中国自主创新的动态效应分析——兼论人力资本的消化吸收》，《世界经济研究》2008 年第 4 期，第 56～60 页。

李庆文：《中国汽车产业自主创新蓝皮书》，经济管理出版社，2007。

李小平：《自主 R&D、技术引进和生产率增长——对中国分行业大中型工业企业的实证研究》，《数量经济技术经济研究》2007 年第 7 期，第 15～24 页。

林毅夫等：《中国的奇迹：发展战略与经济改革》，上海三联书店，1999。

刘世锦、冯飞：《汽车产业全球化趋势及其对中国汽车产业发展的影响》，《中国工业经济》2002 年第 6 期，第 5～12 页。

刘世锦：《加入 WTO 后的中国汽车产业发展模式选择管理世界》2002 年第 8 期，第 54～62 页。

刘世锦：《市场开放、竞争与产业进步——中国汽车产业 30 年发展中的争论和重要经验》，《管理世界》2008 年第 12 期，第 1～9 页。

刘小鲁：《知识产权保护、自主研发比重与后发国家的技术进步》，《管理世界》2011 年第 10 期，第 10～19 页。

卢锐、尤建新：《市场开放、技术学习与中国汽车产业创新能力研究》，《东南大学学报（哲学社会科学版）》2010 年第 2 期，第 39～43 页。

鹿立林：《中国汽车产业技术效率分析与提升对策研究》，合肥工业大学硕士学位论文，2010。

路风、封凯栋：《发展中国自主知识产权汽车工业的政策选择》，北京大学出版社，2005。

路风、封凯栋：《为什么自主开发是学习外国技术的最佳途径——以日韩两国汽车工业发展经验为例》，《中国软科学》2004 年第 4 期，第 6～11 页。

吕世生、张诚：《当地企业吸收能力与 FDI 溢出效应的实证分析——以天津为例》，《南开经济研究》2004 年第 6 期，第 72～77 页。

吕一博、苏敬勤：《后发国家汽车制造企业技术能力成长路径研究》，《科学学研究》2007 年第 5 期，第 880～886 页。

孟秀惠：《FDI 对中国汽车产业竞争力的驱动作用研究》，《技术经济》2007 年第 10 期，第 29 ~ 35 页。

聂靓：《基于 DEA 模型的中国汽车产业绩效评价研究》，广东外语外贸大学硕士学位论文，2009。

潘文卿：《外商投资对中国工业部门的外溢效应：基于面板数据的分析》，《世界经济》2003 年第 6 期，第 3 ~ 7 页。

彭水军、包群、赖明勇：《技术外溢与吸收能力：基于开放经济下的内生增长模型分析》，《数量经济技术经济研究》2005 年第 8 期，第 35 ~ 46 页。

沙文兵、李桂香：《FDI 知识溢出、自主 R&D 投入与内资高技术企业创新能力——基于中国高技术产业分行业动态面板数据模型的检验》，《世界经济研究》2011 年第 1 期，第 51 ~ 57 页。

沈坤荣、耿强：《外国直接投资、技术外溢与内生经济增长——中国数据的计量检验与实证分析》，《中国社会科学》2001 年第 5 期，第 82 ~ 93 页。

生延超、欧阳峣：《规模扩张还是技术进步：中国汽车产业全要素生产率的测度与评价——基于非参数 Malmquist 指数的研究》，《中国科技论坛》2011 年第 6 期，第 42 ~ 47 页。

宋泓、柴瑜、张泰：《市场开放、企业学习及适应能力和产业成长模式转型——中国汽车产业案例研究》，《管理世界》2004 年第 8 期，第 61 ~ 74 页。

孙武斌、常明明：《基于 SFA 的中国汽车制造企业成本效率分析》，《科技管理研究》2012 年第 4 期，第 93 ~ 96 页。

唐杰、杨沿平、周文杰：《中国汽车产业自主创新战略》，科学出版社，2009。

陶长琪、齐亚伟：《FDI 溢出、吸收能力与东道国 IT 产业的发展》，《管理科学》2010 年第 4 期，第 112 ~ 121 页。

佟岩：《从模仿学习到自主创新——中国汽车产业技术进步的路径选择与政策研究》，辽宁大学博士学位论文，2007。

王剑武、李宗植：《人力资本对中国外商直接投资吸收能力的影响》，《科学管理研究》2007 年第 2 期，第 84 ~ 87 页。

王天骄：《FDI 对中国内资汽车产业技术溢出效应研究》，吉林大学博士学位论文，2011。

王勇、纪熠：《中国汽车产业上市公司生产效率研究》，《商业研究》2010年第12期，第97～101页。

王勇、纪熠：《中国汽车产业上市公司生产效率研究》，《商业研究》2010年第12期，第97～101页。

王梓薇、刘铁忠：《中国汽车整车制造业 FDI 挤入挤出效应研究——基于产业安全视角的实证分析》，《北京理工大学学报（社会科学版）》2009年第2期。

吴定玉、张治觉：《外商直接投资与中国汽车行业市场集中度：实证研究》，《世界经济研究》2004年第4期，第53～59页。

吴建新、刘德学：《人力资本、国内研发、技术外溢与技术进步——基于中国省际面板数据和一阶差分广义矩方法的研究》，《世界经济文汇》2010年第4期，第89～102页。

吴献金、陈晓乐：《中国汽车产业全要素生产率及影响因素的实证分析》，《财经问题研究》2011年第3期，第41～45页。

吴献金、陈晓乐：《中国汽车产业全要素生产率及影响因素的实证分析》，《财经问题研究》2011年第3期，第41～45页。

吴晓波、陈颖：《基于吸收能力的研发模式选择的实证研究》，《科学学研究》2010年第11期，第1722～1730页。

吴延兵、李莉：《自主研发和技术引进对经济绩效的影响——基于时间序列的分析》，《社会科学辑刊》2011年第4期，第104～108页。

吴延兵、米增渝：《创新、模仿与企业效率——来自制造业非国有企业的经验证据》，《中国社会科学》2011年第4期，第77～94页。

吴延兵：《R&D 存量、知识函数与生产效率》，《经济学季刊》2006年第4期，第1129～1156页。

吴延兵：《R&D 与生产率——基于中国制造业的实证研究》，《经济研究》2006年第11期，第60～70页。

吴延兵：《中国工业 R&D 产出弹性测算：1993～2002》，《经济学季刊》2008年第3期，第869～890页。

吴延兵:《自主研发、技术引进与生产率——基于中国地区工业的实证研究》,《经济研究》2008 年第 8 期,第 51~64 页。

肖鹏:《外商直接投资对中国汽车产业的影响研究》,武汉理工大学博士学位论文,2007。

肖文、林高榜:《海外研发资本对中国技术进步的知识溢出》,《世界经济》2011 年第 1 期,第 37~51 页。

徐万里、钱锡红:《企业吸收能力研究进展》,《经济理论与经济管理》2010 年第 8 期,第 59~65 页。

许培源、钟惠波:《国际技术溢出、国内 R&D 和工业行业的生产率增长》,《宏观经济研究》2009 年第 11 期,第 21~28 页。

许治、师萍:《中国汽车产业技术能力发展战略》,《中国软科学》2005 年第 5 期,第 126~129 页。

严兵:《外商在华直接投资的溢出效应——基于产业层面的分析》,《世界经济研究》2005 年第 3 期,第 4~10 页。

阳立高、刘建江、杨沿平:《略论加大 R&D 投入推进汽车产业自主创新》,《经济问题》2010 年第 12 期,第 64~67 页。

杨沿平、唐杰、周俊:《中国汽车产业自主创新现状、问题及对策研究》,《中国软科学》2006 年第 3 期,第 11~16 页。

尹栾玉:《政府规制与汽车产业自主创新——兼论后危机时代中国汽车产业的发展路径》,《江海学刊》2010 年第 4 期,第 88~93 页。

喻世友、史卫、林敏:《外商直接投资对内资企业技术效率的溢出渠道研究》,《世界经济》2005 年第 6 期,第 44~52 页。

张海洋:《R&D 两面性、外资活动与中国工业生产率增长》,《经济研究》2005 年第 5 期,第 107~117 页。

张军、施少华、陈诗一:《中国的工业改革与效率变化——方法、数据、文献和现有的结果》,《经济学季刊》2003 年第 1 期,第 1~38 页。

张雪倩:《跨国公司在中国的技术溢出效应分析:以汽车工业为例》,《世界经济研究》2003 年第 4 期,第 26~30 页。

张治河、胡树华、管顺丰:《中国汽车产业的企业模式与国家经济安全》,

《经济评论》2001 年第 5 期，第 101~106 页。

赵果庆：《FDI 溢出效应、技术缺口与工业发展——基于中国汽车业的实证分析》，《中国软科学》2010 年第 3 期，第 27~39 页。

赵晶：《基于 CGE 模型的 FDI 溢出效应对中国汽车产业影响研究》，湖南大学硕士学位论文，2008。

赵伟、王全立：《人力资本与技术溢出：基于进口传导机制的实证研究》，《中国软科学》2006 年第 4 期，第 66~74 页。

赵英：《外商直接投资对中国汽车工业的影响分析》，《中国工业经济》2000 年第 1 期，第 57~62 页。

赵增耀、王喜：《产业竞争力、企业技术能力与外资的溢出效应——基于中国汽车产业吸收能力的实证分析》，《管理世界》2007 年第 12 期，第 58~66 页。

周新苗、唐绍祥：《自主研发与技术引进与企业绩效：基于平均处理效应估计的微观考察》，《财贸经济》2011 年第 4 期，第 104~110 页。

朱承亮、师萍、安立仁：《人力资本及其结构与研发创新效率——基于 SFA 模型的检验》，《管理工程学报》2012 年第 4 期，第 58~64 页。

朱平芳、李磊：《两种技术引进方式的直接效应研究——上海市大中型工业企业的微观实证》，《经济研究》2006 年第 3 期，第 90~102 页。

朱有为、徐康宁：《研发资本积累对生产率增长的影响——对中国高技术产业的检验（1996~2004）》，《中国软科学》2007 年第 4 期，第 57~67 页。

Adams, J., Jaffe, A., "Bounding the Effects of R&D: An Investigation Using Matched Establishment Firm Data". *Round Journal of Economics*, 1996, Vol. 27: 700-721.

Aghion, P., Howitt, P., "A Model of Growth through Creative Destruction". *Econometrica*, 1992, Vol. 60: 323-351.

Aitken, B., Harrison, A., "Do Domestic Firms Benefit from Direct Foreign Investment? Evidence from Venezuela". *American Economic Review*, 1999, Vol. 89: 605-618.

Arrow, K., "The Economic Implications of Learning by Doing". *The Review of Economic Studies*, 1962, Vol. 29: 155 – 173.

Bernstein, J., "Costs of Production, Intra and Inter Industry R&D Spillovers: The Canadian Evidence". *Canadian Journal of Economics*, 1988, Vol. 21: 324 – 347.

Bin Xu, Jianmao Wang, "Trade, FDI, and International Technology Diffusion". *Journal of Economic Integration*, 2000, Vol. 15: 585 – 601.

Blomstrom, M., "Foreign Investment and Productive Efficiency: The Case of Mexico". *The Journal of Industrial Economics*, 1986, Vol. 35: 97 – 110.

Blomstrom, M., Kokko, A., Zejan, M., "Host Country Competition, Labor Skills, and Technology Transfer by Multinationals". *Review of World Economics*, 1994, Vol. 130: 521 – 533.

Blomstrom, M., Persson, H., "Foreign Investment and Spillover Efficiency in an Underdeveloped Economy: Evidence from the Mexican Manufacturing Industry". *World Development*, 1983, Vol. 11: 493 – 501.

Bound, S., Harhoff, D., Van Reenen, J., "Corporate R&D and Productivity in Germany and the United Kingdom", Working Paper, 2002.

Branstetter, L., "Are Knowledge Spillovers International or Intranational in Scope? Microeconometric Evidence from the U. S. and Japan". *Journal of International Economics*, 2001, Vol. 53: 53 – 79.

Bresman, H., Birkinshaw, J., Nobel, R., "Knowledge Transfer in International Acquisitions". *Journal of International Business Studies*, 1999, Vol. 30: 439 – 462.

Bruno van Pottelsberghe de la Porterie, Frank Lichtenberg, "Does Foreign Direct Investment Transfer Technology across Borders?". *The Review of Economics and Statistics*, 2001, Vol. 83: 490 – 497.

Caselli, F., Coleman, W., "Cross-Country Technology Diffusion: The Case of Computers". *American Economic Review*, 2001, Vol. 91: 328 – 335.

Caves, R., "Multinational Firms, Competition and Productivity in Host Country Markets". *Economic*, 1974, Vol. 41: 176 – 193.

Coe, D. , Helpman, E. , "International R&D Spillovers" . *European Economic Review*, 1995, Vol. 39: 859 – 887.

Coe, D. , Helpman, E. , Hoffmaister, A. , "North-South R&D Spillovers" . *The Economic Journal*, 1997, Vol. 107: 134 – 149.

Cohen, W. , Levinthal, D. , "Absorptive Capacity: A New Perspective on Learning and Innovation" . *Administrative Science Quarterly*, 1990, Vol. 35: 128 – 152.

Cohen, W. , Levinthal. D. , "Innovation and Learning: The Two Faces of R&D", *Economic Journal*, 1989, Vol. 99: 569 – 596.

Colombo, Mosconi, "Complementarity's and Cumulative Learning Effects in the Early Discussion of Multiples Technologies" . *The Journal of Industrial Economics*, 1990, Vol. 43: 13 – 49.

Deng, X. , Doll, W. , Cao, M. , "Exploring the Absorptive Capacity to Innovation/ Productivity Link for Individual Engineers Engaged in IT Enabled Work". *Information & Management*, 2008, Vol. 45.

Dilling-Hansen, M. , Eriksson, T. , Madsen, E. , "The Impact of R&D on Productivity: Evidence from Danish Firm Level Data" . *International Advances in Economic Research*, 2000, Vol. 6 .

Eaton, J. , Kortum, S. , "Measuring Technology Diffusion and the International Sources of Growth" . *Eastern Economic Journal*, 1996, Vol. 22: 401 – 410.

Eaton, J. , Kortum, S. , "Technology, Geography, and Trade" . *Econometrica*, 2002, Vol. 70: 1741 – 1779.

Englander, A. , Evenson, R. , Hanazaki, M. , "R&D, Innovation, and the Total Factor Productivity Slowdown" . *OECD Economic Studies*, 1988, Vol. 11: 7 – 42.

Falvey, R. , Neil, F. , David, G. , "Imports, Exports, Knowledge Spillovers and Growth" . *Economics Letters*, 2004: 209 – 213.

Fare, R. , et al. "Productivity Growth, Technical Progress and Efficiency Changes in Industrialized Countries" . *American Economic Review*, 1994, Vol. 84:

66 – 83.

Feder, G. , O'Mara, G. T. , "On Information and Innovation Diffusion: A Bayesian Approach". *American Journal of Agricultural Economics*, 1982, Vol. 64: 145 – 147.

Findlay, R. , "Relative Backwardness, Direct Foreign Investment and the Transfer of Technology: a Simple Dynamic Model". *Quarterly Journal of Economics*, 1978, Vol. 92: 1 – 16.

Frantzen, D. , "R&D, Human Capital and International Technology Spillovers: a Cross-country Analysis". *Scandinavian Journal of Economics*, 2000, Vol. 102: 57 – 75.

Globerman, S. , "Foreign Direct Investment and Spillover Efficiency Benefits in Canadian Manufacturing Industries". *Canadian Journal of Economics*, 1979, Vol. 12: 42 – 56.

Gorg, H. , Strobl, E. , "Multinational Companies and Productivity Spillovers: a Meta-Analysis". *The Economic Journal*, 2001, Vol. 11: 723 – 739.

Goto, A. , Suzuki, K. , "R&D Capital Rate of Return on R&D Investment and Spillover of R&D in Japanese Manufacturing Industry". *Review of Economics and Statistics*, 1989, Vol. 71: 555 – 564.

Greiner, A. , Semmler, W. , "Externalities of Investment, Education and Economic Growth". *Economic Modeling*, 2002, Vol. 19: 709 – 724.

Griffith, D. , Myers, M. , "The Performance Implications of Strategic Fit of Relational Norm Governance Strategies in Global Supply Chain Relationships". *Journal of International Business Studies*, 2005, Vol. 36: 254 – 269.

Griffith, R. , Redding, S. , Reenen, J. , "Mapping the Two Faces of R&D: Productivity Growth in a Panel of OECD Industries". *Review of Economics and Statistics*, 2004, Vol. 86: 883 – 895.

Griliches, Z. , "Issues in Assessing the Contribution of Research and Development to Productivity Growth". *Bell Journal of Economics*, 1979, Vol. 10, 92 – 116.

Griliches, Z., "Productivity, R&D and Basic Research at Firm Level in the 1970s". *American Economic Review*, 1986, Vol. 76: 141 – 154.

Griliches, Z., "R&D and Productivity Slowdown". *American Economic Review*, 1980, Vol. 70: 343 – 348.

Griliches, Z., "Research Expenditures, Education, and the Aggregate Production Function". *American Economic Review*, 1964, Vol. 54.

Grossman, G., M., Helpman, E., "Quality Ladders and Product Cycles". *The Quarterly Journal of Economics*, 1991, Vol. 106: 557 – 586.

Guellec, D., et al., "From R&D to Productivity Growth: Do the Institutional Setting and the Source of Funds of R&D Matte?". *Oxford Bulletin of Economics and Statistics*, 2004, Vol. 66: 353 – 378.

Guellec, D., et al., "The Internationalization of Technology Analysis with Patent Data". *Research Policy*, 2001, Vol. 30: 1253 – 1266.

Haddad, M., Harrison, A., "Are There Positive Spillovers from Direct Foreign Investment? Evidence from Panel Data for Morocco". *Journal of Development Economics*, 1993, Vol. 42: 51 – 74.

Hall, B., Mairesse, J., "Exploring the Relationship Between R&D and Productivity in French Manufacturing Firms". *Journal of Econometrics*, 1995, Vol. 65: 263 – 293.

Hanel, P., "R&D, Inter – industry and International Technology Spillover and the Total Factor Productivity Growth of Manufacturing Industries in Canada: 1974 – 1989". *Economic Systems Research*, 2000, Vol. 12: 345 – 361.

Harhoff, D., "R&D and Productivity in German Manufacturing Firms". *Economics of Innovation and New Technology*, 1998, Vol. 6: 28 – 49.

Hu, A., "Ownership, Government R&D, Private R&D, and Productivity in Chinese Industry". *Journal of Comparative Economics*, 2001, Vol. 29: 136 – 157.

Hu, A., Gary, H., "Returns to Research and Development in Chinese Industry: Evidence from State-Owned Enterprises in Beijing". *China Economic Review*, 2004, Vol. 15: 86 – 107.

Hu, A. , Jefferson, G. , Qian Jinchang, "R&D and Technology Transfer: Firm Level Evidence from ChineseIndustry". *Review of Economics and Statistics*, 2005, Vol. 87: 780 – 786.

Imbriani, C. , Reganati, F. , "International Efficiency Spillovers into the Italian Manufacturing Sector-English Summary". *Economic International*, 1997, Vol. 50: 583 – 595.

Jefferson, G. , Bai Huamao, Guan Xiaojing, Yu Xiaoyun, "R&D Performance in Chinese Industry". *Economics of Innovation and New Technology*, 2004, Vol. 13.

Joglekar, P. , Bohl, A. , Hamburg, M. , "Comments on "Fortune Favors the Prepared Firm"". *Management science*, 1997, Vol. 43: 1455 – 1462.

Keller, W. , "Geographic Localization of International Technology Diffusion". *American Economic Review*, 2002, Vol. 92: 120 – 142.

Kim, L. , "Crisis Construction and Organizational Learning: Capability Building in Catching-up at Hyundai Motor". *Organization Science*, 1998, Vol. 9: 506 – 521.

Kim, L. , "The Dynamics of Samsung's Technological Learning in Semiconductors". *California Management Review*, 1997, Vol. 39: 86 – 100.

Kneller, R. , Stevens, P. , "Frontier Technology and Absorptive Capacity: Evidence from OECD Manufacturing Industries". *Oxford Bulletin of Economics and Statistics*, 2006, Vol. 68: 1 – 21.

Kokko, A. , "Technology, Market Characteristics and Spillovers". *Journal of Development Economics*, 1994, Vol. 43: 279 – 293.

Kokko, A. , Tansini, R. , Zejan, M. , "Productivity Spillovers from FDI in the Uruguayan Manufacturing Sector". *Journal of Development Studies*, 1996, Vol. 32: 602 – 611.

Lane, P. , Koka, B. , Pathak, S. , "The Reification of Absorptive Capacity: A Critical Review and Rejuvenation of the Construct". *Academy of Management Review*, 2006, Vol. 31.

Lane, P. , Lubatkin, M. , "Relative Absorptive Capacity and Inter organizational Learning" *Strategic Management Journal*, 1998, Vol. 19.

Liao, J. , Welsch, H. , Stoica, M. , "Organizational Absorptive Capacity and Responsiveness: An Empirical Investigation of Growth oriented SMEs. *Entrepreneurship*: *Theory & Practice*, 2003, Vol. 28.

Lichtenberg F. , et al. , "International R&D Spillovers: A Re-examination" . *European Economic Review*, 1998, Vol. 428: 1483 – 1491.

Lichtenberg, F. , Siegel, D. , "The Impact of R&D Investment on Productivity: New Evidence Using Linked R&D-LRD Data" . *Economic Inquiry*, 1991, Vol. 29: 203 – 229.

Lichtenthaler, U. , "Absorptive Capacity, Environmental Turbulence, and the Complementarity of Organizational Learning Processes" . *Academy of Management Journal*, 2009, Vol. 52

Lucas, R. , "Making a Miracle" . *Econometrica*, 1993, Vol. 61: 251 – 272.

Madhok, A. , Osegowitsch, T. , "The International Biotechnology Industry: A Dynamic Capabilities Perspective" . *Journal of International Business Studies*, 2000, Vol. 31: 325 – 335.

Mansfield, E. , "Industrial R&D in Japan and the United States: A Comparative Study" . *American Economic Review*, 1988, Vol. 78.

Mansfield, E. , "Rates of Return from Industrial Research and Development" . *American Economic Review*, 1965, Vol. 55: 110 – 122.

Mansfield, E. , Romeo, A. , "Technology Transfer to Overseas Subsidiaries by U. S. -based Firms" . *Quarterly Journal of Economics*, 1980, Vol. 95: 737 – 750.

Matusik, S. , Heeley, M. , "Absorptive Capacity in the Software Industry: Identifying Dimensions that Affect Knowledge and Knowledge Creation Activities" *Journal of Management*, 2005, Vol. 31.

Mowery, D. , Oxley, J. , "Inward Technology Transfer and Competitiveness: The Role of National Innovation Systems" . *Cambridge Journal of Economics*, 1995, Vol. 19

Romer, P. , "Endogenous Technological Change". *The Journal of Political Economy*, 1990, Vol. 98: 71 – 102.

Romer, P. , "Increasing Returns and Long-run Growth". *The Journal of Political Economy*, 1986, Vol. 94: 1002 – 1037.

Savvides, A. , Zachariadis, M. , "International Technology Diffusion and The Growth of TFP in The Manufacturing Sector of Developing Economies". *Review of Development Economics*, 2005, Vol. 9: 482 – 501.

Sims, C. , "Macroeconomics and Reality". *Econometrica*, 1980, Vol. 48: 1 – 48.

Sjoholm, F. , "Productivity Growth in Indonesia: The Role of Regional Characteristics and Direct Foreign Investment". *Economic Development and Cultural Change*, 1999, Vol. 47: 559 – 584.

Smarzynska, J. , "Does Foreign Direct Investment Increase the Productivity of Domestic Firms? In Search of Spillovers through Backward Linkages". *American Economic Review*, 2004, Vol. 94: 605 – 627.

Smarzynska, J. , "The Composition of Foreign Direct Investment and Protection of Intellectual Property Rights: Evidence from Transition Economies". *European Economic Review*, 2004, Vol. 48: 39 – 62.

Sveikauskas, C. , "Industry Characteristics and Productivity Growth". *Southern Economic Journal*, 1982, Vol. 48.

Todorova, G. , Durisin, B. , "Absorptive Capacity: Valuing a Reconceptualization". *Academy of Management Review*, 2007, Vol. 32.

Tsai, K. , Wang, J. , "R&D Productivity and the Spillover Effects of High-Tech Industry on the Traditional Manufacturing Sector: the Case of Taiwan". *World Economy*, 2004, Vol. 27: 1555 – 1570.

Verspagen, B. , "Endogenous Innovation in Neoclassical Growth Models: A Survey". *Journal of Macroeconomics*, 1992, Vol. 14: 631 – 662.

Verspagen, B. , "R&D and Productivity: A Broad Cross Section Cross Country Look". *Journal of Productivity Analysis*, 1995, Vol. 6: 117 – 135.

Verspagen, B., Schoenmakers, W., "The Spatial Dimension of Patenting by Multinational Firms in Europe". *Journal of Economic Geography*, 2004, Vol. 4: 23 – 42.

Vinish, K., "Productivity Spillovers from Technology Transfer to Indian Manufacturing Firms". *Journal of International Development*, 2000, Vol. 12: 343 – 369.

Vouri, S., "Inter-industry Technology Flows and Productivity in Finnish Manufacturing". *Economic Systems Research*, 1997, Vol. 9: 67 – 80.

Zahra, S., George, G., "Absorptive Capability: A Review, Reconceptualization and Extension". *Academy of Management Review*, 2002, Vol. 27: 185 – 203.

图书在版编目（CIP）数据

自主创新 vs 技术引进：中国汽车产业技术进步评价/朱承亮著.
—北京：社会科学文献出版社，2014.11
ISBN 978 - 7 - 5097 - 6100 - 7

Ⅰ.①自…　Ⅱ.①朱…　Ⅲ.①汽车工业 - 工业发展 - 研究 -
中国　Ⅳ.①F426.471

中国版本图书馆 CIP 数据核字（2014）第 113976 号

自主创新 vs 技术引进
—中国汽车产业技术进步评价

著　　者／朱承亮

出 版 人／谢寿光
项目统筹／恽　薇
责任编辑／陈凤玲　于　飞

出　　版／社会科学文献出版社·经济与管理出版中心（010）59367226
　　　　　　地址：北京市北三环中路甲 29 号院华龙大厦　邮编：100029
　　　　　　网址：www.ssap.com.cn
发　　行／市场营销中心（010）59367081　59367090
　　　　　　读者服务中心（010）59367028
印　　装／三河市尚艺印装有限公司

规　　格／开 本：787mm × 1092mm　1/16
　　　　　　印 张：16.5　字 数：269 千字
版　　次／2014 年 11 月第 1 版　2014 年 11 月第 1 次印刷
书　　号／ISBN 978 - 7 - 5097 - 6100 - 7
定　　价／68.00 元